谨以此书献给我的父亲

朵朵花开淡墨香

蒋华良 著 蒋雨惜 整理

华东师范大学出版社
·上海·

图书在版编目(CIP)数据

朵朵花开淡墨香/蒋华良著;蒋雨惜整理.—上海:华东师范大学出版社,2023
ISBN 978-7-5760-4351-8

Ⅰ.①朵… Ⅱ.①蒋…②蒋… Ⅲ.①蒋华良-纪念文集 Ⅳ.①K826.2-53

中国国家版本馆 CIP 数据核字(2023)第 224879 号

朵朵花开淡墨香

作　　者　蒋华良　蒋雨惜
责任编辑　朱妙津
责任校对　李琳琳
装帧设计　刘怡霖

出版发行　华东师范大学出版社
社　　址　上海市中山北路 3663 号　邮编 200062
网　　址　www.ecnupress.com.cn
电　　话　021-60821666　行政传真 021-62572105
客服电话　021-62865537　门市(邮购)电话 021-62869887
地　　址　上海市中山北路 3663 号华东师范大学校内先锋路口
网　　店　http://hdsdcbs.tmall.com

印　刷　者　苏州工业园区美柯乐制版印务有限责任公司
开　　本　787 毫米×1092 毫米　1/16
印　　张　20.75
插　　页　11
字　　数　310 千字
版　　次　2023 年 12 月第 1 版
印　　次　2025 年 4 月第 4 次
书　　号　ISBN 978-7-5760-4351-8
定　　价　88.00 元

出 版 人　王　焰

(如发现本版图书有印订质量问题,请寄回本社客服中心调换或电话 021-62865537 联系)

1. 1965 年，蒋华良出生双满月时和姐姐蒋华琴的合影
2. 1972 年，蒋华良小学入学前和姐姐蒋华琴的合影
3. 1983 年，高考结束后的蒋华良

1. 大学时期的蒋华良，报告物理化学论文

2. 南京大学化学系 1983 级优秀学生及教师合影（最后排右二为蒋华良）

1. 大学毕业后在常州参加工作时期的蒋华良

2. 1988 年秋，蒋华良（左二）参加常州化工研究所团支部活动时与同事的合影

1. 在华东师范大学攻读硕士学位时期的蒋华良

2. 硕士研究生时期蒋华良与导师及同门同学的合影（后排左三为蒋华良，左五为潘道皑教授，左六为周伟良教授）

1. 攻读博士学位时期的蒋华良（右一）与导师陈凯先院士（中）

2. 蒋华良（前排右）与导师嵇汝运院士（前排左）及同门同学的合影

1. 中国科学院上海药物研究所年度工作会议讨论现场（左三为陈凯先院士，左四为蒋华良，左五为嵇汝运院士）

2. 1998年，青年时期的蒋华良（右）与李正名院士（中）及钱旭红院士（左）的合影

1. 中国科学院上海药物研究所毕业后留所工作时期的蒋华良

2. 在中国科学院上海药物研究所实验室工作时的蒋华良

1. 蒋华良（前排左一）在中国科学院上海药物研究所实验室机房与同事们讨论学术课题

2. 2002年，蒋华良为中国科学院上海药物研究所新园区种植罗汉松

1. 2007 年，蒋华良（右）在上海药物研究所党员领导干部民主生活会上发言（左为丁健院士）

2. 2008 年，蒋华良（右）与陈凯先院士（左）任全国政协委员参加"两会"回沪

1. 蒋华良在上海药物研究所作工作汇报
2. 蒋华良（左三）在上海药物研究所 2015 年新春团拜会上致辞

1. 2011 年，蒋华良在第十届浦江学科交叉论坛作主题报告

2. 2012 年，蒋华良（左一）主持第十一届浦江学科交叉论坛

1. 蒋华良（后排左三）与学生们的毕业合影
2. 蒋华良（后排左二）指导研究生开展课题研究

1. 2017 年，蒋华良（左）当选中国科学院院士，图为院士颁证仪式（右为白春礼院士）
2. 蒋华良在上海药物研究所研究生毕业典礼暨学位授予仪式上致辞

1. 2017 年，蒋华良（左）在上海交通大学医学院参加院士面对面活动（右为陈国强院士）
2. 2015 年，蒋华良参加国际学术交流

1. 蒋华良就 2015 年诺贝尔生理学或医学奖作科普报告
2. 2020 年年初，蒋华良（右图左一）赴武汉参加新冠科研攻关工作

1. 2017 年，蒋华良在上海科技大学作报告
2. 蒋华良（前排左一）参加中科苏州创新研究院签约仪式

1. 2018 年，蒋华良为中国科学院上海分院拍摄新春祝福视频
2. 蒋华良参加民盟市委活动

1. 青年时期的蒋华良与夫人徐岭
2. 青年时期的蒋华良与夫人徐岭及女儿蒋雨惜的合影

1. 蒋华良与夫人徐岭
2. 蒋华良与夫人徐岭及女儿蒋雨惜的合影

1. 蒋华良与爱犬朵朵

2. 烹饪时的蒋华良

3. 蒋华良访问剑桥大学

4. 蒋华良在新西兰参加学术会议休假期间

序一

精神长存天地间

蒋华良院士逝世将近一年了。各界人士深切缅怀这位才华横溢、英年早逝的优秀科学家。我知道，其中许多人其实以前并不认识和熟悉华良，但却被他的精神、情操和才华所感动。华良的事迹影响之广、他的逝世在社会各界中引起的悲痛之深，在科技界是多年来罕见、超乎寻常的。

华良是一位农家子弟，自小经历了许多生活的艰难，磨炼了他不畏困难的坚强性格，也养成了他正直、朴实、直率、急公好义的个性。少年时代的他，在艰苦的条件下努力学习成长，不仅学业优秀，而且在文学（古典诗词等）、艺术（书法和戏曲），甚至在烹饪技艺等方面都打下了深厚的根基，展现出多方面过人的才华，可以讲是一位难得的全才、奇才！

华良的夫人徐岭女士和女儿雨惜在他逝世一周年之际，把他生前所著的68篇文章悉心整理，汇集出版。"国之所需　吾志所向""寻梦新药　寄语青年""故乡的河""闲情偶记""吃喝的境界""告别与纪念"六个篇章，集中反映出华良炽热的家国情怀，以及他对科学的执着、对人生的感悟和他的人文关怀。此书的出版表达了家属和社会对华良院士的缅怀，更是对华良精神的延续，为读者提供了走近华良、学习华良的宝贵素材。

华良于1992年进入上海药物所攻读博士学位，导师是嵇汝运先生和我。1995年他完成博士学位学业以后留所工作,我们共事整整 30 年。我看着他从一个意气风发的青年学生成长为新一代学科带头人,我们共同经历了上海药物所、中国科学院、浦东张江和中国药学领域创新发展的许多大事,结下了深厚的情谊。

从研究生时期起,华良就崭露头角,他数理基础坚实、才思敏捷,迅速挑起了科研工作的大梁。药物所的同事们用"拼命三郎"来形容他在科研领域的奋斗精神。他突破固有思维,发展了"靶标垂钓""快结合、慢解离"等药物设计的新理念和新策略,有效地提高了药物设计的成功率。他所参与、指导、组织的多个新药研究都已进入临床研究,其中抗新冠药物 VV116、VV934 已获批附条件上市。同时,他作为 973 项目的首席科学家、重大研发计划专家组组长等,承担了一批国家重大科技任务,为国家新药研制作出了重大贡献。

华良院士最令人感动的是他身上那种牢记使命、勇于担当,以天下为己任、"虽九死其犹未悔"的精神与情怀。不管是当年抗击 SARS 还是新冠疫情期间,他总是挺身而出,主动担责,第一时间组织大家开展研究,取得了卓越的成绩。在 2020 年疫情最严峻的时期,他置个人安危于度外,两次与左建平研究员逆行而上,赶往武汉开展临床研究,共赴国难。在担任药物所所长期间,每逢面临重大改革和发展任务的关键时刻,他总会带领班子主动站出来,当好国家队、担好国家责。华良院士心里是真正把国家放在了最重要的地位。

华良院士多才多艺,具有丰富多彩的内心世界。他始终对老一辈科学家心怀敬意,努力挖掘药物所的历史和精神文化传统。他深切热爱家乡人民,不断为家乡的改革发展建言献策,作力所能及的贡献,他曾说,"常州美丽的山水、朴实的人情,永远是我前进的动力"。他无私地鼓励和帮助年轻学生,以"爱、情、缘、志、信"为题连续五年在药物所研究生毕业典礼上讲演,表达他对莘莘学子的期望和祝福。他对需要帮助的人总是热情地伸出援助之手,他帮助湖南芷江大树坳乡种植野生甜茶,为大树坳中学捐建现代化的教学楼。他对传统文化、地方曲艺、美食,对一切美好事物,有着自己独到的鉴赏眼光。说不尽的故事,讲不完的付出和奉献,华良确实是一个有情有义的人,一个充满人文情怀的人，一个豪爽热忱的性情中人。

昔君来兮，杨柳依依；今我来思，雨雪霏霏。

华良离开了我们，但他爱党爱国、科学报国的情怀，他终身奋斗不懈的精神将永不磨灭。在实现中华民族伟大复兴的征程上，华良的精神将始终与我们相依相伴。此书的出版，使我们更深刻、更全面地看到了一位优秀的科学家和一位热忱的爱国者的生动形象，我们将永远缅怀和纪念他，以实际行动完成他未竟的事业。

谨以此短文表达对华良院士的深切缅怀，是为序。

中国科学院院士

中国科学院上海药物研究所研究员　陳凱先

2023 年 9 月

序二

华夏脊梁、振兴科学、慈药济世、慧极而伤,哭我界痛失昆仑;

良才肝胆、诲育后辈、至诚待人、情深不寿,盼他世永传风范。

——这是华良兄不幸离开我们时,我与旭红为他写下的挽联,也是华良在我心中的写照。

时间既是最客观的记录者,也是最伟大的书写者。华良离开我们已经快一年了,但他总活在我的心中。曾记得,2001年年底,当我结束在美国的两年访问,回到上海时,不少同事告诉我,你应该去认识上海药物所的蒋华良。我问为何,同事说,你们很像,肯定会成为朋友,因为他才华横溢、精力充沛、激情满满、性情豪放、充满血性,又饱含情怀;他坦诚直率、爱憎分明、智慧幽默、满怀志向、坚毅风骨,又能文能武、能说会唱。随后得知,华良与我都是在1997年获得国家杰出青年科学基金资助的。于是,几周后,以科研合作为由,我去了当时药物所所在的岳阳路,认识了华良,真有点"相认恨晚""一见如故"之感。自此,我们从相识到相知,结下深厚的友情,直到成为挚友。

犹记得,2002年上海市科委基础处拟组织申报科技部973计划项目,建议我与华良一起牵头。当时,项目负责人可以有二,华良坚持让我做第一负责人。他说,我刚到病生教研室做主任,从零起步,需要这个项目,而他在药物所已有比较好的基础。于是,我们组织起一支包括华良、钟杨和我等在内的年轻队伍,带上几台台式电脑,在当时还开放不久的浦东找了个宾馆,日夜在"争吵"中构思,碰撞出无数火花,形成了项目组织架构,最终以"基于生物信息学的药物靶标的发现和功能研究"为题,反复打磨,完成了队伍组建和申请书的撰写。大约两个月后,我们如愿通过项目网评,几人一起奔赴成都,在惶恐中参加项目答辩,一举成功。从此,我们真正开始了不计个人得失的科研合作,并取得了一些成绩,五年后的项目结题中,我们获评优秀。与此同时,我们的友情也在不断加深,既成良友,也成彼此相互鼓励、相互支持、相互成就的知心人。我总是怀念那时的科研环境,虽然研究条件不如现在,经费也有限,但是我们其乐无穷,真正沉浸其中。

2007年,华良邀我一起去南京参加国家自然科学基金委组织的有关化学生物学研讨会议,并带我跨入化学生物学领域。他是国家自然科学基金委在2006年启动的"十一五"首批重大研究计划"基于化学小分子探针的信号传导过程"的专家指导组成员,也是该计划最初设想的牵头人之一。该计划的实施倾注了他巨大的心血,历经八年,以优异成绩在2015年结题后,华良又马不停蹄作为新启动的"十三五"重大研究计划"生物大分子动态修饰与化学干预"专家指导组组长,开始了推动化学生物学向更高层次发展的新征程。我有幸参与这两个重大研究计划的实施,并都承担了其中的重点项目,在《自然化学生物学》(Nature Chemical Biology)上发表了一些论文。最近,我与我的研究生在《细胞代谢》(Cell Metabolism)杂志上发表的论文,就是这些项目支持下的最新成果。虽然我的成就有限,但让我深切感受到学科交叉的重要性,不仅让我具备一定的医学和生物学知识,也开始学习化学,更让我在作为交大医学院院长期间,对于推动学科交叉,尽心尽力。

在近20年的合作与交往中,华良告诉我许许多多的感人故事,无不令人敬佩。12岁时,报告文学《哥德巴赫猜想》激发了他对数学的兴趣,陈景润在简陋的亭子间里"十年磨一剑",摘取"数学皇冠"的情景,深深地震撼和影响了他。于是,他在初中期间自学了高中数学,并在高中期间自学了高等数学,希望高考能考上数学或理论物理学专业,立志要当数学家。可是,高考时,他在中学老师的劝说下改报南京大学化学系有机化学专业,走入了另一片奇妙世界。从小对探索自然的痴爱,不仅让他的科研大受裨益，更让他成为睡在实验室的"拼命三郎"。2003年，他带领实验室的科研人员全面投入到寻找抗SARS药物研发科研项目攻关中……在新冠疫情暴发之初，他牵头组建了抗疫联合攻关团队，全力开展抗新型冠状病毒药物研发。在疫情形势异常严峻时期，他甚至先后两次逆行武汉，在抗疫一线组织开展抗新冠病毒药物临床研究工作。……每每谈及这些故事，他都是异常激动，"国之所需，吾志所向"，令我无限感动！

华良关爱后学、言传身教的故事同样给我留下深刻记忆。他期待他的研究生充满"狼性"，他也推荐他的优秀学生来我领衔的交大医学院工作，如今他们中不少获得了"杰青""优青"的资助。在药物所毕业典礼上，"爱""情""缘""志""信"五篇毕业典礼致辞总在第一时间发给我，也在广大学子心中打下深深烙印，"谈情说爱话缘言志讲信"的临别赠言是他对学生们无限关爱和美好祝福的诗意诠释。2017年12月，我邀请他和其他两位新科院士在交大医学院参加"新科院士面对面"活动时，他说，"正直、善良、包容、坚持"是他的性格，也是他一路走来的底线。学生问，蒋老师，您之前多次申报院士没成功，是什么令您坚持的？他淡然一笑：不气馁，并不是为了"院士"这个帽子，而是为了祖国的药物创新事业，多研制老百姓吃得起的药物。"年轻人，要学会接受挫折。当不当院士，我依然如故，鞠躬尽瘁！"

现在看来，这也是润物细无声中，我从华良身上学到的精神品质。

在他离开这个世界前不久，他还邀请我，待疫情结束，一起去湖南芷江大树坳乡看他种植的野生甜茶和他为大树坳中学捐建的现代化教学楼；他还告诉我，他正在帮助海南研究槟榔问题，并亲笔去信省领导，但是感到力不从心……

华良，你为这个世界已经付出太多，也有无数的事业等待你继续。可是，你就这么离开了我们。相信，你的事业有人继承，你的精神将永存人间，你永远活在我的心中！

中国科学院院士
海南医学院院长

2023年11月于海口

序三

　　蒋华良是华东师范大学 1989 级硕士生、化学系校友，著名药学家，中国科学院院士，中国科学院上海药物研究所原所长，战略科学家。他长期致力于药物科学基础研究和新药发现，是我国药物设计学科的开拓者和药物化学学科的引领者之一，也是我国化学生物学学科建设的重要倡导者、引领者之一。校友蒋华良院士于 2022 年 12 月 23 日在上海骤然离世，为人间留下了一个月后上市的两款他和合作者们发明的抗新冠病毒特效药，他终年仅仅 57 岁。他的离开是中国药物学界的重大损失，也带给母校无限悲戚。斯人已逝，其立志报国的精神和严谨治学的作风值得后人铭记与学习。

　　1987 年，22 岁的华良从南京大学化学系本科毕业，在常州化工研究所工作。在工作期间，经过对自己未来的深思熟虑后，华良决定要走理论化学的专研之路，于是他选择攻读华东师范大学的量子化学专业。最终，他以总分第一的成绩进入复试，并顺利被华东师范大学录取。"总分第一，华良考出了 403.5 分的最高分，他确实是天才型的，我们的专业课非常难!"华良的室友、同门，如今的华东师大副校长戴立益到今天还赞叹不已，"华良既擅长理论研究，同时又长于实验，动手能力很强。他多才多艺、乐于助人，有极天才的一面，但也能一头扎进实验室一连好多天，付出超越常人的努力。"在漫长的求学之路中，华良和华东师范大学有着不解的紧密缘分，他的一次重要的专业选择过程便发生在华东师范大学硕士在读时期。

1992 年,华良考取中国科学院上海药物研究所博士研究生,师从嵇汝运院士和陈凯先院士。1995 年,在面临出国留学和留所工作的两难之间,华良听从了时任药物所党委书记潘柏熙的建议,从药物所青年人才缺乏的大局出发,最终决定留在研究所工作。

华良担任上海药物所所长期间,在他的带领下,研究所创新体系进一步完善,创新能力显著提升,进入临床研究的候选药物数量屡创新高。他与知名国际制药公司开展实质性合作,领导和推动上海药物所在苏州、宁海、临海等地建立了生物医药产业化基地,有力地促进了成果转移转化和地方生物医药产业发展。

华良长期致力于药物科学基础研究和新药发现。他在我国率先建立了药物—生物大分子相互作用的大规模分子动力学模拟等一批功能先进的理论计算技术平台,发展了"靶标垂钓"靶标发现等一批原创药物研究新技术与新方法;作为主要发明人之一,他发现的多个抗阿尔兹海默症、抗新冠、抗肺动脉高压和降血脂等候选药物已进入临床试验的不同阶段。近年来,他大力倡导并积极投身基于大数据和人工智能的新药研究。他是我国药物设计学科的开拓者之一、药物化学学科的引领者之一,也是我国化学生物学学科建设的倡导者、开拓者之一,为我国这些学科的快速发展作出了不可磨灭的重要贡献。

2020 年年初,新冠疫情暴发,在社会惊慌不安、风声鹤唳之时,他不顾个人安危,留下遗书,泪别家人,悄悄奔赴武汉,坚守一线数月,苦心研究、寻找良药,他的口头禅是:良药苦口、忠言逆耳。华良组织团队开展药物研究,并在第一时间给科技部和科学院写了建议。在科技部、科学院和工程院的支持下,华良与饶子和院士合作,领导由中科院上海药物研究所、上海科技大学和中科院武汉病毒研究所组成的联合攻关组,进行抗新冠药物研发攻关。在新冠疫情这场大灾难面前,华良与饶子和院士领导的攻关团队果断把个人荣誉放在一边,将研究成果毫无保留地向世界公开,共同应对这次人类的危机。在此期间,他对网络误解和流言一笑而过,全身心投入,以命搏药,与同事合作推动两个治疗新冠的原创新药,在他身后不久最终得以问世,赢得了所有人的尊重和敬佩。

除了"言传"，华良在"身教"方面更是起到了"润物细无声"的效果。在他的带动和影响下，一批青年才俊纷纷在自己的研究领域崭露头角，捷报频传。在 2020 年度上海科学技术奖授奖名单中，吴蓓丽、赵强等凭借"G 蛋白偶联受体的结构与功能研究及药物发现"荣获自然科学一等奖，柳红等凭借"药物设计新策略的建立及其在创新药物发现中的应用"荣获科技进步奖一等奖。

华良对人才培养和药学教育情有独钟。2004 年，他应邀创立华东理工大学药学院并兼任院长，我作为时任校长，内心对华良充满感激和敬佩！一是因为在他的领导下，该药学院从无到有，从零开始，默默无闻，经过六年，即在 2009 年第三次全国学科评估中位列医学大学药学的第十名（评估不包含兼职者及其材料）；二是因为华良将兼职院长的津贴赠予学生们，专门设立了"蒋华良奖学金"。

对于母校华东师范大学，华良更是倾注了满腔热情，全力支持。他一直心系母校，为母校的发展提供了很多帮助和支持，例如华东师范大学医学研究院的成立、药学学科博士点的建设、人工智能新药创智中心的设立等。积极谋划顶层设计，全力推动药学和医学领域的布局和新突破，是近年来华良对母校转型发展的重要支持之一。他受聘为华东师大医学与健康研究院专家咨询委员会委员，坦诚直率，担当学校发展的好参谋。

华良不仅是严谨治学的科学家，也是一个热爱生活、具有深厚文学艺术造诣的人。他才华横溢，精研书法、评弹、越剧，擅长烹调。他曾写微文，把苏州"三虾面"和扬州"狮子头"的韵味传遍大江南北，还写过题为《红烧肉中的著名化学反应》的科普文章，把美食和化学完美联系了起来。他热爱家庭，与夫人徐岭携手三十载，相濡以沫，每隔十年总会郑重地为其写下贺生日书法作品；女儿则是他始终的牵挂。他关爱后学，桃李满天下，他的"爱""情""缘""志""信"五篇毕业典礼所长致辞在广大学子心中打下深深烙印，是他对学生们无限关爱和美好祝福的极致体现。可惜的是，他对扬州园林的热爱、精通和造诣，已经无法留存人间。2019 年春，在同游瘦西湖时，他在扬州园林方面的造诣,让我大吃一惊,他告诉我,有空时他会专门写一本这方面的书,今天想来,不禁悲上心头,不胜感慨……

斯人已逝,后人尤恸。我们缅怀华良待人接物的真诚坦率,做事上的认真踏实刻苦,创新创造上的不走寻常路。感谢华良在药学科学领域作出的巨大贡献。华良一生始终坚持"清清白白做人,认认真真做事,踏踏实实做学问",怀着对祖国、对人民、对科研的忠诚与热情,他秉持"国之所需,吾志所向",在药物科学基础研究和新药发现领域积极开拓,取得了丰硕的研究成果,为我国的药学科学事业作出了巨大贡献。

我们将永远缅怀华良院士的高贵品格和科学精神!

中国工程院院士

华东师范大学校长　　钱旭红

华东理工大学原校长

2023 年 6 月于丽娃河畔

目　录

前言　　　　　　　　　　　　　　　　　　　　　　　　　　　　　　　1

国之所需　吾志所向

国之所需,吾志所向　　　　　　　　　　　　　　　　　　　　　3

科普的力量

　　——一些与数学有关的"八卦"　　　　　　　　　　　　　7

民国年间的国际一流科研成果

　　——为中国和美国争光的理论物理学家王守竞及其显赫的家族　　17

药物研发与诺贝尔奖

　　——2015 年度诺贝尔生理学或医学奖解读　　　　　　　31

致敬青蒿素发现工作的所有科技工作者

　　——我们千万不要忘记参与 523 项目的工作者们　　　38

我们共同的基因

　　——致上海药物所毕业的校友们　　　　　　　　　　42

上海药物所基因特质 48

（一）继承传统　创新发展 49

（二）四位一体的发展模式 53

上海药物所 GPCR 研究的又一黄金时期到来 59

G 蛋白偶联受体(GPCR)研究的黄金时代 62

继承和发扬传统文化是创新发展的驱动力

　　——在复旦大学出土文献与古文字研究中心授予翟立博士名誉教授仪式上的

　　发言 67

携手共进，山高水长

　　——复旦大学与中国科学院上海药物所共建药学院签约仪式发言 71

血浓于水

　　——中科院有机所建所 70 周年致辞 77

南京大学化学化工学院校友与中国科学院化学学科建设的关系

　　——南京大学化学化工学院建院 100 周年致辞 81

2 寻梦新药　寄语青年

爱

　　——中国科学院上海药物研究所 2014 届研究生毕业典礼致辞 88

情

　　——中国科学院上海药物研究所 2015 届研究生毕业典礼致辞 91

缘

　　——中国科学院上海药物研究所 2016 届研究生毕业典礼致辞 95

志

　　——中国科学院上海药物研究所 2017 届研究生毕业典礼致辞 98

信

    ——中国科学院上海药物研究所 2018 年研究生毕业典礼致辞   102

梦开始的地方

    ——中国科学院上海药物研究所 2015 年新生入学致辞   107

寻梦,向青草更青处漫溯

    ——中国科学院上海药物研究所 2016 年新生入学致辞   111

大学之精神

    ——在 2015 年辽宁何氏医学院新生开学典礼上的发言   114

为中华民族的伟大复兴而读书

    ——南京大学 2019 级本科新生开学典礼致辞   118

3 故乡的河

故乡的河   125

儿时炎热夏天的清凉   127

儿时的年味   134

我的父亲   137

清明扫墓   140

三十年前的往事并不如烟

    ——1979 届东安中学初中毕业 30 周年发言   142

母校往事   146

春雨

    ——祝贺母校江苏省武进高级中学建校 70 周年   152

不忘初心,方得始终

    ——庆祝江苏省武进高级中学建校 70 周年大会发言   156

阳羡歌 158

 闲情偶记

上海人的优点 167

照片的记忆 169

红茶杯 171

修好的红茶杯和那些消失的手艺活 173

好色谈 177

穿旗袍的女人 180

再听《梁祝》有感 182

致 80 年代的初恋 184

长亭更短亭 186

活 189

写好字 191

闻声赏柳 195

樱品 198

霞 200

北京晚霞 202

三十年后重游栖霞古寺 203

寻梦剑桥 204

忆江南

——再看丽娃河 207

5 吃喝的境界

吃喝的境界　　　　　　　　　　　　　　211

寻美食　　　　　　　　　　　　　　　217

舌尖上的七八十年代　　　　　　　　221

红烧肉中的著名化学反应

　　——美拉德反应　　　　　　　229

媳妇岭端午节随笔　　　　　　　　233

苏州的面　　　　　　　　　　　　238

江南小馄饨　　　　　　　　　　　243

咸肉蒸饭　　　　　　　　　　　　247

锦绣江南鱼米香　金秋时节话食蟹　251

螺蛳嗍嗍　　　　　　　　　　　　257

新加坡辣椒蟹和黑胡椒蟹　　　　261

久违的年味　　　　　　　　　　　263

6 告别与纪念

一些与嵇先生相处的零星回忆　　273

跟金国章先生学习神经药理学　　278

钟灵毓秀，积德裕后

　　——深切悼念谢毓元院士　　281

矢志不渝，自强不息

　　——沉痛悼念池志强院士　　284

迟到的哀思

　　——深切悼念杨怀东同志　　290

生死之间

　　——与父亲最后的心灵交流　　294

附录　　297

写给爸爸的一封信

　　——与父亲最后的心灵交流　　297

蒋华良院士年表　　300

后记　　308

前　言

　　蒋华良是我国著名药学家,中国科学院院士,临港实验室首任主任,曾任中科院上海药物研究所所长、研究组长、博士生导师。1965 年 1 月出生于江苏省常州武进东安。1998 年 12 月加入中国民主同盟。他是我国药物设计学科的开拓者之一、药学学科的引领者之一,也是我国化学生物学学科建设的倡导者之一。他为国家科研事业无私奉献、不舍昼夜,奔波在国家战略需要的科研一线,将"国之所需,吾志所向"的科学家精神刻入他的人生。

　　科学和艺术的融会贯通是很多科学大家和文学巨匠崇尚的境界,蒋华良先生深悉诗词歌赋、人文历史,对自然艺术有着敏锐又独特的触感,还是一位热情充沛的生活家。有别于大众对科学家严肃板正的刻板印象,蒋先生在科研工作之外,乐于分享日常中的所思所想和所见所闻。他始终将遇到过的良师益友、培养合作过的学生青年奉为自己的人生珍宝;善于观察发现,整合各方所需所长,推动各单位、高校、研究机构不同学科人才齐头并进,共同攀登科学高地;同时,他也十分珍视家庭,与夫人恩爱携手走过 30 年婚姻,夫人是他生活中的支柱、情感上的知己,情绪的依赖寄托,让他能全身心投入热爱的事业中。在家庭和工作中,蒋先生都是大家所信任依赖的大家长。如果说蒋先生取得的科研成果、发布的学术论文、研发的创新药物、建立的教育体系、培养的学术人才是他人生中被大家关注的 A 面,那么科研工作之外的蒋先生是更值得被看到和传承的精彩B面。本书在让读者了解蒋先生战略科学家的A面履历后，更多展现蒋先生才华横溢、情感真挚的B面人生。

2016年7月15日，蒋先生建立了个人微信公众号"朵朵花开淡墨香"，这一名字来自元代画家和诗人王冕题他自己所画梅花的诗《墨梅》："吾家洗砚池头树，朵朵花开淡墨痕"。取这一名字的原因有很多，主要原因有两点：一是蒋先生喜欢梅花，尤其是腊梅，腊梅也称寒梅，寒梅有暗香浮动。因此，蒋先生特意把"淡墨痕"改为"淡墨香"。另一个原因是蒋先生家养了一只可爱的斯宾格犬，如同他的家人，名叫"朵朵"。公众号中主要刊登蒋先生自己平时写的文章，内容主要涉及美景、美食和生活琐事，也会发布一些科普文章，本书的书名即来源于此。

本书是蒋华良先生文集，汇编了蒋先生的部分公开随笔、致辞等文稿，部分来自其公众号"朵朵花开淡墨香"。这些文字中，除了有从科学家视角去欣赏生活和思考问题的特质，还有浓郁得化不开的侠骨柔情，这些文字中透出的品质构筑了更加丰满、更加完整的蒋先生。这也是本书的立意，希望读者能从本书中了解他的思想、情感和品质，希望这些能够像一束光，让纸面上的文字，投射出更多有价值的后续。本书分为六篇，分别是"国之所需 吾志所向""寻梦新药 寄语青年""故乡的河""闲情偶记""吃喝的境界"以及"告别与纪念"。让读者可以多维度地了解到蒋先生是谁，是怎样的科学家、师长及领导开拓者，他如何从穷苦乡村一路走进科学的殿堂；全面感受到蒋先生对科学的热爱，对青年学生的期待，对同行学者的惺惺相惜；通过蒋先生真挚的文字体会他对生活的感悟、对自然的热爱、对艺术文学的追求以及对理想的执着；最后在本书出版时，也是蒋先生离开一周年之际，希望读者通过蒋先生对逝者的纪念和对生命的态度，能更好地理解并记住他留在世间的真善美。

在第一篇"国之所需 吾志所向"中，收录了蒋先生应邀在刊物上撰写的文章、科学史故事串讲，此外还收录了三个主题的微型系列文章，包括"上海药物所基因特质""GPCR研究黄金时代""科研院校间的渊源"等。《国之所需，吾志所向》谈及蒋先生的科学信念和社会责任；科学史小故事，主要包括《民国年间的国际一流科研成果》《科普的力量《药物研发与诺贝尔奖》等。《上海药物所基因特质》分两篇,最初提出这个概念,是致药物所毕业校友的,在此基础上,蒋先生又认真梳理了后续,系统挖掘并提炼出药物所的精神文化。"GPCR研究"始于赵承嘏先生和金国章先生等老一辈药物所人前期积累和探索,两篇"GPCR研究黄金时代"的文章相隔四年,其间多项G蛋白偶联受体(GPCR)重大科研成果亮相,两篇新闻稿体现出了蒋先生在科研工作中的战略研判,协同共进。《继承和发扬传统文化是创新发展的驱动力》一则感谢成功企业家积极支持科技创新和创业的同时,竭尽全力支持中国传统文化事业,二则提出中医药发展与古文献典籍的合作建议。其后三篇,情深意切讲述与有机所、复旦大学、南京大学化学化工学院血浓于水的历史渊源。这些文章,体现了蒋先生在如何集合各单位学科及人才之长共攀高峰,如何融汇科学史、传统文化与现今创新发展等方面的思考与启示。阅读本篇中的文字,读者能看到的是一个科学家的形象,一个战略家的眼光,一个领导者的格局。

在第二篇中,主要是对学生及青年工作者的期许鼓励。2014—2018年,蒋先生作为中国科学院上海药物所所长向毕业生致辞,每年一个主题,分别为"情""爱""缘""志""信",几年主题联系起来便是"谈情说爱话缘言志讲信"。现在读来,对青年学生乃至不同阶段的人仍然有启发,每个主题都是他深入思考后,提炼出的为人处世中的重要品质。在给新生的致辞中,蒋先生激励青年学生树立梦想、为中华民族伟大复兴而读书。从这些文章中,能感受到蒋先生鼓励年轻人在科研这条清寂的路上坚持下去,希望越来越多的青年参与进来,为中国科研发展献计献力、为民族富强而奉献坚持的殷殷期望。

在第三篇"故乡的河"中,收录了蒋先生对儿时生活、故乡水土、母校同学以及亲人的美好回忆,记录了蒋先生对于故乡的情意及归属感,如蒋先生所说,"在我的简历上永远写着:江苏常州武进人"。通过《儿时炎热夏天的清凉》《儿时的年味》《我的父亲》《三十年前的往事并不如烟》等文章,可以大致描绘出蒋先生的成长经历和性格养成,记录了他赤脚徒步一路刻苦走入科学殿堂的全过程;通过多篇写给母校的致辞和文章,展现出蒋先生师恩难忘,对母校的培育之情的怀念和感恩,对同学旧友一同走过求学路的珍惜难忘。

在第四篇"闲情偶记"中,收录了蒋先生关于生活感悟和美景艺术的系列文稿。这个篇章期待读者可以去品一品蒋先生的文字,体会他独特的文笔风格,处处可见的细腻,及有趣的灵魂。《红茶杯》《修好的红茶杯和那些消失的手艺活》是一个典型的从人情世故谈到传统文化及生活之道的范例,这种行文风格贯穿本篇各个部分。

在第五篇"吃喝的境界"中,收录了蒋先生的美食篇。蒋先生在《吃喝的境界》中提到,"美食家需具备五大要素:会吃、会想、会说、会写、还要会做",所著美食文稿,均附了菜谱,本书出于篇幅考虑,删减部分。读者可以尝试通过舌尖和味蕾通感来感受这部分文稿,韵味独特,其中最具影响力的当属《红烧肉中的著名化学反应》和《苏州的面》。

在第六篇"告别与纪念"中,收录了蒋先生缅怀恩师前辈、纪念挚友、悼念亲人的文章。缅怀恩师嵇汝运院士、金国章院士、谢毓元院士、池志强院士的文章,更多的是深刻发掘他们身上的科学家精神。在回忆导师嵇汝运先生时,蒋先生说嵇先生"身上有许多高尚的品德和精神,我至今没有学到,我将用一生的时间去学习和体会"。回忆其挚友杨怀东,蒋先生的文字可谓"历历在目","一往情深",在《迟到的哀思》一文中,蒋先生在获悉杨怀东离开时写道:"今天再忙,也要写完这篇文章,以此深切缅怀我的老同事、老朋友杨怀东同志。"《生死之间——与父亲最后的心灵交流》写给父亲,耳畔回响父亲"你是国家的人,应全心全意为国家做事",而内心带着"忠孝未能两全"的深深遗憾。希望读者在看完这些文字后,能够更好地告别蒋先生的离开,纪念并理解他所留下的思想和精神。

本书在文稿汇编过程中,撷取了蒋华良先生本人撰写的文稿,后期只做文字的校核和简单修订,忠于原作;为了便于读者理解文章内容,编者根据蒋先生文章内容或资料查阅,补充了部分的篇章导读。本书整理了蒋先生年表,有助于读者更深入地了解他的人生轨迹和科学道路,将其放在附录里,与读者共飨。希望蒋先生的文集能够温暖那些被他的生命之光照耀过的人,也能给其他读者一些启发和帮助。尽管编者满怀敬畏悉心编校,仍难免疏漏,敬请谅解。

国之所需　吾志所向

　　实现中华民族伟大复兴是一项光荣而艰巨的任务，需要每一个人的努力和奋斗。我的个人成长经历，是一个从以个人奋斗为目标发展成以研究所和国家发展为目标的经历。"国之所需，吾志所向"是蠹立于心的科学信念，我将更加努力，为实现这一目标而奋斗终身。

——引自《国之所需，吾志所向》

国之所需,吾志所向①

从 1949 年到 2019 年,弹指之间,新中国迎来 70 华诞。70 年前中国百废待兴,70 年后中国百业昌盛! 我出生于上世纪 60 年代中期,虽然没有亲历新中国成立的建设初期,但亲眼目睹了中国改革开放四十多年的宏伟发展历程,回首个人的成长经历,可谓思绪万千,庆幸自己生逢其时!

"吾志所向"出自孙中山先生,1896 年他断发后,立下誓言:"吾志所向,一往无前; 愈挫愈奋,再接再厉。"表明了他立志报国的决心。我自己的成长历程,和许多同龄人一样,经历了由以个人前途为奋斗目标发展到自觉地以国家前途为奋斗目标的转变过程。

1965 年,我出生于江苏省武进县农村,在"文化大革命"期间读完小学,当时的教育事业基本停顿,除了一些浅显的语文和算术以外,基本没有学到多少文化知识。父辈们整日艰辛劳作,却无法保障全家衣食的情形在我幼小的心灵留下了深刻的印象。儿时的我非常向往城市生活,梦想着哪天能离开农村,转成居民户口,有一份稳定的工作,解决温饱问题。1976 年,我正读初中,粉碎了"四人帮","文化大革命"结束,迎来了改革开放的大潮。1977 年,恢复高考,我看到了离开农村的希望。对我这样生活在

---

① 本文写于 2019 年,为"新中国与统一战线 70 年·心声"活动撰文。

农村的孩子来说,考上大学是实现这一目标的唯一道路,于是我便刻苦学习。徐迟发表的报告文学《哥德巴赫猜想》激发了我对数学的兴趣,于是我初中期间便自学完了高中数学课程,1979年以优异成绩考上县重点中学——湖塘桥中学(江苏省武进高级中学前身)。后来因病休学一年,在此期间自学了一些高等数学,1980年复学。当时的大学录取率极低,仅3%左右,要想考上大学,只能靠刻苦认真地学习,否则跳不了龙门,离不开农村。1983年,我实现了离开农村的第一步,考取了南京大学化学系。大学期间,依然认真学习,目的是今后找一份好的工作,可以养家糊口。20世纪80年代,常州化工研究所是改革的先行单位,待遇比较好,毕业后我进入常州化工研究所工作两年。

工作期间,我开始认真思考自己的未来。因一直对数学和物理感兴趣,自己又是学化学出身,加上当年理论化学是化学的热门学科,1989年我考取华东师范大学研究生,攻读量子化学硕士学位。在华东师范大学学习期间,我继续深入思考,自己到底想干什么。1990年,在济南参加第三届全国量子化学会议时,我遇见了著名药物化学家嵇汝运院士,并听了陈凯先院士关于药物设计的大会报告,突然之间有了终身奋斗的目标:将自己所学到的有机化学和理论化学知识用于药物研究。1992年,我考取中国科学院上海药物研究所博士研究生,师从嵇汝运院士和陈凯先院士,进行药物设计方法发展和应用研究,取得了较好的成绩。1995年,获得博士学位后又面临了两难的选择,出国留学还是留所工作?时任药物所党委书记潘柏熙同志找我谈话,希望我不要出国留学,留所工作,以解决药物所青年人才缺乏的问题。我从大局出发,留在上海药物研究所工作至今。1995年,药物所为了培养我,将我破格晋升为副研究员。我经常通宵达旦地拼命工作,以实验室为家,取得了一些成绩,1997年获得国家自然科学基金委杰出青年基金的资助,我的事业发展有了一个新的起点。

从2001年起,我分别担任国家863计划、国家基础研究重大研究计划、国家自然科学基金委重大研究计划等科学计划的专家组成员,参与了多种生命医药国家战略规划的研究和制定,深刻地体会到我国生物医药的落后,立志要为我国的生命医药发展作出应有的贡献。2003年初,全国上下众志成城,抗击SARS。我带领研究团队全面投入到寻找抗SARS药物的研究中。当年率先在国际上成功表达了SARS重要蛋白,标记了一条可能的SARS感染途径,获得了一批有效的SARS病毒化合物。在2007年度国家科学技术奖励大会上,我们研究小组以"重要药理作用的靶标动力学行为与功能关系研究及其药物设计"获得国家自然科学奖二等奖。2017年,我与吴蓓丽及王明伟的3个课题组紧密合作,首次测定GPCR全长蛋白的三维结构,并揭示了该受体不同结构域对其活化的调控机制。这项成果有助于为2型糖尿病治疗新药的研发提供新的思路。相关研究论文在《自然》(Nature)发表。2004年至2013年,我担任上海药物所副所长,积极协助所领导班子抓科研和研究生教育工作,为所平台建设和人才队伍建设作出了积极的贡献。2013年起,我担任上海药物研究所所长,认真贯彻以习近平同志为核心的党中央提出的创新驱动发展的新要求;同时,中国科学院实施"率先行动"计划,上海市实施科创中心建设,我深感责任重大。与整个班子一起,以习近平新时代中国特色社会主义思想为指导,牢记新时代国家战略科技力量的使命与责任,瞄准建设创新型国家和世界科技强国,深刻领会和落实我院"率先行动"计划要求,以"多出药、快出药、出好药"为目标,以药物创新研究院的建设为抓手,从维护人民健康、促进产业发展的国家重大战略需求出发,加强战略研究和战略规划,组织实施重大科研任务,深化有利于创新发展的体制机制改革,围绕"出新药"目标优化资源配置,努力实现研究所各项工作的新跨越,在创新驱动发展和建设"健康中国"中上海药物研究所发挥了不可替代的作用。

我担任所长以来,上海药物研究所取得了较好的成绩。我与所领导班子成员带领全所科技人员和研究生,加强战略研究,全面推进研究所建设和药物创新研究院建设,率先走出创新发展新路;深度融入上海科创中心、长三角一体化和粤港澳大湾区等区域发展战略,积极谋划和推动研究所跨越发展,建设张江药物实验室、苏州创新研究院、宁波生物产业创新中心、海门新药创制中心、中山分所等机构,区别定位,差异化发展,创新和产业有机衔接;主动而为,深化并大胆探索研究所体制机制改革,在组织管理、人才评价、激励机制、团队建设、人事制度等方面出台了一系列切实可行的具体措施。一是改进科研管理,按照"以疾病为中心、领域首席科学家领衔、多学科协同"的大团队科研活动组织模式进行新药创制,并进行科研、管理部门组织结构调整;二是实行分类评价,落实和优化评价激励政策,瞄准真正的成果产出,重点考察核心任务成效,而非"帽子""项目"等资源获取情况。打破"出论文"唯一标准,新药研究人员的评价围绕"出新药"目标,将临床批件、新药证书与职称评定挂钩。这一系列的改革举措,有力地促进了药物所的发展,也为兄弟院校创新驱动发展积累宝贵的经验。

实现中华民族伟大复兴是一项光荣而艰巨的任务,需要每一个人的努力和奋斗。我的个人成长经历,是一个从以个人奋斗为目标发展成以研究所和国家发展为目标的经历。"国之所需,吾志所向"是蠹立于心的科学信念,我将更加努力,为实现这一目标而奋斗终身。

科普的力量

——一些与数学有关的"八卦"

科普是科学普及的简称,亦称大众科学或者普及科学。我理解的科普至少可以分为两个层次,一是对非科技工作者普及科学知识,这也称之为大众科普,二是对专业科技人员的科普。一般的科普往往注重前者,而忽略对科技人员的科普。为什么专业化的科技人员还需要科普?当今科技日趋综合性和交叉性,掌握单一学科的知识与技能往往不能适应现代科学研究和技术研发的需求;另一方面,当今科技发展速度十分迅速,一个人要在短时期内掌握新近发展的科技知识和技能非常困难。如果及时有相关领域和新发展学科的科普作品发表或推送(通过微信等新媒体),将会极大地促进科技本身的发展以及社会和经济的发展,不但有利于提高普通百姓的科学素养,也有利于提高科技人员的科学素养。

科学普及的主要功能是,向大众介绍科学知识(也包括社会科学),推广科技应用成果,倡导科学方法,传播科学思想,弘扬科学精神。因此,科普的力量是无法估量的,可以这么说,没有一个成功的科学家或有建树的工程师没有受到好的科普的影响。本文通过一些与数学有关的具体例子来说明科普的力量。

1978 年 1 月《人民文学》第一期刊登了徐迟写的报告文学《哥德巴赫猜想》。全国大凡有些文化、有文字阅读能力的人均竞相传阅这篇报告文学,主人公陈景润的名字也家喻户晓,大家为陈景润不畏艰难,十年磨一剑,攻克哥德巴赫猜想这一世界难题的精神所折服。徐迟不但是一位高水平诗人和文学家,也可以说是科普作家中的高手,他在《哥德巴赫猜想》中介绍了许多数论的基础知识。读过这篇报告文学的人一定会有两个深刻的印象:陈景润不食人间烟火的形象以及数学的魅力和美丽。因此,《哥德巴赫猜想》也是一篇优秀的科普作品。许多人,包括我自己,读了《哥德巴赫猜想》之后,深深地爱上了数学,认认真真地学起了数学。无法统计有多少人因受《哥德巴赫猜想》的影响而走上了专业从事数学研究的道路。国际著名数学家哥伦比亚大学的张寿武教授就是其中的一位。他是我同事沈旭教授的高中同学,因这层关系,我们邀请他为药物所的学生作过一次科普报告,张寿武的科普报告也很精彩,给了我一些经常用到数学知识的学生以极大的信心。张寿武生活在安徽和县农村,受哥哥影响,从小喜爱数学,一边为生产队放鸭一边自学数学,恢复高考后,他虽未正规上过学,数学水平已经很高了。但高考数学考砸了,不喜欢的化学考了高分,被中山大学化学系录取。几经周折(谎称自己色盲),转到中大数学系。张寿武的自学能力很强,大学四年基本靠自学学习数学。"同调代数"这样的对粉碎"四人帮"后年轻老师来说完全是新的学科,张寿武一边自学,一边给系里的年轻老师和进修老师上课。这样的高才生走上数学研究的道路完全是自觉的,《哥德巴赫猜想》没有起作用。《哥德巴赫猜想》对张寿武的作用是让他对数论产生了浓厚的兴趣,以至于他最终成为国际一流的数论专家,是国际上少数几个敢于挑战"ABC猜想"的数学家。

关于ABC猜想这里不作详细介绍,我也没有能力作深入介绍,这里插一段算是关于ABC猜想的小科普知识吧。这一猜想由Joseph Oesterlé及David Masser在1985年提出,因猜想中用了$a+b=c$这一最基本的公式,此猜想被称为ABC猜想。此外,ABC猜想包含了许多丢番图问题,例如费马大定理。如果这一猜想被证实,数论中一半悬而未决的难题便迎刃而解,费马大定理仅是ABC猜想的特例。ABC猜想表明素数因子之间可能存在着更深层的关联,如果ABC猜想被证明是正确的,可能将揭示加法、乘法与质数之间存在的人类现有数学理论从未触及过的神秘内涵。因此,ABC也表示这一猜想是最基本的数学问题之一,解决它将极大地促进21世纪数学的发展。

日本数学家望月新一在数论界的影响力不亚于张寿武,甚至不亚于当今数论界的第一高手陶哲轩(注意,最近华人数学家在数论界出尽了风头,张益唐大器晚成,最近证明了"孪生素数猜想")。望月新一也算是张寿武的同门师兄弟,他们都在普林斯顿跟著名数学家法尔廷斯学习过数学。法尔廷斯非常厉害,32 岁即获得"数学界的诺贝尔奖"菲尔兹奖,后这一纪录被陶哲轩打破,陶哲轩得菲尔兹奖时仅 31 岁。与陶哲轩一样,生于 1969 年的望月新一是神童和天才少年,16 岁读大学,23 岁获得博士学位,20 岁出头便在"远阿贝尔几何"领域中作出过超卓贡献,曾被邀请到四年一届的国际数学家大会上演讲(这是数学界的最高荣誉之一)。然而,1998 年参加柏林数学家大会后,他就从学术界消失,潜心证明 ABC 猜想。2012 年 8 月,望月新一宣布证明了 ABC 猜想,4 篇相关论文贴在他工作的京都大学数学系网页,共有 512 页。为证明 ABC 猜想,望月新一创造了新的数学,这种新数学几乎没有人能理解,而望月新一从不给任何人讲解。因而,目前无法判断望月新一的证明方法是否正确。如果这套数学是正确的,将大力推进数学甚至整个科学的发展。写到此,我突然想起了 20 世纪 20 年代,科学奇人狄拉克为研究量子力学,在经典力学泊松括号的基础上,建立量子力学的力学量(用算符表示)之间的对易规则,提出了狄拉克函数,这些当时被数学家认为非常诡异的新数学大大促进了量子力学理论基础的建立,也促进了数学的发展。从亚里士多德时代一直到 20 世纪初,像狄拉克和望月新一这样的人很多,为解决科学问题,不故步自封,创造新的学科和理论,例如康托发明了集合论,彻底改变了 20 世纪数学的面貌。自1930 年代以后,这样的人少了,或几乎没有了,基础科学也就至今没有了当年的巨大飞跃式发展,所有的学科发展还没有跳出相对论和量子力学的范围。前一阶段炒得沸沸扬扬的检测到引力波(被誉为最近最伟大的发现),也不过是验证了 100 年前爱因斯坦提出的广义相对论场方程的一个解而已。广义相对论场方程有很多解,目前的数学方法难以获得,也需要发展新的数学,今后发现一个解,提出与这些解相关的客观世界(宇宙)的问题,并被实验验证,就是一个诺贝尔奖。不多说了,在回到正题之前,再说一个关于望月新一的八卦。自从比特币出现的那一刻起,人们就没停止过对其发明者中本聪身份的好奇,他究竟是谁? 2013 年 5 月 20 日,计算机科学家特德·尼尔森爆料比特币创始人其实是京都大学的数学教授望月新一。如果这一八卦又是真的,望月新一已经是亿万富翁了。与陈景润相比,望月新一高明多了,做学问的同时不忘赚大钱。

上面提及如果 ABC 猜想证明了,费马大定理的证明就不难了。然而,费马大定理于 1994 年被一个叫安德鲁·怀尔斯(Andrew Wiles)的英国数学家证明了。安德鲁当然没有先证明 ABC 猜想,再顺带证明费马大定理,他采用的策略是先证明与椭圆曲线相关的谷山—志村—韦伊猜想,再证明费马大定理。在介绍安德鲁证明费马大定理有关"故事"前,先简要介绍这一定理。几乎所有具有初中文化的人都能看懂这条定理: $x^n+y^n=z^n$,当 $n>2$ 时没有整数解($n=2$ 时即为我们熟知的勾股定理)。皮埃尔·德·费马(1601—1665 年)主业做律师,而且是当时法国有名的大律师,晚上或其他业余时间研究数学,并取得很多专业数学家难以企及的成就。一天晚上,他在灯下阅读丢番图(Diophantus)写的《算术》(拉丁文译本),突然来了灵感,在第 11 卷第 8 命题旁写道:"将一个立方数分成两个立方数之和,或一个四次幂分成两个四次幂之和,或者一般地将一个高于二次的幂分成两个同次幂之和,这是不可能的。关于此,我确信已发现了一种美妙的证法,可惜这里空白的地方太小,写不下了。"至今没有人能判断,费马是否证明了他自己提出的大定理。我八卦一下,他可能证明了 $n=3、4$ 等特殊情况,以为有办法推广到一般情况。不然,费马可能掌握了类似望月新一为证明 ABC 猜想而发明的新数学。然而,300 多年来,费马在《算术》书上写下的那句话"关于此,我确信已发现了一种美妙的证法,可惜这里空白的地方太小,写不下了"印在了无数人的脑海里,引导很多人成为数学家,目的就是证明这一著名的定理。然而,要证明这一看似简单的定理,太难了! 很多人一生毁在证明这条定理的过程中。当然,许多人在证明这条定理的过程中也丰富了数论的内容,促进了数论的发展。例如,1922 年英国数学家莫德尔提出了与费马大定理有关系的莫德尔猜想,张寿武和望月新一老师法尔廷斯于 1983 年证明了这一猜想,并因此于 1986 年获得了菲尔兹奖。

"关于此,我确信已发现了一种美妙的证法,可惜这里空白的地方太小,写不下了"

这句话,可能也印在了安德鲁的脑海里。1953 年,安德鲁出生在英国剑桥。10 岁那年,他在街上看到了一本科普书籍——E. T. ·贝尔写的《大问题》。这本科普小册子详细介绍了费马大定理的历史,这一定理吸引了很多数学家去证明他,也让很多大数学家望而生畏,连世界上有史以来最著名的数学家之一德国哥廷根大学教授希尔伯特连证明这一定理的想法都不敢有(1900 年,希尔伯特在巴黎第二届国际数学家大会上作大会邀请报告,提出了新世纪数学家应当努力解决的 23 个数学问题,20 世纪的大多数数学家围着这 23 个问题忙)。从此,证明费马大定理即成了安德鲁终生追求的目标。为此,他先在牛津学数学,再回家乡剑桥获得数学博士学位,后在哈佛从事博士后研究。1981 年起任普林斯顿高等研究院研究员,1982 年起升为普林斯顿大学教授。美国与现在的中国没有什么两样,论文发表是评价一个科研人员的主要指标。要证明费马大定理这一难题,首先得生存。安德鲁为此做了两件事情,先证明一些容易证明的难题(对安德鲁容易,对别人可能很难),发表论文,升到终身教授的位置,解决生存问题;一些猜想或题目已经被他证明并写成论文,但不急于发表。所有这些准备工作就绪后,他开始证明费马大定理,为免于干扰,对外绝对保密(仅他夫人知道)。过一段时间,向数学杂志投一篇以前准备好的论文,以应付各种评估,也表明他依然"活跃"在数学界。1993 年,经过七年艰苦的孤军奋战,安德鲁证明了费马大定理,全世界为之欢呼!然而,天有不测风云,审稿人发现他的证明中有一个小瑕疵,如不解决,等于前功尽弃。开始,安德鲁认为这不是很大的问题,自己搞了几个月,没有解决问题。于是,他邀请剑桥大学的讲师理查德·泰勒到普林斯顿帮他一起解决问题。又好几个月过去了,理查德·泰勒也未能帮他解决问题,安德鲁几乎要绝望了,准备放弃自己的证明。倒是理查德·泰勒劝说安德鲁再坚持一个月,如依然不行就放弃。幸运之神终于降临到安德鲁头上,2014 年 9 月 19 日,一个星期一的早晨,安德鲁发现了问题的答案,他回顾了这一时刻:"突然间,不可思议地,我有了一个难以置信的发现。这是我的事业中最重要的时刻,我不会再有这样的经历……它的美是如此地难以形容;它又是如此简单和优美。20 多分钟的时间我呆望它不敢相信。然后白天我到系里转了一圈,又回到桌子旁看看它是否还在——它还在那里。"至此,安德鲁完全地、万无一失地证明了费马大定理,为这一困扰数学界300多年的难题画了一个完美的句号。1998年安德鲁因证明费马大定理而获得菲尔兹奖。

贝尔在写《大问题》时绝对没有想到,他这本科普著作的最大成就是让安德鲁看到了这本著作,引导安德鲁走向数学,促使安德鲁以证明费马大定理为终身奋斗目标。据说,张寿武听到这一消息后,有点失望,他想通过证明ABC猜想,再顺理成章地获得费马大定理的证明权。不过还好,ABC猜想证明后,可获得一半数论猜想或命题的证明权,费马大定理仅是其中的一个而已,张寿武还有很多机会。望月新一不让任何人看懂他的新数学,看懂他对ABC猜想的证明,是否在给张寿武一个机会?看张寿武用现成的数学能否证明这一猜想?还是,望月新一很自信,现有的数学是无法证明ABC猜想的,等很多年后,张寿武或其他所有的数学家都放弃时,他才让世人真正理解他的数学和证明?这些也全是我的猜想。

最后一个故事,我准备再回到中国数学家身上来,这也是一部科普著作引导一个年轻人证明世界数学难题的故事,可能现在很多做数学研究的年轻人都不知道这个当代年轻人的故事。这个故事发生在改革开放前,凡是发生在那时的故事,多半是悲壮凄凉的,这个故事中的主人公也是如此,他叫陆家羲。1935年陆家羲出生于上海,家里靠父亲手工做的酱油、味精等调味品度日,生活很苦。陆家羲读初二时,父亲病重无钱医治而亡,他被迫辍学。1950年,年仅15岁的陆家羲到上海一个五金材料行当学徒,以维持家里生活。1951年,他告别家人来到沈阳,考入东北电器工业管理局办的统计训练班,半年后以第一名的成绩结业,分配到哈尔滨电机厂工作。他工作勤奋,被评为市劳模。

1957年夏天,陆家羲买了孙泽瀛写的《数学方法趣引》,书中介绍了十多个世界著名数学难题,这些难题深深地吸引了陆家羲,其中最吸引他的是一道组合数学难题——"寇克满女生问题"。1850年,英格兰教会的一个区教长寇克满(T. P. Kirkman)在《女士与先生之日记》年刊上提出了这样一个有趣的问题:一女教师每天下午都要带领她的 15 名女生去散步,她把学生分成 5 组,每组 3 人,问怎样安排,才能使在一周内,每两名学生恰有一天在同一组。寇克满本人第二年在同一刊物上给出了一种解答。但是,如果把这一问题一般化,15 名女生变成 N 个女生,就变成了难题,至陆家羲看到这个题目时,还没人给出正确的证明。22 岁的陆家羲开始萌生了证明这一难题的想法。然而,他深知自己的知识结构不足以证明这一题目,于是他决定考大学,但厂里不批,他不顾生活没有来源,辞职考取了东北师范大学。结果命运又给他开了个玩笑,他被物理系录取了。于是他一边在物理系学物理,一边自学数学,并尝试证明寇克满女生问题,到临近大学毕业时,他基本证明了这一世界难题。1961 年,陆家羲被分配到内蒙古草原钢城包头钢铁学院任教,后钢铁学院解散,他又先后在包头市教育局教研室,包头八中、五中、二十四中工作。每到一所学校,他总是认真教书,是学校的教学尖子,其他老师有数学和物理的难题总是问他,他还自己搭建仪器,建立物理实验室,指导学生做实验。夜深人静时,他沉迷在数学的世界里。他将寇克满女生问题的证明整理成文,寄往中科院数学所,询问有关专家的意见。1963 年 2 月,他接到数学研究所的复信,希望他自己去核实论文,如果结果是新的,可以直接投稿给《数学学报》等刊物。他利用春节假期改写论文,于 3 月 12 日投寄给《数学通报》。一年后,得到的答复竟然是:"由于篇幅较长和所用的数学工具,建议另投其他刊物。"他又重新改写了论文,于 1965 年 3 月 14 日投寄给《数学学报》。这篇论文于 1966 年 2 月又被退稿,之后"文化大革命"开始,中国科学家想单独发表论文是不可能了。1972 年,经好友牵线,他与狼山医院大夫张淑琴喜结良缘。张淑琴虽然不懂数学,但理解并支持丈夫做数学研究。

20 世纪 70 年代末,我国迎来了科学的春天,陆家羲可以公开大胆地研究数学了。1979 年,他借到了 1974 年和 1975 年国际《组合论杂志》,从一些论文中得知寇克满问题以及推广到四元组系列等问题,已于 1971 年和 1972 年被国外数学家解决了。这对他的打击太大了,他给正在包头市视察工作的科学院院长方毅写了一封信,信中写道:"……(他们)完成证明的时间比我要晚 7 至 10 年,而我的稿子至今还无着落(他们的)。原文未见到,还不能说明方法上的优劣异同,但无论如何,国外在发表时间上是领先了!……这也说明我过去的工作是有意义的。这一段历史有 18 年,我的第一个孩子,精神上的孩子,她有 18 岁了。可是她的命运真不好,18 年,在人的一生中不算短,对现代科学来说,更是一个漫长的时期,难道这里不寓有什么教训吗?我热爱科学,无论在什么舆论环境下,什么工作条件下,也未曾动摇过,现在担心的是,要是有新研究结果又将怎样呢!"

陆家羲没有气馁,继续努力,挑战组合数学更难的问题——斯坦纳三元系的大集定理。这一定理是 1853 年瑞士数学家斯坦纳(Steiner)在研究四次曲线的二重切线时提出的,问题提出至上世纪 80 年代的 130 多年里,很多数学家企图解决这一问题,均以失败告终。1981 年 5 月号的国际《组合论杂志》上载文称:"这个问题离完全解决还很遥远。"然而,这一问题很快被陆家羲解决。1981 年 9 月 18 日起,《组合论杂志》收到陆家羲题为"论不相交斯坦纳三元系大集"的系列论文。西方组合论专家们震惊了,加拿大著名数学家、多伦多大学教授门德尔逊说:"这是二十多年来组合设计中的重大成就之一。"加拿大多伦多大学校长斯特兰格威还专门致信包头九中校长(当时陆家羲又调到九中工作):"亲爱的先生:包头九中的陆家羲是闻名西方的从事组合理论的数学家,您有必要同意把他调到大学岗位,这样的调动对发展中国的数学具有重要的作用,希望我所表达的意愿能获许可。"但是,这期间没有一个研究所和大学重视陆家羲的人和成果(尽管据说方毅还过问了此事),其间他先后向《数学学报》投寄的三篇论文——这些论文的发表要比在国际《组合论杂志》上发表论文困难得多——其中一篇文章 1979 年投稿,1984 年才在《数学学报》上刊出,这时他已去世 9 个多月了。

1983 年 10 月,陆家羲作为唯一被特邀的中学教师参加了在武汉举行的第四届中国数学会年会。大会充分肯定了他的成就,表彰了他勇攀科学高峰的奋斗精神,他在会上作了报告。这是他生平第一次参加学术研讨会,第一次见到华罗庚等这些他心目中的大数学家。但是,陆家羲对工作特别认真,武汉会议后,为了不耽误上课,他连夜坐火车又赶回包头。一进家门就兴奋地对妻子说:"这次可见大世面啦!"晚饭后和家人聊了一阵便说:"太累了,太累了!明天再讲,早点休息吧。"也许是积劳成疾,也许是过于兴奋,也许兼而有之,1983年11月1日凌晨1时许,刚过48岁的陆家羲因心脏病突发与世长辞,临终前未留下一句遗言。

陆家羲的成就和不幸去世震动了社会。数学界著名人士吴文俊、程民德、段学复都高度重视此事。吴文俊先生在了解到陆家羲的身世和成就后,在一封信中写道:"(我)对陆的生平遭遇、学术成就与品质为人都深有感触。虽然最近社会上对陆的巨大贡献已终于认识并给予确认,但损失已无法弥补。值得深思的是:这件事要通过外国学者提出才引起了重视(他们是真正的国际友人),否则陆可能还是依然贫病交迫,埋没以终。怎样避免陆这类事件的再一次出现,是应该深长考虑的。"陆家羲的成果被评为1987年度国家自然科学一等奖。1989年,他的夫人张淑琴含着热泪代表他在北京人民大会堂参加了颁奖大会,并上台领奖(关于陆家羲的报道我看了好几遍,每看到此,就会控制不住地流泪)。

与贝尔一样,孙泽瀛做梦也没有想到,他写的一本小册子,竟然改变了陆家羲的一生,引导他成为数学家,解决了两大类组合数学难题。正如著名数学家吴文俊所言,陆家羲的幸运是遇到了国外学者,不然可能还是依然贫病交迫,埋没以终。但与陈景润比,陆家羲是不幸的。陈景润大学毕业后也被分到中学教书,并且不会教书(陆家羲教书教得一级棒),可是他遇到了好老师——厦门大学校长王亚南,把他调到母校做助教。后又得到华罗庚的赏识,调到科学院数学所工作;改革开放后,因徐迟的一篇报告文学,陈景润成了家喻户晓的人物,成了中央树立的典型,生活得到了极大的改善,获得了年轻护士的芳心,结婚生子,科学院分配房子给他,被评为学部委员(中科院院士前身)……据说,陆家羲解决的数学问题比哥德巴赫猜想重要得多,对数字通信理论、快速变换、有限几何等领域有重要的作用。但除了参加1983年全国数学大会(那时陈景润已经是学部委员),陆家羲什么荣誉也没有得到,一辈子在中学里勤勤恳恳教物理,并且教得很好。因劳累和贫困,陆家羲英年早逝,留下无穷遗憾。陆家羲的命运注定是悲壮的,他死于荣誉就要来到之前(不然,凭他的成就调往研究所或高校工作,评上科学院院士是迟早的事情)……30多年过去了,他的成就和事迹消失在茫茫人海和历史的潮流之中,以至于现在学数学、做数学研究的人都不知道他曾经是我国比陈景润更厉害的数学家,组合数学方面的成就,迄今没人超过他。

我这篇文章是受陆家羲经历启发而写的,看了他的生平与经历后,我得到一个启发:科普的力量真是伟大,一个好的科普可以改变一个人的人生,甚至可以改变社会的发展。后来,我回顾了我所知道的有名科学家的成长经历,都或多或少受到科普教育的影响。本文挑选了我比较熟悉的几位数学家的故事,以此说明科普的力量,也向陆家羲那样的贡献巨大却又默默无闻的中国科学家表示崇高的敬意。

2016 年 3 月 21—24 日于上海

民国年间的国际一流科研成果

——为中国和美国争光的理论物理学家王守竞及其显赫的家族

苏州是一座美丽的城市,是人间天堂。苏州也是一个注定出人才的地方,自古苏州出的状元和才子最多。在近代科学史上,苏州出的人才、作的贡献也可大书特书。我今天这篇文章的主角是王守竞,不是学物理的人很少知道他,即使当今学物理的在校学生,知道他的人也不会多。读完这篇文章,你就知道他有多伟大,他的家族有多显赫,他的爷爷奶奶、父亲、伯父、叔叔、姑姑们,他的姐妹和姐夫妹夫以及弟弟们,他的堂兄弟姐妹、表兄弟姐妹们都曾经是非常了不起的科技、医学和教育界的风云人物。

显赫的苏州王家

王守竞出生在苏州一个非常显赫的家族(以下简称王家),苏州王家出了很多科学家,并且一半是物理学家。我们先看看与王守竞有血缘或亲戚关系的人吧。苏州王家不知从哪一代开始兴旺发达的,到了明正德年间,王家出了一个宰相王鏊,是一个非常了不起的人物,为官学问都做得很好。姑苏四大才子之首唐寅(就是唐伯虎)称赞他是"海内文章第一,山中宰相无双"。王鏊之后十三代,王家又出了一个了不起的人物王颂蔚。王颂蔚虽然是通过科举仕途在清朝为官,但推崇西学,他是发现蔡元培的伯乐,曾力荐蔡元培的考卷。甲午战败后,他深为悲愤,抑郁而终,才活了48岁。王颂蔚娶了一个非常了不起的夫人叫王谢长达（原来叫谢长达，进王家门后加夫姓）。王颂蔚去世后，王夫人从北京回到苏州，闲不住，就创办新学，提倡女性解放。王夫人以"振兴中华"为办学目的，创办了振华女校（现为苏州十中）和江苏省立第二女子师范，培养了不少人才。王夫人的另一个伟大之处是为王家生了九个孩子，除一女儿早殇外，个个是人才。长子王季烈，是清末民初著名学者、翻译家，翻译了很多物理学著作，中国最早的"物理"一词便由他翻译提出；次子王季同，王守竞的父亲，自学数学、物理，1911年在英国爱尔兰皇家学会会刊上发表有关四维函数求微分方法的论文，被称为"王氏代数"；三女王季玉，曾在日美留学，回国后接任母亲事业，一直担任振华女校校长；四女王季山早年与丈夫何亚农一起追随孙中山参加同盟会，后退出军政界创办实业并从事教育事业……王颂蔚与王谢长达的其他子女的情况就不一一介绍了。

或许由于王家基因遗传的关系，或许是王家家风好、崇尚教育，或许两者兼而有之，王颂蔚与王谢长达的子女以及子女的子女都很厉害，尤其是次子王季同和四女王季山的子女，几乎个个都是了不起的人物。先说王季山与何亚农的子女，他们生了八个子女，全都很有出息，其中三个女儿最有名，何怡贞、何泽慧和何泽瑛被誉为科坛"何氏三姐妹"。大姐何怡贞是著名固体物理学家，她的丈夫葛庭燧院士是著名金属物理学家，钱学森先生曾经说过自己回国是受葛庭燧的影响；何泽慧院士是著名核物理学家，被誉为中国的居里夫人，她的丈夫就是大名鼎鼎的钱三强先生，太有名，根本不用在这里介绍了；小妹何泽瑛是著名植物学家，丈夫刘浩章是著名农学家。

现在来谈谈王季同的子女。王季同生了十二个孩子，五个孩子夭折或早逝，活下来的七个子女均从事科学研究、医务工作或教育工作，从事物理研究的有四人，分别是四子王守竞、五女王明贞、十子王守武和十二子王守觉，其中王守武和王守觉是我国著名半导体物理学家和微电子学家、中科院院士，王守武院士于2014年3月在苏州逝世，王守觉院士于2016年6月在苏州去世。七女王守璨也曾经在清华学物理，嫁给我国晶体物理学家创始人之一、中科院院士陆学善。

写到了陆学善，这里写一插曲。上海药物所与镭学研究所均成立于1932年，同属国立北平研究院,1933年药物所从北平搬到上海,1936年药物所与从北平迁来的镭学研究所一同搬到福开森路(现武康路)395号的一幢四层楼房内。抗战期间,镭学研究所的人全都离开上海避难,药物所创始人赵承嘏先生保护了药物所和镭学研究所的仪器设备。陆学善曾经在镭学研究所工作,1944年因褚民谊(汪伪政府时沦为汉奸)拟接管镭学研究所,褚民谊先与赵承嘏商量将药物所与其他医学所合并,赵承嘏以年老体衰推辞,无奈之下他想重组镭学研究所。陆学善因此对赵承嘏产生误会,甚至骂赵承嘏"认贼作父"。实际上赵承嘏为保护镭学研究所的仪器设备作出了巨大贡献,没有赵承嘏,镭学研究所抗战后根本不能恢复工作。不知这一误解以后是如何解开的,但赵承嘏因此受到两次牵连和不公正的待遇[1]。

王季同的三女王淑贞也是非常了不起的人物,曾任上海第一医学院(上海第一医科大学前身)院长和上海妇产科医院(红房子医院)院长,是与林巧雅齐名的妇产科医学家,有"南王北林"之说。

王明贞——统计物理学家、清华第一位女教授

王季同所有子女中,甚至是王颂蔚与王谢长达的孙辈中,王守竞和王明贞的智商最高,人最聪明,此文重点介绍。先介绍王明贞。王明贞的生母名叫管尚德,因难产而亡,她母亲的妹妹管尚孝又嫁给她父亲作填房,成了她的继母。虽然是亲阿姨,但继母对王明贞不太亲热,她父亲王季同对她也不是太好。她是在奶奶王谢长达的极力争取下才有了读书的机会。中学毕业后,父亲不让她上大学,并强迫她与朋友的儿子订了婚约。王明贞在三姐王淑贞的资助下才读完大学(先入金陵女子大学,后转学到燕京大学),然后又在三姐的帮助下,经过百般艰辛退了婚约,再经过自己的努力,并在金陵女大校长吴贻芳女士的帮助下,于1938年到密歇根大学留学。在美留学期间,王明贞

---

① 见《刘晓、赵承嘏与北平研究院药物研究所》,《中国科学:生命科学》,2016,46:890—896。

成绩非常好，还较早地与导师一起进行科研工作，发表科学论文。王明贞跟随 G. E. Uhlenbeck(1900—1988)教授做博士论文，主攻方向是研究统计力学中 Boltzmann 方程解的问题，根据她博士论文的结果，她与导师合作在《近代物理评论》杂志上发表了一篇关于布朗运动理论的文章（M. C. Wang, G. E. Uhlenbeck, *Rev. Mod. Phys.* 1945, 17:323）。这是布朗运动的经典之作，发表后的四五十年里，一直是统计力学重要参考文献之一。王明贞的智商极高，她留学期间发生的一件事情可以说明这一点。

还有一件事情是第二学期的理论力学班上。这门课由格斯密特(S. Goudsmit)教授（以下简称格教授）担任。格教授有一次在班上提到一个关于钟表的游丝问题。他说以前有一位科学家发表过一篇论文，其中也提到这个问题，并在论文中承认他无法对这个问题得到一个解。格教授先向我们学生介绍了这个问题，然后风趣地说："你们中间谁能找出这个问题的解，我就给两块钱。"我听了之后，一有空就思考这个问题，倒不是为了得到两块钱，而是想找到那位科学家认为无法找到的解。有一天清早醒来，头脑里忽然想到了这个解的启发。我就立即起床把它仔细演算出来，觉得没有错。当天下午我就去告诉格教授，他听了也认为我真的找到了一个解。在下一周的系讨论会上，格教授就讲了这个问题和我找到的解。他真的拿出支票簿给了我两元。当时正好中国同学举行一个演出，门票一元，所以我就买了两张门票送给格教授夫妇。为了发表这个解，后来格教授和我合作写了一篇文章刊登在 1940 年 8 月的《应用物理》杂志上（Goudsmit S., Wang M. C., *Journal of Applied Physics*, 1940, 11:806）。

——摘自（王明贞：《转瞬九十载》，《物理》，2006, 35:174—182.）

1946 年王明贞回国后一直赋闲在苏州老家，1947 年经她的妹夫陆学善介绍到云南大学数理系当教授，后来认识了昆明师范学院院长查良钊。查良钊是浙江海宁人，海宁查家也是望族，出过不少人才，我们大家熟知的武侠小说家金庸（查良镛）是查良钊的族弟。王明贞在查良钊家里遇见了俞启忠，萌生了爱情。1948年，王明贞与俞启忠喜结良缘，两人相亲相爱。1949年，王明贞随俞启忠再次赴美，并在诺屈丹姆大学做研究。1952年，朝鲜战争爆发，中美两国互相成了敌国，王明贞不愿意为敌国做事，申请回国。与钱学森类似，美国开始不让他们夫妻回国，几经周折，他们于1955年回国，王明贞任清华物理系教授。据说王明贞是清华大学的第一位女教授，但她为人低调，不爱抛头露面。她在清华大学主要从事理论物理的教学工作，教授统计力学和热力学，上课特别认真，还专门为青年教师讲课。王明贞是一个十分老实本分的人，她到清华不久，学校评定她为二级教授，她因怕影响资历比她老的教授的情绪，主动降为三级教授。王明贞安安心心地在清华教了11年书，"文化大革命"爆发后，她基本停止了工作。

然后，厄运还是于1968年降临到王明贞夫妇身上。王明贞丈夫俞启忠的家是浙江绍兴望族，可能是我国近现代史上最显赫的家族之一。例如俞启忠的堂叔俞大维获得哈佛大学数理逻辑博士学位、德国柏林大学哲学和数学博士以及弹道学博士学位，是国际著名弹道专家，也是中国研究拓扑学最早的学者，在当时的数学领域取得了世界水平的成果，论文发表在当时国际最著名的数学杂志 *Mathematische Annalen* 上，他是在该杂志发表文章的第一位中国人，多年后在该杂志发表论文的第二个中国人就是大名鼎鼎的华罗庚。俞大维是哲学、数学、军事三位一体的专家级的人才，蒋介石逃到台湾后邀请俞大维出任国民党政府的"国防部长"和"交通部长"。关于绍兴俞家的情况这里不作详细介绍了，大家可以在网上查阅。

俞启忠父亲俞大纯生有四儿两女，俞启忠排行老四，他的三哥叫俞启威（又名黄敬），解放后曾任天津市第一任市长兼市委书记，后任第一机械部部长。1968年，俞启忠受哥哥俞启威（虽然于1958年去世）牵连而坐牢，王明贞也受丈夫牵连进入监狱，无缘无故坐了近六年牢，1973年出狱。1976年王明贞从清华退休，退休后安度晚年，直到2010年逝世，享年105岁。王明贞非常有才华，留美期间即在统计物理领域做出了国际一流的工作。她的性格既有苏州女人柔美的一面，又有刚毅坚韧的一面。回国后受制于当时的条件和环境,加上莫名其妙地坐了六年牢,再也没有做任何研究工作,非常可惜。好在王明贞心态好,因而长寿。

王守竞——中国量子物理和机械工业的开拓者

下面我将详细介绍王守竞。他是王季同的第四个儿子,也是所有子女中最聪明的一个,1904 年 12 月 24 日生于苏州。王守竞幼年就读于苏州私立彭氏小学,1918 年考入苏州工业专科学校读书,1922 年考入清华大学,1924 年从清华大学毕业后到美国康奈尔大学留学,1925 年夏即在康大物理系获得硕士学位;1926 年又去哈佛大学拿了个文学硕士学位(主攻欧洲文学),当年秋,转入哥伦比亚大学继续攻读物理学博士学位,1928 年获得哲学博士学位;1928—1929 年在威斯康星大学物理系从事博士后研究,1929 年秋天回国工作。

1900—1926 年,出现了新的物理理论——量子理论,并在此基础上发展了一种新的力学——量子力学。这期间也正是王守竞出生、成长到成才的时间段。他去了美国留学,如果是在欧洲留学,并刚好是在欧洲参与建立量子理论和量子力学的大咖们的实验室从事博士或博士后研究,王守竞的成就一定更加非凡,也可能因为量子力学的成就获得诺贝尔奖。抛开这些假设,即使在美国留学,他关于量子力学的研究成就也接近诺贝尔奖水平,为当时的美国在国际理论物理特别是量子物理领域争了光。更何况他关于量子力学的成就是在没有导师指导下自己独自做出来的。

先来看看美国 1926 年前的理论物理水平。美国是一个比较年轻的国家,1870—1900 年才开始工业化发展,现代美国崛起于 1890—1930 年。可以说 1900 年前,除一个特例外,美国几乎没有自然科学研究,这个特例就是吉布斯(Josiah Willard Gibbs,1839—1903)。吉布斯在热力学和统计力学领域中留下了太多痕迹,作出了巨大的贡献。他创立了化学热力学和经典统计力学,还发明了矢量分析。物理化学创始人之一、德国化学家奥斯特瓦尔德认为:"无论从形式还是内容上,他(吉布斯)赋予了物理化学整整一百年(的研究内容)。"苏联著名物理学家朗道认为:"(吉布斯)对统计力学给出了适用于任何宏观物体的最彻底、最完整的形式。"关于吉布斯这里不能详述(有机会另文介绍)。除吉布斯之外,美国在 1900 年前找不到令欧洲人佩服的科学家。1900—1930 年,美国的科学研究还是局限于经典科学(如经典物理),当量子理论和量子力学在欧洲大陆如火如荼地发展时,美国这边是"黎明静悄悄",无人问津,也几乎没有人到欧洲学习这一新领域的新知识。

1920 年代,在美国这片量子力学"一穷二白"的土地上,也有少数钻研量子力学的青年物理学家,例如哈佛的肯布尔(Edwin C. Kemble)教授(1889—1984)首先在美国提倡量子力学研究,他本人后来在应用量子力学研究分子结构和分子光谱方面颇有建树,也为美国培养了范扶累克(J. H. van Vleck, 1899—1980,1977 年因磁固体中的电子行为研究工作获得诺贝尔物理学奖)、斯莱特(J. C. Slater, 1900—1976,量子化学创始人之一)、马利肯(Robert S. Mulliken, 1896—1986,提出分子轨道理论,获得 1966 年诺贝尔化学奖)、奥本海默(J. Robert Oppenheimer, 1904—1967,提出著名的 Born-Oppenheimer 近似,是美国曼哈顿计划的领导者之一)等杰出量子力学人才。与此同时,一些欧洲的量子力学大师到美国讲学,美国学习量子力学和从事量子力学研究的热潮逐渐形成。

在哥伦比亚大学攻读博士学位期间,王守竞结交了几位志同道合的年轻朋友,有刚从欧洲留学回来的讲师克罗尼格(Ralph Kronig, 1904—1995,发现了离子的自旋和发展了 x-射线吸收光谱理论)以及同在哥大攻读博士学位的拉比(I. I. Rabi, 1898—1988,因发现核磁共振获得 1944 年诺贝尔物理学奖)。他们自发成立了理论物理自学小组,每周聚会一次(一般在周六或周日),每次由一人介绍近期所读量子力学文献。聚会上午 11 时开始一直延续到下午,主讲人讲解结束后又广泛热烈地讨论。研讨会结束后,他们通常会去中国餐馆吃饭,通常由王守竞点菜。

虽然这样的理论物理自学小组坚持了不到一年,但他们掌握了当时量子力学的前沿,特别是对波函数的本质以及量子力学的两种形式——矩阵力学和波动力学,有了深刻的认识。拉比后到欧洲留学，发现他的量子力学基础比同时做博士后研究的德国人要好得多。还有一个案例可以说明王守竞和这批年轻人掌握的量子力学知识是多么扎实。

1927 年冬季的一天，世界物理学权威、诺贝尔奖得主，与爱因斯坦齐名的丹麦学者尼尔斯·玻尔（Niels Bohr）在纽约作公开演讲，演讲中一时兴起，提问听众一难题。由于其题太难，一时全场哑然。据《纽约时报》次日报道，略云：一中国青年，貌似犹太裔者，毅然起立并举正确答案，令提问者颇感意外而引起听众轰动，如雷的掌声和欢呼声骤然响起，演讲者和听众都为这位中国青年叫好。而这位中国青年就是王守竞。[①]

1926 年，薛定谔（Erwin Schrödinger, 1887—1961，1933 年获得诺贝尔物理学奖）发表著名的薛定谔方程仅几个月，自学小组便尝试着用量子力学研究对称分子的转动能谱并取得了成功。王守竞独立开展应用量子力学原理和海森堡（W. Heisenberg, 1901—1976，量子力学形式之一的矩阵力学创始人，1932 年因对创建量子力学的贡献获得诺贝尔物理学奖）计算氦原子时应用的变分法，并结合微扰理论方法，计算氢分子的结构（两个氢原子间的距离）和键能（两个氢原子结合生成氢分子所释放出或将氢分子分解为两个氢原子所需要的能量）。

在继续介绍王守竞的贡献前，先科普一下两种量子力学近似计算方法。如果用量子力学研究原子和分子的结构，可以通过解薛定谔方程获得波函数，有了波函数就可以计算原子和分子的其他性质。然而，迄今为止，仅氢原子或类氢原子（由一个原子核和一个电子组成的体系）的薛定谔方程有精确解，其中氢原子基态（1s 态）波函数就如尝试波函数中的 $\psi_1(r_1)$ 或 $\psi_2(r_2)$，只是前面要加归一化系数 $\dfrac{1}{\sqrt{\pi a_0^3}}$，其中 a_0 是玻尔半径，约为 0.053 纳米，r_1 和 r_2 为电子 1 和 2 到原子核 a 和 b 的距离。含有两个以上电子的原子（如氦原子）和分子（即使是氢分子这样的最简单的分子）的薛定谔方程没有精确解，只能用近似方法求解，变分法和微扰法是两种基本的近似方法。为了不使本

---

① 余少川：《中国机械工业的拓荒者王守竞》，云南大学出版社，1999 年。

文读起来枯燥乏味,这里不详细介绍这些量子力学近似方法了。只是再说明一点,用变分法求近似波函数时要设定尝试波函数。

与此同时,德国物理学家海特勒(Walter Heinrich Heitler, 1904—1981)和菲列兹·伦敦(Fritz Wolfgang London, 1900—1954)在欧洲也开始用类似的方法计算氢分子的结构和键能,他们的论文于1927年7月30日发表在德国物理学杂志上(W. Heitler & F. London, Wechselwirkung neutraler atome und homöopolare binding nach der quantermechnik, *Zeits. f. Physik*, 1927, 44:455 - 427)。海特勒和菲列兹·伦敦用变分法求解氢分子的薛定谔方法时用的是尝试函数,他们将两个氢原子1s态波函数相乘并组合(即电子1和2分别与原子核a和b作用的波函数以及电子1和2分别与原子核b和a作用波函数的线性组合),用变分法求系数 c_1 和 c_2 以及两个氢原子核间距 R_{ab} 的最佳值,使得整个氢分子体系的能量最低。海特勒和菲列兹·伦敦在上述论文中仅仅给出了变分法的理论框架,并确定氢分子的结合能 E 与 Rab 之间的曲线关系,即与最低能量值对应的两个氢原子间的距离为氢分子的键长 R_0。他们没有给出具体的键长和键能计算值,具体计算值由日本科学家 Y. Sugiura 得到,数值为 $R_0 = 0.86$ Å,$E_0 = 72.3$ kcal/mol。王守竞用了另一种尝试波函数,将改进的氢原子基态波函数的线性组合作为尝试波函数,然后用变分法结合微扰方法,获得氢分子的键长和键能,与 Heitler-London 最大的不同是王守竞在尝试波函数中加了有效核电荷 Z,并将其作为拟优化的参数。

王守竞将氢分子的量子力学研究结果写成博士论文,并于1928年获得博士学位。王守竞是美国第一批从事量子力学研究获得博士学位的学者,可能也是世界上唯一没有导师指导取得博士学位的学者。如上所述,他的量子力学知识是通过自学以及与自学小组成员讨论获得的,博士论文的研究工作也是一人独立完成的,当时美国没有专门从事量子力学的人才,因此也就无人能指导他了。王守竞的博士论文还是哥伦比亚大学物理学的第一篇纯理论性博士论文。

王守竞关于氢分子量子力学计算的博士论文主要结果于1928年4月发表在《物

理评论》(*Physical Revierw*)(S. C. Wang, The problem of the normal hydrogen molecule in the new quantum mechanics. *Phys. Rev.* 1928, 31, 579 – 586)。非常遗憾，王守竞的论文比海特勒和菲列兹以及 Sugiura 论文晚发表几个月。王守竞在论文的注脚中说明了这一点，并也说明了他为什么依然发表这篇论文。比较三篇论文可以知道，王守竞的理论框架与 Heitler-London 模型异曲同工，计算结果比 Sugiura 的精确，一个人干了三个人的活，实在是非常了不起。论文发表晚的一个重要原因是当时美国的科学研究水平不如欧洲，杂志办刊水平也不如欧洲。另一个原因是，王守竞开始的工作关注的是氢分子中两个氢原子间的作用力，并于 1927 年初发表了一篇论文(S. C. Wang, Die gegenseitige Einwirkung zweier Wasserstoffatome, *Phys. Zeits*, 1927, 28:663 – 666)，这篇论文发表的时间早于海特勒和菲列兹以及 Sugiura 论文，但他在计算时将氢分子的键长固定，没有当作一种参数优化，计算结果不太可靠。因此，这篇文章的价值没有海特勒等人的文章以及他自己 1928 年发表论文的价值大。

Heitler-London 模型激发了国际上应用量子力学研究分子结构的热潮，也是现代化学键理论和量子化学的开篇之作。1920 年代末，著名化学家鲍林(L. Pauling, 1901—1994)到欧洲游学，跟随量子理论和量子力学家创始人玻尔和薛定谔学了两年量子力学，并与海特勒和菲列兹进行过深入的讨论。回到美国后，鲍林用量子力学结合 x-衍射晶体学研究分子结构，发展了现代化学键理论框架，奠定了现代化学的理论基础，鲍林还将这种方法应用于蛋白质和核酸结构的理论研究。鲍林因此获得了 1954 年诺贝尔化学奖，1962 年还获得诺贝尔和平奖。在鲍林等一批人的努力下，量子力学在化学中的应用日益广泛，发展了一门新的交叉学科——量子化学，奠定了化学理论体系的基石。鲍林在他的文章和著作中除引用介绍海特勒和菲列兹的文章和模型外，也广泛引用王守竞的论文，介绍王守竞的理论计算结果，著名量子物理和量子化学家斯莱特等也在论著中介绍王守竞的研究结果。

除论文发表时间稍晚之外，王守竞对量子力学应用于分子结构研究的贡献一点不亚于海特勒和菲列兹·伦敦。Heitler-London 模型与王守竞工作有区别，也有很多相似之处，这一模型应该称为 HLW(Heitler-London-Wang)模型。现在看来，HLW 模型是量子力学应用于分子结构研究的基础，也是量子化学的源头，这一成果应该是诺贝尔奖水平的成果。在此基础上发展的化学键理论、分子轨道理论和量子化学理论计算方法分别于 1954 年(L. Pauling)、1966 年(Robert S. Mulliken, 1896—1986)、1971 年(G. Herzberg, 1904—1999)、1976 年(William N. Lipscomb, Jr., 1919—2011)、1981 年[Roald Hoffmann(937—)和福井谦一(1918—1998)]、1998 年[Walter Kohn(1923—2016)和 Sir John Anthony Pople(1925—2004)]、2013 年[Martin Karplus(1930—)、Michael Levitt(1947—)和 Arieh Warshel(1940—)]被授予诺贝尔化学奖。

在氢分子结构研究中，王守竞略占下风，但在多原子分子特别是不对称多原子分子结构的研究中，他占了上风。1928 年，王守竞跟随上面提及的美国第一代理论物理学家、1977 年诺贝尔奖获得者范扶累克从事博士后研究，进行不对称多原子分子结构和旋转能级理论研究。当时人们关注比较容易做的对称分子(例如 O_2、N_2、CO_2 和甲烷等)旋转能谱的计算，不对称分子计算比较复杂，很难得到精确解。王守竞应用当时建立不久的量子力学方法之一的矩阵力学(另一种是波动力学)得到了不对称分子旋转(陀螺)能级公式，引起物理学界的高度重视，被称为"王氏公式"。这一结果于 1929 年 7 月发表在美国《物理评论》上(S. C. Wang, On the asymmetrical top in quantum mechanics, *Phys. Rev.* 1929, 34:243 - 252)。上面已经说过，当时美国杂志水平没有欧洲(尤其是德国)的高，大多数人喜欢将论文投往欧洲杂志。欧洲人一般不怎么引用美国杂志的文章，例如王守竞关于氢分子量子力学研究的论文，开始阶段只有美国人引用，欧洲人不怎么引。然而，这篇文章发表后，欧洲同行立即注意到它的重要性，并很快有人引用，如荷兰著名量子物理学家亨德里克·克拉莫斯(Hans Kramers, 1894—1952)和学生 G. P. Ittmann 在《德国物理学杂志》发表的两篇论文(H. A. Krames, G. P. Ittmann, Zur Quantelung des asymmetrischen Kreisels I, *Zeits. f. Physik*, 1929, 53:553 - 565; H. A. Krames, G. P. Ittmann, Zur Quantelung des asymmetrischen Kreisels Ⅱ, Zeits. f. Physik, 1929,58:271 - 231)均引用了王守竞的研究结果和论文。克拉莫斯和 Ittmann 文章内容与王守竞的类似,也是关于不对称分子量子力学研究工作,从发表日期看,第一篇文章也是 1929 年 7 月份发表的,引用的是王守竞在美国物理学会报告的论文摘要(S. C. Wang, Bull Amer Phys. Soc. 3, Nr. 5, S.15 (kurze Notiz));第二篇文章是 8 月份发表的,引用的是王守竞 7 月份在 *Physical Review* 上发表的正文,他们投稿时可能还没有看到王守竞的文章,修改时引用了王守竞的工作,说明王守竞这一工作的重要性。这一工作后来被著名德国-加拿大籍物理学家和物理化学家、1971 年诺贝尔化学奖获得者赫茨伯格(G. Herzberg, 1904—1999)写入他的专著《分子光谱和分子结构》(*Molecular Spectra and Molecular Structure*)。王守竞的这一研究工作被认为是美国本土完成的最重要的理论物理工作之一,引起欧洲同行的重视,为美国争得了荣誉。当然,王守竞也是中国理论物理学第一人。

　　1929 年夏天,刚满 25 岁的王守竞回到中国,受聘于浙江大学,任物理系主任。他虽年轻,然已功成名就,并与苏州大家闺秀费令宜小姐订婚,因而人生得意,踌躇满志,豪情满怀,拟施展"教育救国"的宏愿。在浙大工作两年,把一个条件较差的物理系办得有声有色,为以后成为中国物理学研究重要基地奠定了基础。1928 年,叶企孙先生创办清华大学物理系,教学科研搞得非常好。北大物理系相形见绌,于是就聘请王守竞到北大担任物理系主任。为改变北大物理学面貌,王守竞抓了两件事情:一是引进人才,聘请了吴有训和周培源等优秀人才到北大物理系任教;二是改革教学内容,所有教材和教学内容从欧洲和美国引进。此外,他还建议并实施清华和北大两校物理系合作,资源共享,提倡教授相互兼课。在王守竞的带领下,北大物理系很快又发展起来,与清华并驾齐驱。1933 年王守竞还在北大建立了物理学研究所,专门从事物理前沿研究。当时北大物理系每周举行讨论会,有时与清华大学、国立北平研究院物理研究所以及中央研究院工学研究所举行联合讨论会,几个单位的科研人员时有合作。王守竞与他父亲王季同还都是中央研究院工学研究所的专任研究员,经常同时出席讨论会。王守竞在北平是物理学的核心人物，在他的领导下，北平的物理学教学、研究和学术讨论搞得轰轰烈烈。如这样继续下去，十年之内北平必将成为世界物理学的中心之一。然而，好景不长，这样繁荣的景象在王守竞投身于我国工业建设后终止了。

王守竞有强烈的忧国忧民之心，为人处世总是服从国家需要。他在北大工作时曾经做过光学玻璃的磨制研究，这与当时的国防需求相符合。1933年，军政部兵工署署长俞大维（文中提到的绍兴俞家奇才）邀请王守竞出任兵工署技术司光学组主任，主持筹建中国的光学工业。王守竞答应就任，并从零开始创建了我国的光学工业，为军工发展作出了重大贡献。1936年，王守竞又主持我国重工业建设，负责筹建了中央机器厂，生产技术达当时国际先进水平，为我国的工业现代化作出贡献。1943年，王守竞奉命到美国，先后出任中国资委驻美代表、驻美大使馆参赞及技术顾问等职，为中国抗战争取到了数亿美元的援助物资。

新中国成立后，他既没有去台湾，也没有回大陆。他移居波士顿近郊的水城，在林肯国家实验室工作，重新从事自己喜爱的物理学研究，主要从事分子量子力学研究，取得丰硕成果。1969年退休前，还出版了一本专著，书名为 *Studies in the Quantum Mechanics of Molecules*，由他曾经做博士后的威斯康星大学麦迪逊分校出版社出版。王守竞退休后练习书法自娱，编注苏州故老和王氏祖先的遗墨文集。

王守竞离开教育界和学术界，很多人都觉得可惜。新中国成立后，叶企孙和周培源等均希望王守竞能回国继续主持中国物理学大业。1968年，叶企孙虽然自己身陷囹圄，惨遭迫害，依然向有关方面建议，希望把王守竞请回来，为中国科学事业贡献力量。1980年春天，王守竞的弟弟王守武访美，分别30多年的兄弟终于相聚，激动之情和喜悦的心情不言而喻。王守竞时刻不忘祖国，特别想念他工作过的浙江大学和北京大学，思念他亲自领导建立的中央机器厂（现为昆明机床厂）。在周培源等先生的努力下，中央拟邀请王守竞回国访问，中国物理学界欣喜万分。后终因身体原因（他晚年患了老年性痴呆），未能成行，成了中国科技界的憾事。

1984 年 6 月 19 日，王守竞因老年性痴呆辞世，享年 81 岁。

2016 年 8 月 6—11 日

衷心感谢中国科学院上海药物研究所信息中心高柳滨主任和我以前的学生现在美国 Rice 大学做博士后的白芳，她们为本文的写作收集了许多文献资料。

感谢上海药物所方婷和徐晓萍女士为我校阅文字材料。

药物研发与诺贝尔奖

——2015 年度诺贝尔生理学或医学奖解读

金秋十月，对于中国科技界来说，是意义重大的。屠呦呦教授因发现抗疟药物青蒿素而获得 2015 年度诺贝尔生理学或医学奖。与屠呦呦教授分享今年诺贝尔生理学或医学奖的是爱尔兰科学家威廉·C·坎贝尔（William C. Campbell）和日本科学家大村智（Satoshi ōmura，おおむらさとし），他们发现了对河盲症和象皮病有较好疗效的药物伊维菌素。今年的诺贝尔生理学或医学奖颁发给三位发明了能有效控制疟疾和河盲症等寄生虫感染疾病药物的科学家，无疑会进一步促进人类对新药发现重大意义的认识，也会进一步促进社会各界对药物研发的重视。因此，本文介绍曾经获得诺贝尔奖的药物及其意义，并解读今年的诺贝尔生理学或医学奖。

一、诺贝尔奖三次问鼎抗感染性疾病药物

人类社会发展的历史是一部与感染性疾病斗争的历史，而药物是人类和感染性疾病斗争、维护生命和健康的重要武器。由致病微生物（寄生虫、病毒、细菌或真菌）引起的疾病称为感染性疾病，可直接或间接地在人与人之间传播。历史上，由于没有有效药物治疗，感染性疾病的致死率很高。例如，20 世纪 40 年代以前，人类一直未能掌握一种能高效治疗细菌性感染且副作用小的药物，当时若有人患了肺结核，那么就意味

着此人不久将会离开人世,有人也会因咽喉、口腔和消化道感染链球菌而死亡。

德国病理学和细菌学家格哈德·多马克(Gerhard Johannes Paul Domagk)于1932年发现一种人工合成的染料百浪多息(一种磺胺类化合物),具有抗菌作用。多马克的女儿曾被链球菌重度感染,他用百浪多息治愈了他女儿的病,从此开启了磺胺类药物(sulfanilamide, sufa drug)研制和治疗细菌感染疾病的新时代。世界各国医药界都积极进行这类药物的研制,陆续发明了上千种磺胺药。在人们可能因咽喉感染链球菌而死亡的时代,百浪多息的发现是一个具有重大意义和价值的突破,多马克因此获得了1939年度诺贝尔生理学或医学奖。

1928年,英国微生物学家和生物化学家亚历山大·弗莱明(Alexander Fleming)发明了青霉素,后经德国籍的英国生物化学家恩斯特·伯利斯·柴恩(Sir ErnstBoris Chain)和澳大利亚病理学家霍华德·沃尔特·弗洛里(Howard Walter Florey)分离纯化和工业化生产。1943年,弗洛里和美国军方签订了首批青霉素生产合同,青霉素在美国上市,有效地控制了肺结核等细菌感染性疾病。青霉素在第二次世界大战期间为救治伤员发挥了重大作用。发明青霉素的弗莱明以及促进青霉素成为治疗药物的柴恩和弗洛里因此获得1945年度诺贝尔生理学或医学奖。青霉素的诞生使人类的平均寿命提高了十年以上,由此可见一种新药的研发对于人类社会发展的重大意义。

青霉素的发现也促进了抗生素药物在制药工业中得到迅速发展,各大制药公司,如默克(Merck)、山德士(Sandoz)和武田(Takeda),相继成立了微生物研究部门,开发出一系列抗生素药物。例如,抗寄生虫药伊维菌素(ivermectin)即是微生物工业发展的产物,该药由默克公司推向市场,从根本上降低了河盲症和象皮病的发病率。伊维菌素的发明者坎贝尔和大村智也因此与屠呦呦教授分享了今年的诺贝尔生理学或医学奖。微生物药物的研发还从抗感染性疾病拓展到其他疾病领域,例如降脂药物洛伐他汀(lovastatin)、免疫抑制环孢菌素A、抗癌药物阿霉素等均为微生物次生代谢产物。

纵观诺贝尔奖的历史,诺贝尔奖很多次授予了促进药物研发的基础研究和技术发明,但仅六次直接授予药物发明者(共13人获奖)。除上述三次诺贝尔奖外,其余三次简介如下：

1923年，加拿大医学家弗雷德里克·格兰特·班廷爵士（Sir Frederick GrantBanting）和苏格兰生理学家约翰·詹姆斯·理查德·麦克劳德（John James Rickard Macleod）因发现胰岛素及其治疗糖尿病的作用，获得诺贝尔生理学或医学奖。有报道称，约翰·詹姆斯·理查德·麦克劳德完全没有参加任何有关胰岛素的实验，全部研究工作都是由班廷及其同事贝斯特完成的，麦克劳德仅仅作为实验机构负责人署名；1966年，加拿大医学家查尔斯·布兰顿·哈金斯（Charles Brenton Huggins）因发现激素治疗前列腺癌的作用与美国生物学家裴顿·劳斯（Peyton Rous）（发现诱导肿瘤的病毒）分享诺贝尔生理学或医学奖；1988年，苏格兰药理学家詹姆斯·布莱克（James Black）因发明了广泛使用的治疗心血管疾病药物心得安（一种β-受体阻滞剂），与发明抗肿瘤药物的美国药理学家格特鲁德·B·埃利恩（Gertrude Belle Elion）和美国医生乔治·赫伯特·希青斯（George Herbert Hitchings）共享诺贝尔生理学或医学奖。六次授予药物的诺贝尔奖中，三次授予了抗感染性疾病的药物—磺胺类药物百浪多息（合成药物）、青霉素（微生物发酵药物）、伊维菌素（微生物发酵药物）和青蒿素类药物（天然产物来源药物）。

二、诺贝尔奖三次授予疟疾相关研究

屠呦呦教授因发明抗疟药物青蒿素而获得今年的诺贝尔生理学或医学奖，这是第三次与疟疾相关的成果获奖。在历史长河中，疟疾曾被列为蹂躏人类时间最长的疾病，古印度人将这种传染性和致死率极高的病称作"疾病之王"。早在公元前2、3世纪，古罗马的文学作品中，已经将疟疾描述为周期性疾病。我国最早详细记载疟疾是先秦时期成书的《黄帝内经》。古时人们对这种传染性疾病束手无策，甚至认为是神降于人类的灾难，苏美尔人就认为疟疾是由瘟疫之神涅伽尔（Nergal）带来的。因此，直到20世纪80年代，战胜疟疾一直是医学和药学领域的重要课题。英国医生、微生物学家罗纳德·罗斯爵士（Ronald Ross）长期从事热带病防治，曾以军医的身份参加第三次缅甸战争。1897年，罗斯爵士发现蚊子是传播疟疾的媒介，因此获得1902年度诺贝尔生理学或医学奖。诺贝尔奖是从1901年开始颁发的，第二次诺贝尔生理学或医学奖即颁发给了疟疾相关研究，可见以前疟疾的危害性和相关研究的重要性。罗斯爵士在文学、诗歌和绘画方面也有很高的造诣，写了很多小说和诗。1897年8月20日，罗斯爵士发现疟疾的传播途径后，写了一首诗以表达他激动的心情："今天，是上帝将他的怜悯放在了我的手中，我禁不住流下感恩的热泪。那杀死千万人的祸首啊，我终于找到了你狡猾的足迹，无数生命将获得拯救！"罗斯爵士的发现为人类健康作出巨大贡献，蚊帐、蚊香等也成了预防疟疾的重要工具和手段。

朱利叶斯·瓦格纳-尧雷格（Julius Wagner Rittervon Jauregg）是一位奥地利医生，他终身研究热疗法（pyrotherapy），通过引发高烧来治疗精神疾病。他在1887年利用丹毒（erysipelas）与结核菌治疗精神疾病，但效果不好。1917年，他转而采用疟原虫接种来治疗麻痹性痴呆（general paresis of the insane），取得了非常好的效果。这项研究使他获得了1927年度诺贝尔生理学或医学奖。这是与疟疾相关研究第二次获得诺贝尔奖，这次是将疟原虫感染的坏事变成治疗精神疾病的好事。

屠呦呦教授因发现青蒿素治疗疟疾的作用使与疟疾相关研究第三次获得诺贝尔奖。

三、现代药物研究发源于植物天然产物

天然产物的发展与药物研究密不可分，迄今从天然资源中得到了大量的活性有效成分，临床曾经使用的10,000多种药物，有60%药物或其先导化合物来自天然产物。天然产物来源有植物、微生物、动物和海洋生物，获得过诺贝尔奖的药物青霉素和伊维菌素是微生物次生代谢产物，属于微生物来源的天然产物。由植物来源的天然产物发展的药物很多，如著名药物阿司匹林是由水杨树中提取的水杨甘水解后再乙酰化得

到的。

现代药物的研发起源于植物天然产物。其实用于治疗疟疾的第一个药物即是天然产物——从金鸡纳树的树皮中提取的金鸡纳碱(奎宁)。据说法国传教士洪若翰曾用奎宁治愈康熙帝的疟疾。二战期间,美国 Sterling Winthrop 公司因战争的需要研制了奎宁衍生物氯奎宁,在青蒿素类药物问世之前是治疗疟疾的主要药物。奎宁的发现,开启了植物来源药物发现的先河,相继发现了很多植物天然产物药物。例如,德国药师 Friedrich Sertürner 于 1805 年从鸦片中分离到吗啡,并发现吗啡的镇痛作用,1848 年他又分离得到罂粟碱,1917 年发现了罂粟碱抗痉挛活性。1963 年,美国化学家瓦尼(M. C. Wani)和沃尔(Monre E. Wall)首次从美国西部大森林中生长的太平洋杉(Pacific Yew)树皮和木材中分离到了粗提物,并发现粗提物对离体培养的鼠源肿瘤细胞有很高活性,由于该活性成分在植物中含量极低,直到 1971 年,他们才同杜克大学化学教授姆克法尔(Andre T. McPhail)合作,应用 x-衍射分析测定了该活性成分的化学结构,是一种三环二萜化合物,并命名为紫杉醇(taxol)。紫杉醇是目前抗肿瘤一线药物,从此以后鲜有植物天然产物药物上市,制药公司将重点放在化学合成药物的研发上。近十年来,制药公司也重视抗体等生物技术药物的研发。自 20 世纪 80 年代起,各大制药公司相继关闭了天然产物药物研发部门,除中国、日本、韩国等亚洲国家外,美国、英国和欧洲等西方发达国家的大学和研究机构中天然产物及其药物研发项目、人才培养计划和研究小组几乎消失。

四、青蒿素是植物来源的药物第一次获得诺贝尔奖

虽然植物天然产物来源的药物是现代药物的起源,在青蒿素获奖前没有植物天然产物药物得过诺贝尔奖,仅英国化学家罗伯特·鲁滨逊(Robert Robinson)因对植物天然产物罂粟碱、尼古丁和吗啡等生物碱的结构测定方面的贡献获得 1947 年度诺贝尔化学奖。青蒿素及其衍生物的疟疾治疗作用获得今年诺贝尔生理学或医学奖是历史

上第一个植物来源的药物获得诺贝尔奖。

20世纪60年代中期,印度支那战争不断升级,应越南领导人的要求,毛泽东主席、周恩来总理指示有关部门把解决热带地区部队遭受疟疾侵害,严重影响部队战斗力、军事行动等问题,作为一项紧急援外、战备重要任务立项。青蒿素就是在这一历史背景下,由军队和地方的60多家科研院所和企业共同组成的500多人参加的大协作科研队伍,在分工协同的组织模式下中诞生的。从1967年5月23日在北京饭店召开"疟疾防治药物研究工作协作会议"(这也是523项目的由来)开始,到1978年在江苏省扬州市召开的青蒿素鉴定会,宣告了中国抗疟新药青蒿素的诞生。

1976年2月,全国523领导组向中国科学院上海药物研究所下达了进行青蒿素化学结构改造、寻找抗疟效果更好、溶解度更大的青蒿素衍生物的研究任务后,中国科学院上海药物研究所组织合成化学、植物化学和药理研究室人员,围绕青蒿素化学结构进行衍生物合成和构效关系研究,发现了溶解性和抗药性均优于青蒿素的蒿甲醚,临床试验一举成功。之后,桂林制药厂技术人员又研制了青蒿素琥珀酸酯,军事医学科学院研制了蒿甲醚-本芴醇复方,临床效果也非常好。因蒿甲醚、青蒿素琥珀酸酯和蒿甲醚-本芴醇复方等药物的制剂优良,疗效显著,又克服了青蒿素的抗药性,这些药物成为治疗疟疾的主要药物,拯救了成千上万人的性命,也使青蒿素蜚声世界。这也是青蒿素及其衍生物成果能获得今年诺贝尔生理学或医学奖的重要原因。

五、继续发扬我国植物天然药物研究的优良传统

我国植物天然药物研究的先驱和开拓者是赵承嘏先生。20世纪初,赵先生即往英国留学,1911年于英国曼彻斯特大学取得学士学位,主修有机化学,本科阶段即在英国皇家学会化学杂志发表关于天然产物结构单元萜烯类化合物全合成的论文,1914年在瑞士日内瓦大学获哲学博士学位,是中国第一个化学博士。他先在日内瓦大学任助教两年,再任罗克药厂研究部研究员、研究部主任七年。1923年回国,先任南京高

等师范学校(中央大学前身)数理化学部教授,再任北平协和医学院药物化学教授兼药理系代主任。1932年,赵先生创立北平研究院药物研究所(中国科学院药物研究所前身)并任所长。回国后,他毅然放弃有机合成的专长,应用现代化学技术进行中草药有效成分的分离、结构鉴定和活性筛选工作,是中国植物化学的奠基人。当时,国际通用的提取植物有效成分的经典方法是乙醇浸泡,这样得到的粗提物成分复杂,不易提纯分得结晶。鉴于植物有效成分多属生物碱,赵承嘏先生根据生物碱的特性,发展了碱磨苯浸法,提取物成分单纯,大大减少了分离单体的困难。他带领学生系统研究了雷公藤、细辛、三七、贝母、常山、防己、延胡索、钩吻、麻黄等30多种中草药的化学成分,得到了许多新结构类型生物碱的单体结晶,提供给药理工作者进行药理研究,并选择其中有价值的天然产物进行临床试验,从而建立了系统研究整理祖国医药学的一套科学方法。与此同时,他和学生们在国内外著名杂志上发表了许多论文,为中外学者所重视和赞赏,享誉国际。例如,1940年代,赵承嘏先生与上海医科大学张昌绍先生合作研制抗疟药物,他们从中药常山中发现多个活性超过奎宁的生物碱,其中丙种常山碱的抗疟作用为奎宁的148倍。研究结果国际领先,赵承嘏先生等人的天然产物提取和结构鉴定结果发表在《美国化学会志》(*Journal of theAmerican Chemical Society*)上,张昌绍先生等人的药理研究结果发表在 *Nature* 和 *Science* 上。

新中国成立后,我国十分重视天然产物研究,中国科学院、中国医学科学院、军事医学科学院、中医药研究院以及许多大学的药学院和地方的研究机构,均建立了植物化学研究室,培养了大批植物化学人才。这些工作也为青蒿素的发现奠定了重要基础。然而,受国际大环境影响,我国的天然产物药物研究队伍也有后继乏人的趋势。希望这次屠呦呦教授获奖,能激发年轻人再次学习天然产物化学的热情,今后有更多的人从事天然药物研究,发扬我国天然药物研发的传统和优势,研制出更多更好的药物,为人类健康作贡献。

2015年10月

致敬青蒿素发现工作的所有科技工作者
——我们千万不要忘记参与 523 项目的工作者们

　　青蒿素及其衍生物已经成为中国创制的具有国际影响力药物的代表,屠呦呦教授因在青蒿素及其抗疟作用发现方面的贡献获得了 2015 年的诺贝尔生理学或医学奖,使得由这一大团队协作产出的伟大成果有了一个华丽的收尾。作为一名药学研究工作者,我为以屠呦呦教授为代表的我国老一辈医药科技工作者所取得的成就,感到由衷的自豪和骄傲!

　　1992 年,我进入药物所跟随嵇汝运院士和陈凯先院士攻读博士学位,听到的第一个关于我国创新药物研发的故事是青蒿素类药物的发现历程,做的第一个课题是青蒿素醚类和酯类衍生物定量构效关系和作用机制研究。因此,我对青蒿素及其研发历史很感兴趣。多年前,读了原 523 项目办公室副主任张剑方先生主编的《迟到的报告——523 项目与青蒿素研发纪实》(以下简称报告),对参与 523 项目的科研人员更是由衷地敬佩。

　　正如屠呦呦教授感言:"……青蒿素的发现是集体发掘中药的成功范例,由此获奖是中国科学事业、中医中药走向世界的一个荣誉。"我们千万不要忘记参加 523 项目的所有科技工作者。在此,我仅简要介绍药物所相关人员的贡献所在。

　　正如报告所述,20 世纪 60 年代中期,印度支那战争不断升级,应越南领导人的要求,毛主席、周总理指示有关部门把解决热带地区部队遭受疟疾侵害,严重影响部队战斗力、军事行动等问题,作为一项紧急援外、战备重要任务立项。青蒿素就是在这一历史背景下,由军队和地方的 60 多家科研院所和企业共同组成的 500 多人参加的大协作科研队伍,在分工协同的组织模式下诞生的。从 1967 年 5 月 23 日在北京饭店召开"疟疾防治药物研究工作协作会议"(这也是 523 项目的由来)开始,到 1978 年在江苏省扬州市召开的青蒿素鉴定会,宣告了中国抗疟新药青蒿素的诞生。然而,523 项目领导小组高瞻远瞩,早在 1976 年即决定开展青蒿素衍生物的诞生和青蒿素新复方的研究工作,促使青蒿素研究进入又一新的高潮。

上海药物所有抗疟药物研发的传统和优势。19 世纪 40 年代,药物所创始人赵承嘏先生与上海医科大学张昌绍先生合作研制抗疟药物,他们从中药常山中发现多个活性超过氯喹的生物碱,研究结果国际领先,论文发表在 Nature、Science 和 JACS(美国化学会志)上。在此研究中与礼来陈克辉等建立了合作关系,并培养了上海药物所第二任所长高怡生院士等人才。我曾经将此总结为药物所的"遗传基因"——基础研究、新药研发、人才培养和国内外合作四位一体。

上海药物所自 1967 年起就承担了 523 项目的化学合成抗疟药和中草药抗疟药的研究任务,是 523 项目的主力单位之一。药物所科研人员在实施 523 项目时,首先想到的是赵老先生和张昌绍先生等研究过的常山,在化学合成药常山乙碱化学结构改造的研究中,做了很多卓有成效的工作,获得的衍生物常咯啉,不仅有较好的抗疟作用,而且克服了常山乙碱呕吐的缺点。由于该药与同期 523 研究的其他抗疟药相比,疗效尚不理想,未被用作抗疟药,后被上海药物所白东鲁和王逸平等继续结构改造,开发成为抗心律失常的新药硫酸舒心定。

1976 年 2 月,全国 523 领导组向上海药物所下达了进行青蒿素化学结构改造、寻找新衍生物的研究任务后,上海药物所立即组织合成化学、植物化学和药理研究室人员,围绕青蒿素化学结构进行衍生物合成和构效关系研究。参加该项工作的主要研究人员为李英、朱大元、顾浩民、陈仲良、虞佩琳、盖元珠、瞿志祥、殷梦龙等科技人员。他们对青蒿素进行结构改造,先获得二氢青蒿素,再进行一系列醚化酯化反应,获得一系列类似物,并进行了药理筛选,其中 SM224(青蒿素甲醚衍生物)的活性是青蒿素的六倍,SM227(青蒿素乙醚衍生物)活性是青蒿素的三倍。之后,又发现活性是青蒿素的十倍以上化合物多个。这些化合物的油溶性很好,并克服了青蒿素的耐药性。根据毒性实验、稳定性、溶解度等及生产成本等因素,选定 SM224 作为候选药。上海药物所的研究人员对 SM224 的药理毒性及药物的吸收、分布、排泄,药物代谢动力学、胚胎毒、致畸性,以及在体内的化学转化等进行了系统的研究。上海第十制药厂蒋异山等人负责油针剂的制备,定量分析的方法由上海市药品检验所的王仲山等人研究提供。1978 年夏天,SM224 临床前的各项研究工作在各单位的通力合作下顺利完成,等待有关部门审查批准临床试用。时任上海药物所副所长的嵇汝运院士将 SM224 命名为"蒿甲醚",英文名为 Artemether。

1978 年,全国 523 办公室把经过审批的青蒿素衍生物蒿甲醚的首次临床试验定在海南现场进行,由广州中医学院 523 临床研究小组承担。临床试验非常成功。1978年海南临床试用成功的消息,令上海药物所科技人员受到极大的鼓舞,但大家更期待以后大规模的临床试验结果。大规模临床试验需要充足的药源,523 办公室的组织协调云南昆明制药厂承担了这个任务。1980 年初夏,上海药物所的朱大元和殷梦龙到昆明制药厂,将陈仲良、殷梦龙研制的蒿甲醚制备方法——用钾硼氢替代钠硼氢的一步反应法——扩大中试,昆明制药厂王典五总工程师主持了蒿甲醚及其油针剂的试产任务。大规模临床试验了 829 例恶性疟病人,近期治愈率 100%,追踪治愈病人 354例,一个月复发率为 7%,远远低于青蒿素。

1977 年 6 月,桂林制药厂刘旭等听了上海药物所青蒿素衍生物的研究报告,受到启发,也开展了青蒿素类似物的研究,获得了青蒿素琥珀酸酯衍生物(804),具有较好的疗效,最后做成钠盐粉针剂进行临床研究,也是一举成功。

蒿甲醚、乙醚和琥珀酸酯及其与其他药物的组合用药(例如军事医学科学院研制的蒿甲醚—本芴醇复方),而非青蒿素本身,拯救了成千上万的病人,也成就了青蒿素的名声。青蒿素的发现是整个项目的源头,屠呦呦教授因此获得诺贝尔奖也不应该引起太多的争议,但其他人的工作——结构测定、结构改造、药理筛选、临床试验等工作同样重要。诺贝尔奖只发给源头创新的人,但这个源头创新需要后续成药性工作的支持,如果没有蒿甲醚等类似物广泛用于治疗疟疾,青蒿素原始发现的意义也就不会那么快证明了。

我们衷心祝贺这一工作获得诺贝尔奖,屠呦呦是参加 523 项目的代表,但我们千万不要忘记参加 523 项目的所有科技工作者。

2015 年 10 月 7 日

我们共同的基因

——致上海药物所毕业的校友们①

基因的英文版定义为：A gene is a locus（or region）of DNA that encodes a functional RNA or protein product，and is the molecular unit of heredity；基因的中文版定义为：携带有遗传信息的 DNA 序列，是控制性状的基本遗传单位，亦即一段具有功能性的 DNA 序列，这些定义摘录自维基百科。一个从事生命科学、从事药物研发的科技工作者，如果有一天不谈及基因，不想到基因，那你离开这个行业也为期不远了。每个大学、研究所，甚至是公司，均有自己的"遗传基因"，从某种方面讲就是一个单位的文化传统。

前不久，中国科学院上海药物研究所（以下简称药物所）的校友们建了两个微信群（因人太多，一个容纳不了），分别为 SIMM-Alumni 和 SIMM-Alumni2。校友们在群里讨论非常活跃，特别是近年毕业的年轻校友们，很是可爱。今天早上我转发了我们去年写的介绍老所长赵承嘏先生的文章（去年是赵老先生诞辰 130 周年），引起了一些有趣而有益的讨论，促使我想为我们的校友群写点什么。我所校友（包括我）都受过药物所文化的熏陶，因而拥有共同的"基因"。于是，我写这篇文章，以此祝贺药物所校友群的启动。

---

① 本文写于 2016 年 5 月 24 日，是急就章，成稿后，我的同事方婷和徐晓萍进行了文字校对和史料核实，在此表示衷心感谢。

药物所成立于 1932 年,创始人是赵承嘏先生。关于赵老先生的生平可以看我们写的《中国现代药物研究的开拓者——赵承嘏先生》,内容与《我国第一个化学博士——赵承嘏先生,一心为百姓制良药》差不多,我这里不赘述了。药物所的基因应该起源于赵老先生,赵老先生的道德学问为药物所留下了优秀的遗传基因。

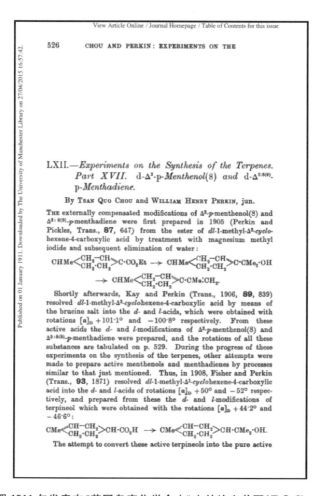

图 1　赵承嘏 1911 年发表在《英国皇家化学会志》上的论文首页 (T Q Chou, W H Perkin Jr. Experiments on the synthesis of the terpenes part XVII. d-△³-p-menthenol (8) and d-△3:8(9)-p-menthadiene. Trans Chem Soc London, 1911, 99:526 - 538),这篇 13 页的长文可能是中国学者在西方科技期刊上发表的第一篇学术论文

今天，我讲一个"百年制药"的故事，以此说明药物所以及我们药物所的校友们所拥有的共同的基因。

赵老先生1914年获得化学博士学位，是中国第一位化学博士。1911年他在英国曼彻斯特大学获得硕士学位，论文的主要内容发表在《英国皇家化学会志》【1911年美国科学研究远落后于英国和欧洲，《英国皇家化学会志》的水平也远高于《美国化学会志》】，这可能是中国人在西方科技期刊上发表的第一篇论文（见图1）。

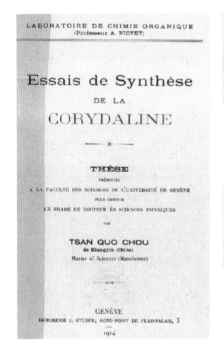

图2　赵承嘏博士论文封面和扉页致谢

去年，我们几经周折，在药物所校友周率真博士的帮助下，从日内瓦大学图书馆获得了赵老先生博士论文的复印件（见图2）。这时，我们才知道赵老先生的博士论文的内容——天然产物紫堇碱（延胡索甲素）的全合成。赵老先生以简单的苯乙胺和甲醛为原料，两次应用他导师刚刚发明的芳香乙胺与醛的缩合反应（即著名的 Pictet-Spengler 反应），通过几步反应即获得了目标化合物（图3）。即使现在看来，这样的合成功底和技艺的高超,方法的巧妙也是少有的。要知道,这可是 100 多年前(1911—1914 年)的合成路线!

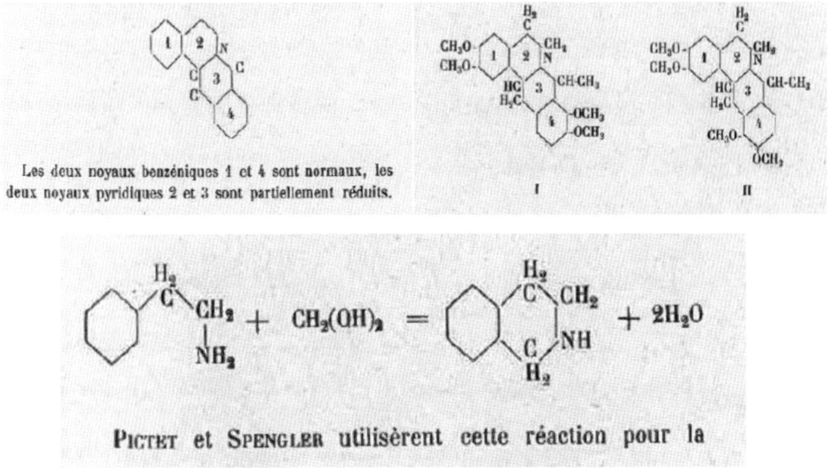

图3　赵承嘏合成紫堇碱路线图

紫堇碱是 1826 年由德国化学家 Heinrich Wilhelm Ferdinand Wackenroder(德国人的名字总是很长)从罂粟中提取获得,1927 年前没人知道紫堇碱与延胡索是同一种化合物。赵老先生回国后,自 1927 年起,开始了中药延胡索的化学研究,试图从中发现镇痛药物。出人意料的是,紫堇碱发现 100 年后,赵老先生从延胡索中获得的天然产物延胡索甲素竟然就是紫堇碱;更令人惊叹的是,1911—1914 年,赵老先生用他导师毕诞 1911 年发展的 Pictet-Spengler 反应完成了这一天然产物的全合成。

经过十年(1927—1937 年)的艰苦研究,赵老先生得到了 13 种延胡索成分生物碱样品晶体。然而,受制于当时的科技水平,缺乏合适的药理筛选模型,仍无法确认其具体活性成分。直到约 25 年后,药物所的金国章院士和胥彬先生等科学家又经过八年(1956—1964 年)的潜心钻研方才确认了延胡索中镇痛活性成分为左旋四氢帕马丁(罗通定,/- THP)。金先生还发现,/- THP 可拮抗单胺受体活性,因此除镇痛作用外还具有安定作用。1964 年,延胡索乙素、/- THP 等的镇痛机制通过成果鉴定,延胡索乙素正式成为药品,并获得国家新产品二等奖。基于对/- THP 构效关系及其分子药理学的研究,金先生又发现了包括四氢小檗碱、左旋千金藤啶碱等在内的一系列小檗碱类天然产物的作用机制。特别是 20 世纪 80 年代发现的可用于治疗精神分裂症的小檗碱类化合物,通过分子药理学研究,发现其可以调节包括多巴胺受体和 5 - 羟色胺受体在内的多个 G - 蛋白偶联受体(GPCR)活性,这些研究成果为抗精神分裂症和抑郁症的药物研发奠定了坚实的基础。

我在药物所跟随嵇汝运先生和陈凯先先生攻读博士学位期间,我师弟唐赟(现为华东理工大学教授,曾任副院长)与金国章先生合作,研究小檗碱类化合物的作用机制(我参与部分工作),这一工作一直延续到 2007 年,我的博士后付伟(现为复旦大学教授)与金先生继续合作研究小檗碱类化合物作用机制(图 4)。这些研究,虽然进展不大,但促使我重视小檗碱类化合物的应用研究。我曾请柳红(现药物所研究员)进行了一系列这类天然产物的全合成,并合成了类似物库。柳红和我与药物所药理学家谢欣等合作发现了抗前列腺增生候选药物——高选择性 α1A 肾上腺素受体拮抗剂,一个化合物即将完成临床前研究[注:作用靶标由我的博士后李洪林(现为华东理工大学教授)与 UCSF 的 Brain 计算获得,后发现金国章先生与韩启德先生合作在 1980 年代已经发现小檗碱能与 α1A 结合,但不知道有拮抗作用]。我的师弟杨玉社和沈敬山(现均为药物所研究员)也进行了小檗碱类化合物的合成和抗精神分裂症药物的发现研究,获得了较好的结果。李佳与黄成钢(现均为药物所研究员)合作,发现了抗 2 型糖

Biophysical Journal Volume 93 September 2007 1431–1441   1431

Dopamine D1 Receptor Agonist and D2 Receptor Antagonist Effects of the Natural Product (−)–Stepholidine: Molecular Modeling and Dynamics Simulations

Wei Fu,*[†] Jianhua Shen,* Xiaomin Luo,* Weiliang Zhu,* Jiagao Cheng,* Kunqian Yu,* James M. Briggs,[‡] Guozhang Jin,* Kaixian Chen,* and Hualiang Jiang*[§]
*Drug Discovery and Design Centre, State Key Laboratory of Drug Research, Shanghai Institute of Materia Medica, Shanghai Institutes for Biological Sciences, Chinese Academy of Sciences, Shanghai 201203, People's Republic of China; [†]Department of Medicinal Chemistry, School of Pharmacy, Fudan University, Shanghai 200032, People' Republic of China; [‡]Department of Biology and Biochemistry, University of Houston, Houston, Texas, 77204-5001; and [§]School of Pharmacy, East China University of Science and Technology, Shanghai 200237, People's Republic of China

图 4 付伟和金国章先生的合作论文

尿病类似物,与某中药来源的天然产物组合,具有较好的临床前景,全面临床前工作正在进行。还发现了治疗其他疾病的化合物,由于专利没有公开,不在此文介绍了。

"百年制药"的故事还在延续。20世纪八九十年代,随着分子生物学的发展,GPCR受体分子的研究迎来了革命性的突破。然而,由于十年动荡和老一代科学家的退休,药物所的GPCR研究及相关药物研发工作错过了此黄金时期。2007年以来,药物所陆续有多个研究组重新开始了GPCR药理学研究并建立了一系列的筛选模型。在此期间,我们目睹了GPCR结构生物学的飞速发展,药物所的领导班子意识到,我们亟须引进GPCR结构生物学人才,为小檗碱这样的天然产物等靶向GPCR的药物研发奠定结构基础。幸运的是,2010年,徐华强博士受聘于药物所筹建GPCR结构生物学平台;2011年,两位年轻的GPCR结构生物学家吴蓓丽博士和赵强博士加盟药物所;同时,他们的导师——国际GPCR结构生物学领军人物——Raymond C. Stevens教授也以特聘研究员身份加盟药物所。药物所GPCR结构生物学研究在徐华强研究员的领导下,通过与药物所药物化学家、药理学家和计算生物学家的密切合作,取得了飞速发展,仅用了5年时间就取得重大科研成果,测定了6类8个GPCR的晶体结构(国际上迄今为止共测定了29个GPCR晶体结构),包括第一个B类GPCR晶体结构以及GPCR-Arrestin复合物晶体结构,在 Nature 和 Science 等刊物上发表八篇论文。研究成果被评为中国科学院"十二五"标志性成果,并入选2015年度两院院士评选的中国十大科技进展新闻。

自赵老先生博士论文研究开始至今100多年来,紫堇碱(延胡索甲素)、左旋四氢帕马丁、小檗碱(它们的结构类似)等天然产物一直伴随着药物所的药物研发。这一"百年制药"的故事是药物所基因遗传表现的一个案例,这一世代相传的基因,体现了药物所以及药物所毕业校友们所特有的品质——高调做事,低调做人。新的方法、新的技术、新的人才,必将带来新的希望。赵老先生为药物所"合成"的优良基因,通过突变和进化,将产生出更加优秀强大的新基因,并通过药物所的校友们在全世界各地繁衍。

2016年5月24日

上海药物所基因特质

2016 年 5 月 24 日，为祝贺中国科学院上海药物所校友微信群开通，我写了庆贺专文《我们共同的基因——致上海药物所毕业的校友们》，在药物所校友、在读研究生和药物所职工中引起了一定的反响（非常抱歉，有人建议我将"校友"改成"所友"，我没有采纳）。有校友问药物所的基因特质（特点和性质）是什么？为回答这个问题，我再写两篇短文，尝试阐述药物所基因中所特有的两个"遗传"要素：（一）继承传统，创新发展；（二）四位一体的发展模式——基础研究、新药研发、国内外合作和人才培养。这两个要素均为上海药物所创始人赵承嘏先生所创立，在几代药物所人的努力下，已经融入药物所发展的"生物调控"总系统中。

（一）继承传统　创新发展

在《我们共同的基因——致上海药物所毕业的校友们》一文中,我介绍了赵承嘏先生攻读硕士和博士学位期间从事的是有机合成和天然产物全合成工作,回国工作后,为挖掘我国中药宝库,他毅然放弃了有机合成专业,改行从事天然产物提取分离、结构鉴定和活性成分筛查工作,成就卓越斐然。就此,赵承嘏先生开创了中国天然产物化学和天然药物研究的先河。关于此,我曾在《中国现代药物研究的开拓者——赵承嘏先生》一文中介绍,中国科学院大学科技史专家刘晓教授所写的《赵承嘏与北平研究院药物研究所》一文中也有重点介绍。

我今天想介绍的是一份药物所自 1932 年成立至 1948 年的工作总结。当看到这份研究所工作总结的时候,我感慨万千:我们的先辈为我们奠定的是多么好的基础,制定的是多么明确的发展方向!这篇工作总结首先简要介绍了药物所建所 17 年来的历史沿革,接着介绍了药物所的仪器设备和图书资料状况,主要介绍了研究成绩,最后是今后的工作计划。

研究工作主要总结了五种中药的化学成分和生理药理研究结果。例如总结的第一个天然产物成果是我在《我们共同的基因——致上海药物所毕业的校友们》一文中举例的延胡索,共从中提取了 13 种化合物,结构鉴定表明,八种为老化合物(一)——(八),(后来命名为延胡索甲素-延胡索辛素),由欧洲人获得,并说明(七)(八)两种化合物是我国著名有机化学家黄鸣龙先生在德国留学时发现的,其余四种为新化合物,结构有待进一步鉴定。当时药物所还不能从事药理研究,该类研究与陈克恢和张昌绍

先生合作,取得了初步结果:

就药理方面而言,经过各种动物试验,有三种(延胡索素乙子及丑)能使鼹鼠、猴及狗发生强直性昏厥,翻身反射力消失,肌肉卷缩之紧张力增加等现象,换言之,即与著名西药之药性相类似,故各种要素之生理作用有进一步探讨之必要也。

初步的药理结果已经显示这类化合物对神经系统有作用,于是后来金国章等先生才能从中发现镇痛药物和抗精神分裂症药物,不经意间,形成了一个"百年制药"的故事(我将之列为药物所遗传基因的起源)。其余四种中药天然产物成果这里不做分析了,也非常精彩。其实,在这17年里,赵承嘏及其同事研究了很多种中药,发现了一系列新的天然产物和活性成分,论文也发表于《德国化学会志》(即《德国应用化学》前身)和《美国化学会志》(现在化学家以将论文发表于这两个杂志为荣),这些在总结报告中介绍成果时的引言部分也作了说明:

吾国富于天然药材,工作进行,即先从此着手,历年来所研究之药物,有麻黄、细辛、三七、贝母、防己、延胡索、钩吻、远志、柴胡、广地龙、常山等数十种。研究结果,多在德国化学会会志、美国化学会及药学会会志、中国生理学会会志等上发表,已刊行者有四十余篇,该所除研究天然药材外,药物之化学合成,亦同时进行。民国廿九年春,庄长恭氏加入工作,对于荷尔蒙之研究有重要发展,今再将几种著名药物之研究结果累述一二如下,以观内容之一斑。

在国立北平研究院前20年的历史中,从1929年成立到1937年全面抗战前为创设发展时期,大部分科研工作是在这一时期完成的,被称为北平研究院的"黄金时期"。这一时期理化部(注:药物所当时归属理化部)取得了一系列重要研究成果,在我国科学研究领域奠定了重要基础,也成为北平研究院的学术高地。而在理化部,药物所研究工作十分突出,虽然仅有赵承嘏一位专任研究员,但发表了27篇论文,甚至超过了拥有较多专任和兼任研究员的化学所。张昌绍先生1948年评价近代中药研究历史时也认为 30 年代"最重要而足以代表本年代特色的,当推赵承嘏氏的化学研究……发表论文质量俱属上乘;三十年代尤为赵氏收获最丰之十年"(图 1)。

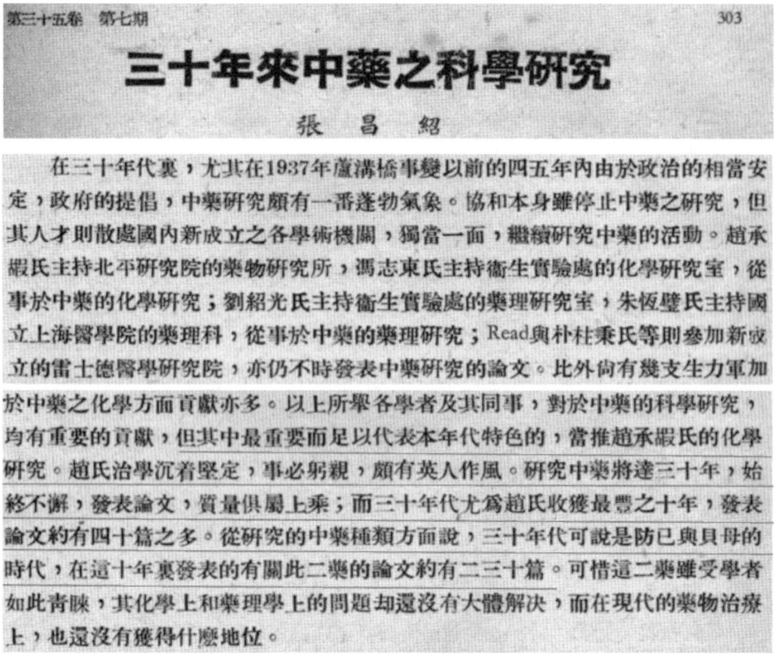

第三十五卷　第七期　　　　　　　　　　　　　　　　　　303

三十年來中藥之科學研究

張昌紹

在三十年代裏,尤其在 1937 年蘆溝橋事變以前的四五年內由於政治的相當安定,政府的提倡,中藥研究頗有一番蓬勃氣象。協和本身雖停止中藥之研究,但其人才則散處國內新成立之各學術機關,獨當一面,繼續研究中藥的活動。趙承嘏氏主持北平研究院的藥物研究所,馮志東氏主持衞生實驗處的化學研究室,從事於中藥的化學研究;劉紹光氏主持衞生實驗處的藥理研究室,朱恆璧氏主持國立上海醫學院的藥理科,從事於中藥的藥理研究;Read 與朴柱秉氏等則參加新成立的雷士德醫學研究院,亦仍不時發表中藥研究的論文。此外尚有幾支生力軍加於中藥之化學方面貢獻亦多。以上所舉各學者及其同事,對於中藥的科學研究,均有重要的貢獻,但其中最重要而足以代表本年代特色的,當推趙承嘏氏的化學研究。趙氏治學沉着堅定,事必躬親,頗有英人作風。研究中藥將達三十年,始終不懈,發表論文,質量俱屬上乘;而三十年代尤為趙氏收獲最豐之十年,發表論文約有四十篇之多。從研究的中藥種類方面說,三十年代可說是防己與貝母的時代,在這十年裏發表的有關此二藥的論文約有二三十篇。可惜這二藥雖受學者如此青睞,其化學上和藥理學上的問題卻還沒有大體解決,而在現代的藥物治療上,也還沒有獲得什麼地位。

图 1　张昌绍先生在综述中高度评价赵承嘏先生中草药有效成分研究成果

赵承嘏及其同事继承了我国中药治疗疾病的历史传统,应用现代化学方法和技术,从中获得天然产物,与药理学家合作,进行活性化合物筛选,获得新药或新药候选物。这是一条"继承传统,创新发展"的道路,药物所的同仁一直沿着这条道路前进,在继承传统的基础上创新是药物所基因所携带的特有信息。我非常欣赏这一工作总结报告的"现在工作情形及将来各种计划",特摘录如下:

研究工作绝无止境,现在进行中者将历年发表之试验结果,未尽善者加以改正,未完成者加以继续,重要药物如常山等,更作进一步之探讨。将来计划有二:(一)筹办一药理试验室,盖药物以能应用为目标,化学研究及药理试验以能同时并举,属可收事半功倍之效。(二)与医学研究机关切实合作,就一般药物进步之趋势而言,药与医在今日已不可分。自配尼西林等发明后,药物研究益形生物化,一完备之药物研究机关,除化学及药理两门外,当设有生理学、病理学、细菌学等研究单位,然此亦即医学研究之基本工作,故药与医如能并为一谈,其结果亦相得益彰也。

这一工作计划即使对今天药物所的发展也具有十分重要的现实意义:

(1)药物研发与生理学、病理学、细菌学等学科的结合。这已经成为药物所及其他药物研发机构现行药物研发的常规模式。然而,1948年提出这样的思路是非常有前瞻性的。

(2)医药融合。这也正是目前和今后精准医疗和个性化药物研究要做的事情。药物所正在积极部署和承担科学院"个性化药物"研究战略先导专项,冥冥之中又契合了赵承嘏先生70年前指明的方向!

2016年5月27日晨于以色列特拉维夫

（二）四位一体的发展模式

——七十年前中国科学家发表的 *Science*、*Nature* 和 *JACS* 文章

前文讲了上海药物所基因的特质之一——继承传统、创新发展，今文谈上海药物所基因的特质之二——四位一体的发展模式。所谓四体一体是：基础研究、新药研发、国内外合作和人才培养。这也是赵承嘏等几代药物所人从新药创制的实践中总结出来的经验。

饶毅教授曾经说过，中国两次在抗疟药物研发方面国际领先，一次是大家熟知的523项目（1967年启动），获得了青蒿素类药物这一重大成果，屠呦呦也因此获得2015年度的诺贝尔生理学或医学奖（见我解读2015年度诺贝尔生理学或医学奖文章《药物研发与诺贝尔奖》，原文刊登在《中国科学：生命科学》上）。还有一次是1940年代，很多人不清楚。今天，我以1940年代赵承嘏和张昌绍等合作从中药中寻找抗疟新药的研究成果，来说明上海药物所的基因特质之二——四位一体的发展模式。

我曾在《药物研发与诺贝尔奖》这篇文章中描述了疟疾的危害：

在历史长河中，疟疾曾被列为蹂躏人类时间最长的疾病，古印度人将这种传染性和致死率极高的病称作"疾病之王"。早在公元前2、3世纪，古罗马的文学作品中，已经将疟疾描述为周期性疾病。我国最早详细记载疟疾是先秦时期成书的《黄帝内经》。古时人们对这种传染性疾病束手无策，甚至认为是神降于人类的灾难，苏美尔人就认为疟疾是由瘟疫之神涅伽尔（Nergal）带来的。因此，直到1980年代，战胜疟疾一直是医学和药学领域的重要课题。

1942年，中国药理学创始人之一张昌绍先生与赵承嘏先生合作，开展从中国传统

中药中寻找抗疟药物的研究。1943年他们发现常山的根（俗称常山）和叶（俗称蜀漆）有抗间日疟药效，论文发表在《中国天然药物杂志》上。之后六年（1943—1948），赵承嘏领导的化学团队和张昌绍领导的药理学团队进行了卓有成效的合作。赵承嘏等从常山的根和叶以及同科植物伞形绣球（中国绣球）中获得了常山碱（α、β和γ三种）、常山素（A和B两种）、伞形酮（7-羟基香豆素）和4-喹唑啉酮等天然产物，化学研究工作发表了几篇文章，其中重要的一篇——《中药常山中的抗疟成分》——发表在《美国化学会志（J. Am. Chem. Soc. ）》（见图1）。

[CONTRIBUTION FROM THE INSTITUTE OF MATERIA MEDICA, NATIONAL ACADEMY OF PEIPING, SHANGHAI, AND THE PHARMACOLOGICAL LABORATORY, NATIONAL INSTITUTE OF HEALTH, NANKING]

Antimalarial Constituents of Chinese Drug, Ch'ang Shan, *Dichroa febrifuga* Lour

BY T. Q. CHOU, F. Y. FU AND Y. S. KAO

A brief account on the isolation of an antimalarial alkaloid named dichroine from the Chinese drug, Ch'ang Shan, identified as *Dichroa febrifuga* Lour., has been reported.[1] Mention should be made that the name dichroine has been used previously by Hartwich[2] to indicate a carbohydrate of an indefinite nature isolated from the same plant. The alkaloid dichroine has the composition $C_{16}H_{21}O_3N_3$ and easily undergoes isomeric change under the action of heat, acids, and alkalies, and even with different solvents used. Three isomerides, which are provisionally named, α-, β- and γ-dichroines, have been obtained, melting, respectively, at 136, 145 and 160°, and being convertible into each other under suitable conditions. Oxidized with potassium permanganate, dichroine yields 4-quinazolone and some other products not yet identified. Hydrolysis with sodium hydroxide gives easily the decomposition products, anthranilic acid, formic acid, and ammonia, together with a compound which behaves like a pyrrole derivative. Benzoylation with benzoyl chloride furnishes most probably a tribenzoyl derivative of dichroine according to its nitrogen content. No presence of carboxyl-, methoxyl- and methylenedioxy- groups could be detected in the molecule of dichroine. Dichroine forms both normal and acid salts and a nitroso compound. Besides dichroine, 4-quinazolone, a base with the composition $C_{18}H_{23}N_3O_2$, and umbelliferon have also been isolated from the roots of Ch'ang Shan; the first one may be originally present in the plant or resulted during chemical manipulation. Synthetic quinazoline derivatives used as antimalarials have recently been investigated extensively by Magidson and Yolovchinskaya[3] and others. The isolation of 4-quinazolone from a natural plant affords a remarkable coincidence with the chemical research along this line, although the quinazolone nucleus has already been found in certain alkaloids.[4] Regarding the antimalarial activity of dichroines, the γ-isomeride shows the greatest, and α-isomeride the least; the curative dose for chicken malaria being found to be 4 mg. of γ-isomer per kg.[5]

Experimental

The finely powdered root of Ch'ang Shan is percolated with 90% alcohol at room temperature for two days and the extract evaporated in a vacuum. The residue is taken up with dilute hydrochloric acid, filtered, and extracted repeatedly with ether, which constitutes fraction A. The acid solution is rendered slightly alkaline with sodium bicarbonate and shaken well with ether containing about 20% of chloroform (fraction B). The aqueous solution is then made strongly alkaline with potassium carbonate and extracted several times with chloroform (fraction C).

Umbelliferon, $C_9H_6O_3$.—The residue obtained from fraction A, by distilling off ether, crystallizes from alcohol in colorless needles, m. p. 224–227°, sparingly soluble in water, but easily soluble in chloroform, alcohol, and alkaline solutions, the last possessing an intense blue fluorescence. Its properties and analysis correspond well to umbelliferon (7-hydroxycoumarine). *Anal.* Calcd. for $C_9H_6O_3$: C, 66.6; H, 3.7. Found: C, 66.6; H, 3.9.

4-Quinazolone.—Fraction B, on evaporation of ether-chloroform mixture, gives a product which crystallizes from alcohol in silky long needles, m. p. 212–213°. It is identical in all respects with a sample of 4-quinazolone prepared by heating 2 g. of anthranilic acid and 1 g. of formamide for two hours at 120–130° and crystallizing the resulting products from alcohol. Its analysis as well as those of its hydrochloride and platinum salt confirms its composition $C_8H_5ON_2$. *Anal.* Calcd. for $C_8H_5ON_2$: C, 65.8; H, 4.1; N, 19.1. Found: C, 65.6; H, 4.4; N, 19.1.

Hydrochloride.—It is obtained by treating an alcoholic solution of 4-quinazolone with hydrochloric acid gas dissolved in alcohol and adding a sufficient quantity of ether; needles, m. p. 247°. Its aqueous solution is acid to litmus paper. *Anal.* Calcd. for $C_8H_5ON_2 \cdot HCl$: N, 15.3; Cl, 19.4. Found: N, 15.0; Cl, 19.2.

图1 赵承嘏等关于常山的抗疟成分研究结果发表于JACS（1948，70：1765 - 1767）

1945年，张昌绍等建立了鸡感染疟疾动物模型，极大地加快了抗疟药物的研发进程，发现常山素无抗疟活性，常山碱有抗疟效果，活性从强到低依次为常山碱γ、α和β。

我曾介绍赵承嘏博士论文是做延胡索甲素的全合成(见本系列文章之一——《我们共同的基因——致上海药物所毕业的校友们》),他有深厚的化学功底。赵承嘏等对从常山的根中分离得到的天然产物进行了初步的化学研究,发现常山碱 γ、α 和 β 这三种异构体在适当的条件下可以相互转化。如上所述,当时抗疟药物的研发是国际新药研究的前沿,很多研究机构和研究小组在从事这方面的研究。日本科学家 Magidson 和 Yolovchinskaya 合成了一系列喹唑啉酮类化合物,发现了其中一些衍生物具有抗疟活性。赵承嘏等从常山中获得天然产物 4 - 喹唑啉酮,这一结果与 Magidson 和 Yolovchinskaya 的研究结果一致。

与此同时,他们还用常山提取物做了 13 例间日疟感染病人治疗的临床试验,取得较好的效果:退热效果与奎宁相当,杀疟原虫效果比抗疟稍慢(慢一天左右)。这一研究结果在当时显示了较高的水平,研究结果发表在《科学》(Science)上(见图 2)。张昌绍等继续进行深入的药理研究,特别是对抗疟活性较高的常山碱 γ 的药理作用进行了详细研究,并发现了中国绣球的抗疟作用。这一研究结果发表在《自然》(Nature)上(见图 3),充分显示了张昌绍先生的药理研究水平和功力。

上述主要研究工作是在抗日战争期间完成的,条件艰苦可想而知。上海医学院内迁重庆,张昌绍的大女儿上海医科大学教授张安中回忆:

当时重庆条件很艰苦,住的是竹片糊泥巴的房子。水电煤卫全无,有位叫老宋的老伯专为大家从山下小溪把水挑上山,每户每天用一担水;晚上点的是电石(乙炔)灯;屋后砌了个柴灶烧饭。母亲还学着用火油箱改制的烤箱做面包,烤失败的面包由我们自己吃掉,一旦成功了就把实验室的成员都请到家里来分享。就着自制的果酱和当时颇金贵的红茶,算是一顿美味的茶点了。实验室人员很少,加在一起也不到 10 人,我记得有周廷冲、王进英、黄琪章、张德龄和陈文卿等人。他们在抗战时期的艰苦条件下团结一致、勤奋工作,生活上也亲密无间地相互照顾。

赵承嘏当时留守孤岛上海,研究所几乎没有什么工作人员,他与高怡生等艰苦工作,获得样品寄往重庆的张昌绍或美国礼来公司陈克恢处,让他们进行药理研究和活

amount of vertebrate paleontological material still entombed there. Possibly as the result of such promptly and properly executed excavations many bones, if not complete skeletons, of those missing members of the American Pleistocene fauna, *Equus complicata, Tapirus haysii, Mylodon hariani, Ursus americanus,* and some representatives of the exceedingly rare *Canidae* and *Felidae,* neither of which are now known in Kentucky, may be recovered, with consequent enrichment of our knowledge of the mammalian scene immediately south of the continental ice sheet during the last stages of the Glacial age.

WILLARD ROUSE JILLSON

Frankfort, Kentucky

Why Not?

Settlement of the atomic bomb question is the most urgent of all Government problems. While our statesmen play Pearl Harbor politics in the house of state the conflagration of a Third World War is already smoldering in the basement. The public is fast asleep or unaware of its implications. I suggest that the AAAS take the lead in getting all state academies and science clubs to present the facts in terms of destruction by the atomic bomb to the public, labor organizations, American Legion, etc., furnishing them with a plan of action.

LYELL J. THOMAS

University of Illinois

An Appeal

We the undersigned, wives of American scientists, have read with interest and concern the "News from Abroad" in recent issues of *Science.* We want to help these scientists, victims of the Axis, and we suggest the desirability of supplementing the work of the established relief agencies by sending gift packages of clothing and food directly to individual scientists and their families. Some of us have already sent packages to friends whose present addresses are known, and the acknowledgments we have received leave no doubt of the urgent need which these packages are helping to meet. Used clothing and shoes are genuinely appreciated.

American scientists who would like to send packages to colleagues of the occupied countries may obtain names and present addresses from the Secretary of this group. It is suggested that you indicate the country of your greatest interest and the ages of the children for whom you can supply clothing. We have just received from the Netherlands the names of some forty families with suggestions as to what clothing, etc., would best help them. Warm clothing and shoes seem to constitute their greatest need.

A package sent *now* is worth six sent next spring.

LANGHORNE H. BRICKWEDDE, LOUISE MCD. BROWNE, EMILIE H. CONDON, LOLA S. DEMING, EDITH O. HENDRICKS, MILDRED R. MASI, GRACE H. RUARK, GRACE H. SMITH, *Secretary.*
National Bureau of Standards

Ch'ang Shan, a Chinese Antimalarial Herb

Ch'ang Shan, the roots of *Dichroa febrifuga* Lour., has long been used in China for malaria, but as far as we are aware, no scientific studies had ever been made on its antimalarial action until 1942, when a solid extract of this herb was tried on 13 clinical cases of tertian malaria. A dose of 0.03–0.06 gram of the extract (equivalent to about 7.5–15.0 grams of the crude drug) was administered by mouth twice or three times daily for an average of 5 days. In comparison with the results of 152 quinine-treated cases, Ch'ang Shan appeared to be as prompt as quinine in controlling the fever, but its antiparasitic effect was a bit slower, requiring one more day than quinine in converting positive smears into negative.

Both the antipyretic and antiparasitic effects of Ch'ang Shan were demonstrable in experimental animals. A simple decoction of the crude drug was able to reduce the febrile temperature of rabbits inoculated with *B. coli* vaccine. Chicks infected with *Plasmodium gallinaceum* run a course of malaria which is almost invariably fatal if not treated. Ch'ang Shan (1 gram/kgm.), given by stomach tube twice a day for 1 to 7 days, controlled the infection in all cases, as shown by the conversion of positive smears into negative and the prolongation of the survival periods. Such treatment did not, however, prevent relapses, which usually occurred sooner or later. In doses of only about one-fifth that of Ch'ang Shan, the leaves of the same herb (Shuu Chi) were found equally effective.

In the Chinese Book of Herbs (*Pen Ts'ao Kang Mu*), Ch'ang Shan belongs to the category of poisonous herbs. Nausea and vomiting were, however, the only toxic reactions observed in our clinical cases. Acute toxicity tests were made on 5 dogs, 37 ducklings, and 56 chicks, L.D. 50 being 20 grams/kgm. (approximate), 22 grams/kgm., and 14 grams/kgm., respectively. Fatal doses of Ch'ang Shan produced in dogs intense congestion with numerous hemorrhagic patches throughout the whole gastrointestinal tract. Aside from some congestion, no specific lesions were found histologically in the liver, spleen, and kidneys.

With a view to isolating the active principle or principles, our chemical studies were checked at every step by testing on chicken malaria. Up to the present time we have succeeded in isolating from both Ch'ang Shan and Shuu Chi four crystalline substances. Two of these are neutral principles: Dichrin A (m.p. 228–230° C.) and Dichrin B (m.p. 179–181° C.); the other two are alkaloids: Dichroine A (melting at 230° C. with decomposition) and Dichroine B (melting at 237–238° C. with decomposition). In the doses tried, only Dichroine B was found to be effective for chicken malaria, while the other three were all inactive.

C. S. JANG, F. Y. FU, C. Y. WANG, K. C. HUANG, G. LU, and T. C. CHOU

Pharmaceutical Laboratory,
National Institute of Health,
Chungking, China

图 2　张昌绍和赵承嘏等关于常山提取物临床试验和初步活性
成分的研究论文发表于 *Science* (1946, 103:59)

性评价。在这样的条件下取得国际一流的成绩,简直是个奇迹,一定是有一种特殊的精神力量在支撑着(这里不展开了)。这一研究的另一个产物是培养了高水平人才:张昌绍的助手周廷冲后来成为我国著名的生化药理学家,在生物活性因子的分子生物学

No. 4089 March 13, 1948   NATURE

Pharmacology of Ch'ang Shan (Dichroa febrifuga), a Chinese Antimalarial Herb

FOR centuries in China the roots (Ch'ang Shan) and the leaves (Shuu Chi) of *Dichroa febrifuga*, Lour. have been used against malarial fevers. In our first report[1] in 1943, it was recorded that a crude extract of this root had been effectively used on clinical cases of tertian malaria. Then in 1945, when *Plasmodium gallinaceum* became available to us, we found that the crude extracts of both the root and the leaves of *D. febrifuga* were also effective for chicks infected with *P. gallinaceum*, the leaves being about five times as active as the roots. An alkaloidal fraction of the root exhibited a marked antimalarial activity, but of the three alkaloids, *F* (later called dichroine *A*), *G* and *I*, and two neutral principles, *E* (later dichrin *A*) and *H* (later dichrin *B*), none was found active[2]. In the following year we announced the isolation of an active alkaloid, dichroine *B*, melting at 237–238° C. with decomposition (considered as hydrochloride at first, later identified as dihydrochloride). It was effective against chicken malaria in intramuscular doses of 2–4 mgm./kgm. twice or thrice a day[3]. The empirical formula of dichroine *B* was first reported as $C_{14}H_{19}O_3N_3$[4], and later as $C_{16}H_{21}O_3N_3$, when purer batches were examined[5]. As reported to the general conference of the Chinese Physiological Society on May 14, 1947, we have thus far isolated from Ch'ang Shan altogether five alkaloids and two neutral principles. Among the five alkaloids, dichroine *A*, dichroine *B*, dichroine *C*, dichroidine and quinazolone (4-keto-dihydroquinazoline) were soon found to be isomers mutually convertible under certain conditions. In conformity with the conventional nomenclature of isomers, they have been, thenceforth, called dichroine-α, dichroine-β, and dichroine-γ respectively[3]. With the probable exception of dichroine-α, all these alkaloids are more or less effective against *P. gallinaceum* infection in chicks, their antimalarial activity being in the descending order as follows : dichroine-γ, dichroine-β, dichroidine and quinazolone. From analytical studies of the oxidation products of dichroine-α, it is apparent that the dichroine isomers are quinazoline derivatives. Of the two neutral principles, dichrin *A* and dichrin *B*, the first has been identified as umbelliferone. In the accompanying table, the chemical and pharmacological properties of these seven substances from *Dichroa febrifuga* are summarized.

Principle	Formula	M.p.	L.D.50, toloc. I.V. (mgm./kgm.)	Antimalarial activity, *P. galli-naceum* (mgm./kgm.)
Dichroine-α	$C_{16}H_{21}O_3N_3$	136	18·5	Ineffective up to 8 mgm.
Sulphate	"	230*†		
Hydrochloride	"	210†		
Dichroine-β	"	146	4·6	4
Hydrochloride	"	219†		
Sulphate	"	224†		
Dichroine-γ	"	161	5·0	1
Hydrochloride	"	219†		
Dihydrochloride	"	188†		
Sulphate	"	204†		
Dichroidine	$C_{16}H_{19}O_2N_3$	215		Effective 40
Quinazolone	$C_8H_6ON_2$	212		
Hydrochloride		250		
Dichrin *A* (Umbelliferone)		228–230		Ineffective up to 8 mgm.
Dichrin *B*		179–181		Ineffective up to 8 mgm.

* Crystallizing from water. † Melting with decomposition.

We also wish to state that another Chinese herb, Tou Ch'ang Shan, exhibits potent antimalarial action on chicken malaria. This herb has been tentatively identified as *Hydrangea umbellata*, Rheder., belonging to the same family (Saxifragacea) as *Dichroa febrifuga*. Its active fraction has been found to be also alkaloidal in nature, and several crystalline alkaloids have been isolated.

C. S. JANG
F. Y. FU
K. C. HUANG
C. Y. WANG

Pharmacological Laboratory,

图3　张昌绍关于常山有效成分抗疟作用的药理学研究
结果发表于 *Nature*(1948,161:400‐401).

研究方面成就很大,首次阐明梭曼膦酰化乙酰胆碱酯酶的老化机制,证明梭曼膦酰化酶老化的实质是毒剂残基上特己氧基的去烷基反应,从而为毒剂防治指明了方向,1980年当选为中国科学院院士(时称"学部委员")。赵承嘏的助手高怡生被他派往英国牛津大学留学,主攻有机合成,后成为我国著名药物化学家和天然有机化学家,领导完成了复杂天然产物美登素的全合成,在肿瘤化疗药物研究方面有较高的造诣,1980年当选为中国科学院院士,任上海药物所第二任所长。因此,这一研究工作实现了"基础研究、新药研发、国内外合作和人才培养"四位一体的目标,这是上海药物所相当一段时间内的发展模式。

赵承嘏和张昌绍的合作和友谊一直维持到"文化大革命"初期两位老先生去世。上海医学院和上海药物所原来仅隔一条肇嘉浜路,两家单位的科研人员和学生交往密切。赵承嘏还聘用张昌绍为药物所的学术委员会主任,他教的学生邹冈(1980年评为中国科学院院士)、李晓玉(药物所研究员,免疫药理学专家)等后分配到药物所工作;张昌绍指导过药物所很多研究人员,金国章(2001年评为中国科学院院士)、池志强(1997年评为中国工程院院士)等均受到了张昌绍的指导。两位老先生开创的四位一体发展模式在药物所得到了发扬光大,对今天药物所的发展依然具有指导作用。今天药物所的发展模式是"基础研究、技术发展、新药创制、转移转化和人才培养"五位一体,"转移转化"是原先"国内外合作"的拓展,"技术发展"是根据目前药物研发的趋势新增的。

70年前,赵承嘏和张昌绍的合作研究,论文发表于 Nature、Science、JACS 等杂志上,用今天的评价标准来看,非常高大上。更重要的是他们开创了用现代化学和药理学研究中药的策略、方法和技术体系,这也为523项目的实施以及屠呦呦获得诺贝尔奖奠定了重要的基础。饶毅教授曾经评价这项工作:"尽管(常山碱)存在催吐的副作用未被广泛使用,但从中药中找抗疟药的整套研究思路和方法,在20世纪六七十年代依然被重复运用。"

对上海药物所的科研人员来说常山的开发利用一直没有停止。白东鲁(曾任上海药物所第四任所长)和王逸平(上海药物所研究员)合作,对常山碱进行了系统的结构改造和药理评价,获得了抗心律失常药物——硫酸舒欣啶,现已经进入Ⅱ期临床试验,并与国际公司合作在美国开展临床试验。

赵承嘏老先生给上海药物所遗传的基因,特质优秀,在新的时代,将向更好的方向进化。然而,有一特质一定是保守的,即"寻找治疗疾病的新药,为人民解除病痛"。

2016年6月8日晨于上海

上海药物所 GPCR 研究的又一黄金时期到来

2013 年 9 月 12 日，美国《科学》杂志-美国科学促进会（*Science*-AAAS）在中国科学院上海药物研究所召开新闻发布会，介绍上海药物所吴蓓丽研究员研究组在趋化因子受体 CCR5 结构生物学领域取得重大突破性进展，相关研究成果发表在 *Science* 上。在本次新闻发布会上，蒋华良院士宣布药物所 GPCR 研究新的黄金时期已经到来。

中国科学院上海药物研究所自建所以来，一直致力于基于中国特有的中草药及天然产物的新药研发工作，药物所的创始人兼首任所长赵承嘏院士即为该领域的先驱者。20 世纪 20 年代，赵先生针对具有镇痛活性的传统中草药延胡索开展研究，希望可以确认其镇痛活性成分。经过八年（1928—1936）的艰苦研究，赵先生得到了 13 种延胡索成分生物碱样品晶体。然而，受制于当时的科技水平，缺乏合适的药理筛选模型，仍无法确认其具体活性成分。直到约 25 年后，药物所的金国章院士和胥彬先生等科学家又经过八年（1956—1964）的潜心钻研方才确认了延胡索中镇痛活性成分为左旋四氢巴马丁（罗通定，l‑THP）。金先生还发现，l‑THP 可拮抗单胺受体活性，因此除镇痛作用外还具有安定作用。1964 年，L‑THP 作为镇痛药物经药监局批准上市。基于对 l‑THP 构效关系及其分子药理学的研究，金先生又发现了包括四氢小檗碱、左旋千金藤啶碱等在内的一系列小檗碱类天然产物的作用机制。特别是 20 世纪 80 年代发现的可用于治疗精神分裂症的小檗碱类化合物，通过分子药理学研究，发现其可以调节包括多巴胺受体和 5-羟色胺受体在内的多个 G 蛋白偶联受体（GPCR）活性，这些研究成果为抗精神分裂症和抑郁症的药物研发奠定了坚实的基础。

20 世纪 80 年代，池志强院士领导的科研小组在上海药物所开展以阿片受体为靶点的镇痛药物研究工作，他们发现了一种极其强效的镇痛药羟甲芬太尼（β-羟基-3-甲基），该配体分子可与阿片受体选择性特异结合。因此，药物所具有丰富的 GPCR 研究历史，包括其天然产物配体的发现及新药研发。

20 世纪八九十年代，随着分子生物学的发展，GPCR 受体分子的研究迎来了革命性的突破。然而，由于 60 年代的历史背景和老一代科学家的退休，药物所的 GPCR 研究及相关药物研发工作错过了此黄金时期。2007 年以来，上海药物所陆续有多个研究组重新开始了 GPCR 药理学研究并建立了一系列的筛选模型。在此期间，我们目睹了 GPCR 结构生物学的飞速发展，药物所的领导班子意识到，我们亟须引进 GPCR 结构生物学人才。幸运的是，2010 年，徐华强博士受聘于药物所筹建 GPCR 结构生物学平台；2011 年，两位年轻的 GPCR 结构生物学家吴蓓丽博士和赵强博士加盟药物所；同时，他们的导师——国际 GPCR 结构生物学领军人物——Raymond C. Stevens 教授也以客座教授身份加盟药物所。药物所 GPCR 结构生物学研究在 Stevens 教授和徐华强研究员的指导下，通过与药物所药物化学家、药理学家和计算生物学家的密切合作，取得了飞速发展，仅用了两年时间就取得重大科研成果，其中 Stevens 教授和徐华强教授合作解析了两个 5-羟色胺受体结构，相关成果于今年 3 月以背靠背（Back-to-Back）的形式在《科学》杂志发表两篇论文；Stevens 教授和王明伟教授合作解析的胰高血糖素受体结构，相关科研成果发表于《自然》杂志。

今天，我们正在见证 GPCR 研究的又一重要事件——吴蓓丽研究员及其研究团队即将在《科学》杂志发表趋化因子受体 CCR5 与艾滋病毒抑制剂马拉维若复合物的 X 射线晶体结构。对于这一里程碑式的成果，我深感欣慰。首先，我为青年人才吴蓓丽研究员在药物所获得的成功感到高兴,药物所一直努力为青年科技人才提供良好的学术环境;同时,我也为我和我的团队可以有幸利用我们的计算模型直接参与此项研究工作而感到高兴。本项研究成果将加速抗艾滋病毒药物的研发。在药物所,我们多方紧密协作,在 CCR5 结构解析过程中,柳红研究员的科研团队和谢欣研究员的科研团队合成并筛选了多种配体分子以稳定 CCR5 蛋白分子结构;吴蓓丽研究员的科研团队获得 CCR5 的结构数据后,我们又立刻开始了基于 CCR5 结构的药物设计、合成及新化合物的筛选。由于这种紧密高效的合作,目前我们已经获得了数种抗艾滋病毒感染的先导化合物,且其抗病毒功效优于目前临床使用的药物马拉维若。

现在,我很高兴地看到,药物所 GPCR 研究的辉煌再次重现! 我们将不负老一辈科学家的期望,努力工作,传承药物所 GPCR 研究的光辉成就并将其发扬光大。今天,我希望大家可以在这里共同见证上海药物所 GPCR 研究和药物研发的另一个黄金时代的开始,未来药物所的 GPCR 研究将更加激动人心!

2013 年 9 月 12 日

G 蛋白偶联受体(GPCR)研究的黄金时代

——在中国科学院上海药物研究所、上海科技大学和复旦大学关于"多项 G 蛋白偶联受体(GPCR)重大科研成果"联合新闻发布会上的发言

2017 年 5 月 17—18 日,出自上海科创中心建设核心区——张江高科技园区科研团队的多项 G 蛋白偶联受体(GPCR)重大科研成果集中亮相。由中国科学院上海药物研究所、上海科技大学 iHuman 研究所领衔,复旦大学药学院合作的科研成果分别在国际顶级学术期刊《自然》(*Nature*)和《自然通讯》(*Nature Communications*)上发表。5 月 17 日上午,在三方联合举行的新闻发布会上,蒋华良院士代表中国科学院上海药物研究所发言,回顾了上海药物所 GPCR 的研究历史,并展望未来。蒋先生表示,"我们永远感激赵承嘏和金国章等老一辈药物所人给我们留下的宝贵财富。我们将不负老一辈科学家的期望,努力工作,传承药物所 GPCR 研究的光辉成就并将其发扬光大,也为上海建设具有全球影响力科创中心作出更大的贡献"。

2017 年 5 月 17—18 日,出自上海科创中心建设核心区——张江高科技园区科研团队的多项 G 蛋白偶联受体(GPCR)重大科研成果集中亮相。中国科学院上海药物研究所领衔的科研团队成功解析人源胰高血糖素受体(GCGR)全长蛋白的三维结构,揭示了该受体蛋白不同结构域对其活化的调控机制;上海科技大学 iHuman 研究所领衔的科研团队成功解析人源胰高血糖素样肽 1 受体(GLP‐1R)七次跨膜区晶体结构,

揭示了其别构调节机理。这两项成果同时于北京时间 5 月 18 日凌晨在国际顶级学术期刊《自然》(Nature)上在线发表。此外,iHuman 研究所领衔的科研团队成功解析了人源 Smoothened(平滑)受体的多结构域三维结构,这项成果于北京时间 5 月 17 日傍晚在知名学术期刊《自然通讯》(Nature Communications)上发表。复旦大学药学院是上述三项科研成果的主要合作单位。2017 年 5 月 17 日上午,中国科学院上海药物研究所、上海科技大学和复旦大学联合举行了新闻发布会,我代表中国科学院上海药物研究所发言,回顾了上海药物所 GPCR 的研究历史,并展望未来。

2013 年 9 月 12 日,吴蓓丽研究组在趋化因子受体 CCR5 结构生物学领域取得重大突破性进展,相关研究成果发表在《科学》(Science)上,美国《科学》杂志—美国科学促进会(Science-AAAS)在中国科学院上海药物研究所召开新闻发布会,我发言的题目是《上海药物所 GPCR 研究的又一黄金时期到来》。经过近四年的发展,上海药物所、上海科技大学以及上海科创中心张江核心区的相关研究院所真的进入了 GPCR 研究的黄金时代。因此,我今天的发言题目为"GPCR 研究的黄金时代"。

中国科学院上海药物研究所自建所以来,一直致力于基于中国特有的中草药及天然产物的新药研发工作,药物所的创始人兼首任所长赵承嘏院士即为该领域的先驱者。1914 年,赵承嘏先生在日内瓦大学获得博士学位,他是我国第一个化学博士,他博士论文的题目是《天然产物紫堇碱的全合成》。后来发现,紫堇碱即是赵先生长期研究的中药延胡索中的一个天然产物——延胡索甲素,而延胡索甲素也属于小檗碱类似物。可以说,赵先生的博士论文开启了上海药物所以小檗碱为骨架的百年新药研究历史。20 世纪 20 年代,赵先生针对具有镇痛活性的传统中草药延胡索开展研究,希望可以确认其镇痛活性成分。经过八年(1928—1936)的艰苦努力,赵先生得到了 13 种延胡索成分生物碱样品晶体。然而,受制于当时的科技水平,缺乏合适的药理筛选模型,仍无法确认其具体活性成分。直到约 25 年后,药物所的金国章院士和胥彬先生等科学家又经过八年(1956—1964)的潜心钻研方才确认了延胡索中镇痛活性成分为左旋四氢巴马丁(小檗碱类似物)(罗通定,l-THP)。金先生还发现,l-THP 可拮抗单胺受体活性。因此,罗通定除镇痛作用外还具有安定作用。1964 年,l－THP 作为镇痛药物经药监局批准上市。基于对 l－THP 构效关系及其分子药理学的研究,金先生又发现了包括四氢小檗碱和左旋千金藤啶碱等在内的一系列小檗碱类天然产物的作用机制。特别是 20 世纪 80 年代发现的可用于治疗精神分裂症的小檗碱类化合物,通过分子药理学研究,发现其可以调节包括多巴胺受体和 5－羟色胺受体在内的多个 G 蛋白偶联受体(GPCR)的活性,这些研究成果为抗精神分裂症和抑郁症药物的研发奠定了坚实的基础。

20 世纪 80 年代,池志强院士领导的科研小组在上海药物所开展以阿片受体为靶点的镇痛药物研究工作,他们发现了一种极其强效的镇痛药羟甲芬太尼(β－羟基－3－甲基),该配体分子可与阿片受体选择性特异结合。因此,上海药物所具有丰富而悠久的 GPCR 研究历史,包括其天然产物配体的发现及新药研发。

20 世纪八九十年代,随着分子生物学的发展,对 GPCR 受体分子的研究迎来了革命性的突破。然而,由于 20 世纪 60 年代的社会变化和老一辈科学家的退休,药物所的 GPCR 研究及相关药物开发错过了这个黄金时期。自 2002 年以来,上海药物所陆续有多个研究组重新开始了 GPCR 药理学研究并建立了一系列的筛选模型,特别需要指出的是,2007 年王明伟研究组报道了第一个胰高血糖素样肽－1 受体(GLP－1R)的小分子激动剂 Boc5,引起了靶向 GLP－1R 抗 2 型糖尿病小分子药物开发的热潮。在此期间,我们目睹了 GPCR 结构生物学的飞速发展。药物所的领导班子意识到,我们亟须引进 GPCR 结构生物学人才。幸运的是,徐华强博士于 2010 年受聘于药物所筹建 GPCR 结构生物学技术平台;2011 年,两位年轻的 GPCR 结构生物学家吴蓓丽博士(今天的主角之一)和赵强博士加盟药物所;同时,他们的导师,国际 GPCR 结构生物学领军人物——Raymond C. Stevens 教授(现为上海科技大学 iHuman 研究所所长)也以客座教授身份加盟药物所。药物所 GPCR 结构生物学研究在 Stevens 教授和徐华强研究员的指导下,通过与药物所的药物化学家、药理学家和计算生物学家的密切合作,取得了飞速发展,仅用了六年不到时间就取得了一系列重大科研成果,与 iHuman、美国 Scripps 研究所和美国南加州大学等国内外研究机构合作,主导测定了 CCR5、GCGR、GLP‐1R 和嘌呤能受体等 9 种与免疫、神经、代谢性和心血管疾病密切相关 GPCR 晶体结构,实现了我国 GPCR 晶体结构测定零的突破,使我国 GPCR 结构生物学研究迅速达到国际先进水平,为靶向 GPCR 的创新药物研发奠定重要基础。相关研究结果已在国际顶级期刊《自然》和《科学》上发表论文十余篇,在国际学术界和医药界产生了广泛的影响。

在 GPCR 结构与功能研究的基础上,我们很快开始了靶向 GPCR 的药物研发工作。例如,吴蓓丽等解析 CCR5 晶体结构后不久,上海药物所柳红、谢欣、蒋华良以及中科院昆明动物所郑永唐研究员等,综合运用药物设计、药物化学、药理学和病毒学等学科交叉的优势,紧密高效合作,迅速获得了全面进入临床前研究的药物候选物,其抗HIV 活性和生物利用度等成药性指标均优于目前临床使用的药物马拉维若。上海药物所已经与一家制药公司初步达成转让协议。

在金国章先生提出的"调节包括多巴胺受体和 5‐羟色胺受体在内的多个 G 蛋白偶联受体(GPCR)"机制的基础上,沈敬山和蒋华良等发现了药效、毒性和代谢等性质全面优于全球销售额最高的抗精神分裂症药物阿立哌唑的候选药物,完成了临床前研究,于今年 3 月获得临床批件,并实施了技术转让。

我们永远感激赵承嘏和金国章等老一辈药物所人给我们留下的宝贵财富。基于小檗碱类天然产物的药物研发,药物所不断有新的发现和进展。柳红、蒋华良、谢欣、华东理工大学李洪林教授和 UCSF 的 Brain Shoichet 教授等合作,发现小檗碱类化物具有拮抗 α1A 肾上腺素受体活性,经过结构优化,获得了 α1A‐肾上腺素受体选择性拮抗剂,并在此基础上研发出抗前列腺增生候选药物,即将完成临床前研究,并与一家制药公司签订了技术转让协议。〔注:小檗碱类化合物的作用于 α1‐肾上腺素受体由我原来的博士后李洪林(现为华东理工大学教授)与 UCSF 的 Brain Shoichet 教授计算获得,后发现金国章先生与韩启德先生合作在 1980 年代已经发现小檗碱能与 α1R 结合,但不知道有拮抗作用。〕

上海药物所"GPCR 结构与功能关系研究及其相关药物研发"被评为中国科学院"十二五"35 项标志性成果之一,并参加了去年的全国科技大会展览。

今天,我们又见证了 GPCR 研究领域的又一重要事件。吴蓓丽、王明伟、蒋华良及其研究团队在《自然》杂志发表国际上第一个全长 B 型 GPCR 晶体结构—胰高血糖素受体(Glucagon receptor, GCGR)全长蛋白的三维结构,这一研究揭示了该受体不同结构域对其活化的调控机制。上科大 iHuman 研究所所长 Raymond C. Stevens 教授,中科院上海药物所研究员、复旦大学药学院院长王明伟研究员和上科大 iHuman 研究所副所长刘志杰教授及其领导的科研团队也即将在《自然》杂志上发表高分辨率 GLP-1R 跨膜区的晶体结构。这些成果都有助于深入认识 GPCR 超家族蛋白结构与功能的关系,为 2 型糖尿病等重要疾病的药物研发提供了新的思路。

上海药物所已经形成了 GPCR 结构测定、功能研究和药物研发三位一体的技术平台和研究队伍,建立了"中国科学院受体结构与功能研究重点实验室"(2015 年被科学院评为优秀重点实验室,2016 年获得上海市五一劳动奖状),还订购了低温冷冻电镜等今后结构生物学研究必备的仪器设备。未来,我们将继续与 iHuman 研究所和复旦大学药学院等国内外学术机构和制药公司紧密合作,在 GPCR 结构与功能研究的基础上,将更多的人力、物力和财力投放到靶向 GPCR 的新药创制中。其中一个重点攻关的任务是尽快发现成药性好、能进入临床研究的 GLP-1R 小分子激动剂,这是药物研发领域的一个重大挑战。

成绩属于过去,创新才是未来。我们将不负老一辈科学家的期望,努力工作,传承药物所 GPCR 研究的光辉成就并将其发扬光大,也为上海建设具有全球影响力科创中心作出更大的贡献。

2017 年 5 月 17 日

继承和发扬传统文化是创新发展的驱动力

——在复旦大学出土文献与古文字研究中心授予翟立博士名誉教授仪式上的发言

尊敬的裘锡圭先生，各位领导和嘉宾，先生们、女士们：

今天我非常高兴，也非常荣幸，参加复旦大学出土文献与古文字研究中心授予翟立女士名誉教授仪式。

翟立女士是我的挚友和合作者，当她不久前邀请我在今天的名誉教授授予仪式上致辞时，我便欣然答应了。这给了我一个机会，一个对裘锡圭先生等研究出土文献与古文字专家们致敬的机会，一个对翟立女士致敬的机会，也是我发表一点肤浅感想的机会。

中国虽历经磨难，但依然作为一个基本统一的国家存在，文字的作用是重要的因素，甚至可能是决定性的因素。夏商周时期我国就有了统一的语言，秦始皇统一中国后，又实施了"书同文"，即文字的统一。"书同文"是我国民族融合、国家统一的基础，我们每天都要面对中文文字，每天输入我们大脑中最大的信息量是中文文字，这在潜移默化中，增强了我们对"中国"的认同感。基于此，中国永远不会分裂。

然而，当今文字也面临重重危机。第一重危机，大多数人不会写字了。汉字是一种书写的文字，需要用笔写在纸上，才能体会文字的含义、美感和其特殊的魅力。由于科技的发展，我们现在更多地使用电脑和手机等通信工具，每天都在打字，很少写字，我们写字的功能正在丧失。我也曾写过一篇短文——《写好字》，呼吁大家重视写字。

第二重危机,很少有年轻人喜欢从事文字工作,以研究文字为职业。这些既不利于中国传统文化的挖掘和继承,也危及立国之本。

裘锡圭先生领导的复旦大学出土文献与古文字研究中心所担当的正是这一重任。中心的专家、学者和学生,甘于清贫,在当今经济利益为重的社会发展洪流中,偏安一角,从出土文献中挖掘文字的信息,续接断代的历史,为中华民族的发展提供有益的启示。我对他们表示崇高的敬意!

经济的发展最终是为了社会的发展和人类的进步。翟立女士是成功的企业家和投资人。近年来,她及她的公司在积极支持科技创新和创业的同时,竭尽全力支持中国传统文化事业。她支持复旦大学出土文献与古文字研究中心的发展即是一个典型的例子,虽力量有限,然意义重大,为我们树立了榜样。如果有更多的人像翟立女士一样,支持中国传统文化事业的发展,我国跨越发展的根基才会更加坚实,中华民族的复兴之路才能更加通畅。在此,我也对她表示崇高的敬意!

我希望有更多的年轻人加入中国传统文化和文字研究队伍,更多的社会力量支持中国传统文化事业的发展。

科技与文化是相通的。作为一个科技工作者,不仅要掌握知识和技能,也要有一定的文化。屠呦呦女士获得今年的诺贝尔生理学或医学奖,体现了中国传统文化的作用。20 世纪 60 年代中期,印度战争不断升级,应越南领导人的要求,毛主席、周总理指示有关部门把解决热带地区部队遭受疟疾侵害,严重影响部队战斗力、军事行动等问题,作为一项紧急援外、战备重要任务立项,由军队和地方的 60 多家科研院所和企业 500 多人组成了研发团队,联合攻关,寻找抗疟新药。东晋医药学家葛洪所著《肘后备急方》中有关于青蒿治疗疟疾的描述——"青蒿一握,以水一升渍,绞取汁,尽服之",受此启发,屠呦呦等从我国特有药用植物黄花蒿中发现了抗疟新药青蒿素,并在此基础上发展出蒿甲醚等抗疟良药,拯救了成千上万的生命。这是我国中药文化对人类的贡献。其实,中国文化与中国科技一直是同步发展的。屠呦呦女士获奖后,网上盛传与她名字有关的《诗经·小雅》中的一首诗《鹿鸣》,即描述了三种药用植物——蒿、苹、芩。《诗经》中共出现200多种植物，大部分有药用价值。《红楼梦》中出现单味中药20余种，方剂20余剂，均具有较高的实用价值。

中医药是我国特有的传统文化，中医药的发展离不开出土文献。青蒿治病的最早记载出现在西汉时期编著的《五十二病方》中，《五十二病方》是从马王堆出土文物中发现的。研究中医药，离不开出土文献，必须理解古文字。由于理解的偏差，许多中药古方已经失传，或不知其真正的含义。因此，我今天提的第二愿望是，裘先生领导复旦大学出土文献与古文字研究中心能开辟新的研究方向——与中医药大学合作，开展中医药出土文献和古文献研究，培养高水平人才。或许对一个中医药古文献中一句话，甚至一个字的准确理解，即能为人类创制一种治疗疾病的良药。

一个研究机构的发展，也需要有文化积淀和底蕴。一个重视文化建设的研究所，发展的理念和策略会更加出色。中国科学院上海药物研究所成立于1932年，创始人赵承嘏先生出生于中药铺主家庭，自幼努力学习经史之义，清末考中秀才，毕生喜爱国学和书法。他弃文从理，留学英国和瑞士，1914年获得博士学位，是我国第一个化学博士。回国后，他开创了用西方的化学技术研究我国的传统中草药，为我国药学事业作出巨大贡献。赵承嘏先生重视中国传统文化，当年来药物所应聘的面试者，他都首先考写毛笔字，在科学成绩相当的情况下，优先录取毛笔字写得好的大学生。重视文化建设这一优良传统被一代又一代药物所人继承，我所每年都会举办文化节，平时举办各种文化活动，如中医药文化论坛、书法比赛、药膳比赛。科研与文化的交融，提高了药物所科技创新能力，加快了出新药的速度和质量，提高了科技转化的效率。

由于对中国传统文化对社会发展贡献的认同，我与我的同事才认识了翟立女士和她的丈夫史正富教授，上海药物所与翟立女士的同华投资才建立了合作关系。我所知道的翟立女士，首先是一位有文化修养的知识分子，其次才是一位企业家。这也是同华投资能成功的关键所在。翟立女士有社会使命感和责任心，是一个敢于担当的人。她很会经营和拓展公司的业务，但从不把盈利放在第一位。当她决定做一件事情时，首先考虑的是做这件事的社会价值和效益。正因为如此，药物所正在与同华合作，成立国科同华投资,专门投资药物所等科研院所的新药研发项目。国科同华投资采用的是从天使到创投再到产业的全链条投资模式,在促进科技成果转化、鼓励科研人员创业、营造科技创新的环境等方面,探索新的道路,建立一种新的文化。

我与翟立女士具有共同的价值观,即中国要创新发展,首先要继承和发扬中国的传统文化。正因为如此,才有今天的名誉教授授予仪式,以及我今天的发言。

谢谢大家!

2015 年 11 月 25 日

携手共进，山高水长

——复旦大学与中国科学院上海药物所共建药学院签约仪式发言

尊敬的许校长，各位领导和嘉宾，先生们、女士们：

今天是一个特别的日子，一个令人高兴的日子，也是必将载入复旦大学和中国科学院史册的日子。今天是我们两家合作签约的日子。我十分荣幸，代表上海药物研究所发言。我今天演讲的主题是"携手共进，山高水长"。

大家一听这题目，就知道我发言的立意，可能远不止从文字上所表达的意思。我相信，听完我的发言，我们两家单位的同事们会有新的体会和认识。

近半月来，我连续写了三篇文章，这三篇文章写作的起因是去年为纪念我所创始人赵承嘏先生诞辰130周年，我牵头整理赵老先生的生平材料，发现赵老先生留给了上海药物所宝贵的遗传基因，后面我会讲到，这基因中融入了复旦大学药学院的DNA序列片段。为了教育我自己以及后人，我写了三篇系列文章：《我们共同的基因——致上海药物所毕业的校友们》《上海药物所基因的特质（一）：继承传统，创新发展》和《七十年前中国科学家发表的 Science、Nature 和 JACS 文章—兼论上海药物所基因的特质（二）：四位一体的发展模式》。

昨晚我完成了第三篇文章，掩卷伏案，思绪万千。眼前出现了一幅生动的画面：赵承嘏和张昌绍两位老先生携手向我走来……其实，我们的合作早已开始，始于战火纷飞的抗战时期。今天,我愿意与大家一起分享赵承嘏和张昌绍①两位老先生在 1940 年代合作研发抗疟新药并取得举世瞩目成就的故事。

在历史长河中,疟疾曾被列为蹂躏人类时间最长的疾病,直到 20 世纪 80 年代,战胜疟疾一直是医学和药学领域的重要课题。20 世纪 40 年代,奎宁的抗药性已经显现,寻找新的抗疟药物是国际药物研发的热点和制高点之一。1942 年,中国药理学创始人之一张昌绍先生与赵承嘏先生合作,开展从中国传统中药中寻找抗疟药物的研究。1943 年他们发现常山的根(俗称常山)和叶(俗称蜀漆)有抗间日疟药效,论文发表在《中国天然药物杂志》上。接下来的六年(1943—1948),赵承嘏先生领导的化学团队和张昌绍领导的药理学团队进行了卓有成效的合作。赵承嘏等从常山的根和叶以及同科植物伞形绣球(中国绣球)中获得了常山碱(α、β 和 γ 三种)、常山素(A 和 B 两种)、伞形酮(7-羟基香豆素)和 4-喹唑啉酮等天然产物,化学研究工作发表了几篇文章,其中重要的一篇《中药常山中的抗疟成分》发表在《美国化学会志》(JACS)上。

1945 年,张昌绍先生等建立了鸡感染疟疾动物模型,极大地加快了抗疟药物的研发进程,发现常山素无抗疟活性,常山碱有抗疟效果,活性从强到低依次为常山碱 γ、α 和 β。我曾介绍赵承嘏博士论文是做延胡索甲素的全合成(见本系列文章之一《我们共同的基因——致上海药物所毕业的校友们》),他有深厚的化学功底。赵承嘏等对从常山的根中分离得到的天然产物进行了初步的化学研究,发现常山碱 γ、α 和 β 这三种异构体在适当的条件下可以相互转化。如上所述,当时抗疟药物的研发是国际新药研究的前沿,很多研究机构和研究小组在从事这方面的研究。Magidson 和 Yolovchinskaya 合成了一系列喹唑啉酮类化合物,发现了其中一些衍生物具有抗疟活性。赵承嘏等从常山中获得天然产物 4-喹唑啉酮,这一结果与 Magidson 和 Yolovchinskaya 的研究结果一致。

与此同时,他们还用常山提取物做了 13 例间日疟感染病人治疗的临床试验,取得

---

① 张昌绍先生:药理学家,中国药理学奠基人,毕业于上海医学院(复旦大学上海医学院前身)并留校任教工作。

了较好的效果:退热效果与奎宁相当,杀疟原虫效果比抗疟稍慢(慢一天左右)。这一研究结果在当时显示了较高的水平,研究结果发表在《科学》(Science)上。张昌绍等继续进行药理学研究,特别是对抗疟活性较高的常山碱 γ 的药理作用进行了详细探索,并发现了中国绣球的抗疟作用。这一研究结果发表在《自然》(Nature)上。

上述研究的另一个产物是培养了高水平的人才:张昌绍的助手周廷冲后来成为我国著名的生化药理学家,在生物活性因子的分子生物学研究方面成就很大,首次阐明梭曼膦酰化乙酰胆碱酯酶的老化机制,证明梭曼膦酰化酶老化的实质是毒剂残基上特己氧基的去烷基反应,从而为毒剂防治指明了方向,1980 年当选为中国科学院院士(时称学部委员)。赵承嘏的助手高怡生被他派往英国留学,主攻有机合成,后成为我国著名药物化学家和天然有机化学家,领导完成了复杂天然产物美登素的全合成,在肿瘤化疗药物研究方面有较高的造诣,1980 年当选为中国科学院院士,任上海药物研究所第二任所长。因此,这一研究工作实现了"基础研究、新药研发、开放合作和人才培养"四位一体的目标,这是上海药物所相当一段时间内的发展模式。

赵承嘏和张昌绍的合作和友谊一直维持到 20 世纪 60 年代两位老先生去世。上海医学院和上海药物所原来仅隔一条肇嘉浜路,两家单位的科研人员和学生交往密切。赵承嘏还聘用张昌绍为药物所的学术委员会主任,他教的学生邹冈(1980 年被评为中科院院士)、李晓玉(药物所研究员,免疫药理学专家)等先后分配到药物所工作;张昌绍指导过药物所很多研究人员,金国章(2001 年被评为中科院院士)和池志强(1997 年被评为工程院院士)等均受到了张昌绍的指导。

昨天我们举办了金国章 90 华诞庆祝会,金先生专门回忆他 1952 年来药物所工作,研发安定作用机制,请教张昌绍先生,老先生对他说,"发现新药是知其然,药物作用机制研究是知其所以然,药物研究的知其所以然可能更重要",这番话让金先生一辈子受用。

1960 年代,张昌绍带领邹冈从事神经药理学研究,发现吗啡脑内抑制疼痛的位点,在《中国科学》(英文版)等杂志上发表五篇论文。因当时中国处于"封闭"时期,不

然可以要发表 *Nature* 或 *Science* 文章，因为这一成果比国外科学家早了 10 年（同样的成果发表在 *Nature* 上），他们发表在《中国科学》（英文版）的那篇文章是 1965 年至 1995 年 30 年里疼痛领域引用最高的论文。

两位老先生开创的四位一体发展模式在药物所得到了发扬光大，对今天药物所的发展依然具有指导作用。今天药物所的发展模式是"基础研究、技术发展、新药创制、转移转化和人才培养"五位一体，"转移转化"是原先"开放合作"的拓展，"技术发展"是根据目前药物研发的趋势新增的。我想，这一镶嵌着复旦药物院 DNA 序列的发展模式也一定适合于复旦药学院。

70 年前，赵承嘏先生和张昌绍先生的合作研究，论文发表于 *Nature*、*Science* 和 JACS 等杂志上，用今天的评价标准来看，非常高大上。更重要的是他们开创了用现代化学和药理学研究中药的策略、方法和技术体系，这也为 523 项目的实施以及屠呦呦获得诺贝尔奖奠定了重要的基础。饶毅教授曾经评价这项工作："尽管（常山碱）存在催吐的副作用未被广泛使用，但从中药中找抗疟药的整套研究思路和方法，在 20 世纪六七十年代依然被重复运用。"

今天，我们站在了历史的新起点，创新驱动发展是当代科技发展所面临的主要任务。今天，我们签署这份《复旦大学与中国科学院上海药物研究所战略合作协议》具有十分重要的战略意义：它是一份体现创新、引领、共享、双赢和落地的文件；它积极响应习近平主席关于建设世界科技强国的伟大号召，围绕上海市打造具有全球影响力科技创新中心的战略目标，是对以张江地区为核心承载区构筑综合性国家科学中心任务的切实贯彻。

去年许校长带领复旦大学领导到科学院上海分院商讨战略合作，当时复旦大学正在招聘药学院院长，我在会上主动向许校长提出建议：上海药物所与复旦药物合作共建药学院，许校长建议由上海药物所研究员兼任院长，陈凯先院士和我不约而同推荐王明伟博士出任药学院院长。我与王博士商量的第一项合作计划就是依托联合培养，实施"拔尖创新人才计划"。这一计划是通过多途径筹措一定的研究生指标增量，双方利用部分增量来共同实施的,采取"4+2 本硕"与"4+4 本博"一体化培养模式。"拔尖创新人才计划"将由合作双方导师组成的"特聘教授组",选拔二年级优秀本科生(20—30名),建立"菁英班";由双方导师共同研讨制定培养方案,课程学习主要在复旦药学院完成,上海药物研究所导师参与教学活动。学生定期到双方单位相关实验室深入学习部分专业课和实践课,并开展科研实践、毕业设计及论文撰写。完成本科阶段的学习后,具有创新意识和科研探索精神的学生可通过考核进入"本硕"或"本博"一体化联合培养体系。"菁英班"实行动态管理模式,学习过程中允许学生重新选择进入普通药学班(不超过10%);同时普通药学班的优秀学生经"特聘教授组"考核后也可以进入"菁英班"学习。"拔尖创新人才计划"将由导师组统筹双方的资源和优势,精心制定高起点和高标准的培养方案;推行符合拔尖人才成长规律的管理制度、配套政策和操作办法。"拔尖创新人才计划"将注重培养研究生的批判性和创造性思维,激发创新创业的灵感;组织双方学科带头人和行业企业优秀人才联合编写具有科学性、先进性和适用性的创新创业教育教材;运用大数据技术,为研究生自主学习提供更加丰富的教育资源;改革考核方式,注重考查学生运用所学知识来分析和解决问题的能力和动手实践能力。"拔尖创新人才计划"将紧密结合双方单位的国家重大科研任务(如科技重大专项等),充分利用张江高科技园区创新资源聚集、生物医药创新链完善、科技创新体制机制灵活的优势,多渠道筹措资金支持创新创业教育教学;设立创业风险基金,鼓励品学兼优且具有较强科研潜质和探索精神的研究生创办小微企业或从事其他创新科研活动,培养和造就药学领域的领军人才。

我们讨论的第二个计划是共建药物研发创新平台。上海药物研究所将与复旦药学院共建由后者牵头申请成立的"复旦大学原创新药国际研究院"。目前,科学院和上海市正在积极推动张江国家实验室的建设,张江国家实验室将以上海光源、蛋白质科学设施、上海药物所药物研发平台等为核心,建设以新药研发和健康产业为出口、集生命科学基础研究、生物材料研发、新光源技术研发和应用为核心的综合性国家实验室,上海药物所是张江国家实验室的重要组织者和参与者,我们将积极推动复旦药物院参与国家实验室的建设。

回顾历史,我们拥有共同的根:复旦药学院成立于 1936 年(时为上海医学院药科),1950 年中法大学药科并入上海医学院药科。上海药物所成立于 1932 年,由国立北平研究院和中法大学联合创办。如果把单位比作人,我们两个单位体内流淌着共同的血液,有共同的遗产基因特质。我们的前辈张昌绍先生和赵承嘏先生,他们德高望重,高山仰止,为我国的药物研究和中药现代化奠定了基础,他们的合作也成为典范佳话。

让我们两家携手共进,共同发展,共创新的"山高水长"的合作典范。

2016 年 6 月 8 日晨于上海寓所

血浓于水

——中科院有机所建所 70 周年致辞

尊敬的各位领导,各位来宾:

首先我代表中国科学院上海药物研究所衷心祝贺中国科学院上海有机化学研究所建所 70 周年!

今天,群英荟萃,热烈庆祝中国科学院上海有机化学研究所建所 70 周年,我很荣幸应邀参加本次庆祝大会,并代表兄弟院所致辞。

回顾历史,才能有利于未来的发展。中科院上海有机所和药物所发展过程中曾经有过融合,这段融合史,是我们两所共同的基因,一直延续传承至今,并将继续传承下去。我今天的发言,主要讲述这段很少有人特别是年轻科技工作者知道的历史往事。

这段历史发生在我们两所的创始所长庄长恭先生和赵承嘏先生之间。上海药物研究所于 1932 年在北平建立,1933 年搬迁到上海,隶属于国立北平研究院。抗日战争期间,药物所以中法大学名义留在法租界内继续工作。1939—1942 年,长恭先生任药物所研究员,与赵承嘏先生建立了深厚的友谊。1942 年,庄长恭先生赴昆明担任国立北平研究院昆明药物研究所研究员和代所长。国立北平研究院的两个药物研究所,一南一北,遥相呼应。1945 年 10 月,抗战胜利后,庄长恭先生在重庆给赵承嘏先生写了一封信,并抄录了庄先生上海亲戚写给他的一首诗,表达了对国家命运的担忧以及对老朋友的思念之情:

作客天南应几秋，蓬飘又复到渝州。

天寒倍觉离家久，岁暮更添去国愁。

劫后乾坤余血泪，灯前身世等蜉蝣。

陪都叶落西风里，一夜相思已白头。

　　1949 年 11 月，新中国成立不久，在原中央研究院、北平研究院等研究机构的基础上成立了中国科学院。中国科学院效仿原中央研究院的做法，成立科学工作委员会，赵承嘏、庄长恭等都被聘为化学组委员。根据钱三强等人制定的研究所初步调整计划，中央研究院的化学研究所和药物研究所筹备处，以及北平研究院的化学研究所和药物研究所，合组为一个有机化学研究所，及一个物理化学研究室。所址设在上海。11 月 13 日，科学院副院长竺可桢至北平研究院结晶研究所与药物研究所，会见朱洗、陆学善及赵承嘏。竺可桢告诉他们："科学院接收人员旬日可到，但接收后未必即将各所归并，必须详加考虑，方始着手。"赵承嘏向竺可桢提及庄长恭："谓其有机化学之成就为国人第一，希望其能回药物所主持（工作），赵个人年迈（时年 65 岁），而曾广方则只宜做药厂，不宜研究，且他晚间仍忙于管理新亚药厂，实非所宜也。"1950 年 1 月 18 日，竺可桢先生与庄长恭先生交流，告以科学院拟定的调整化学所的方针，将原中央研究院的化学研究所、药物所筹备处、北平研究院的化学所及药物所合并为有机化学研究所，请他来主持（工作），另设理论化学研究室，由吴学周主持，地点定在上海。庄长恭先生赞同此项办法，但他以为应推赵承嘏先生出面主持。但赵承嘏先生年迈且因在日本占据时期有人疑心其与日本人合作（这实际上是一个冤案，还影响了他 1948 年中央研究院院士评选，后被澄清），故实不相宜为所长。

　　在中央研究院药学筹备处及其负责人曾广方的问题上，庄长恭与上海军管会文教会的李亚农出现分歧，3 月 20 日，钱三强与竺可桢谈各所所长问题，再与郭沫若商定，列上了药物化学研究所，所长赵承嘏，并拟曾广方为副所长。该名单旋即送文委转呈政务院请予任命。5月20日,正式任命名单中,唯有药物化学研究所未获通过。作为弥补,有机化学所设置药物化学研究室,赵承嘏任室主任,人员、经费等独立。11月20日,赵承嘏函请科学院将有机化学研究所"药物研究室"改为"药物研究所"。1951年9月24日,药物研究所筹备处成立,12月22日,临时院务会议通过赵承嘏担任筹备处主任,1953年药物所正式恢复成立。

1949年12月药物所编制了员工名册及财产清单,成员有研究员赵承嘏、庄长恭,副研究员高怡生,助理员翁尊尧,练习员王友梅,练习生吕荣清等。其中庄长恭请假,高怡生前往英国留学,全所实际仅四人。以前药物所所史是这样描述的:"新中国成立后,由于药物所在册人员仅四人,人数太少,被并入有机化学研究所。"实际的历史我刚才已经讲过了,在科学院决定建立有机所前,庄长恭先生是药物所的研究员。值得一提的是,1952年8月,中国科学院评定出首批特级研究员八人,两位老先生同时入选,其余六人为华罗庚、钱三强、贝时璋、钱崇澍、冯德培、赵忠尧。这批特级研究员资历深,学术成就突出,都是我国现代科学的主要奠基人或主要学术带头人,在科学界享有很高的声望,也比一级研究员和后来学部委员有更高的学术荣誉。1955年,庄长恭和赵承嘏两位老先生同时被选聘为中国科学院学部委员(院士)。1952年,在两位老先生的领衔下,有机所和药物所科研人员仿制出青霉素,技术工艺转给上海第三制药厂,在抗美援朝战争中挽救了大量志愿军战士的生命,立下赫赫战功(科学院院史档案中有记录)。

科学院药物所筹备处又设在新成立的有机所,并开始为药物所招聘人才,高怡生、嵇汝运、谢毓元、金国章、池志强等老一辈药物所科研人员首先在有机所工作,然后再转到药物所,我曾与唐勇所长说过,他们以及赵承嘏先生应该算是有机所的校友,当然庄长恭先生也应该算是药物所的校友。药物所的这些老先生与有机所的汪猷、黄鸣龙、黄耀曾、黄维垣、袁承业、周维善、蒋锡夔、陆熙炎、陈庆云、戴立信等老先生的关系都很好,后一辈的陈凯先、丁健、林国强等几位老师也保持良好的关系,这种友谊一直延续到我这一辈,例如岳建民和我与麻生明、丁奎岭、唐勇、马大为等关系也非常好,无论是科研工作还是管理工作,均相互借鉴,相互学习,相互帮助。令人欣喜的是,这种友谊还在延续,据我所知,药物所与有机所许多 PI 之间建立了合作关系。

这是一段药物所和有机所血浓于水的历史,这段历史也说明了所与所之间团结合作对所和事业发展的重要性,今天回顾一下,对我们两所未来的发展应该有所启迪。

"七十风华正是当年,扬帆起航再创辉煌。"再次衷心祝贺有机所建所 70 周年,祝福有机所明天更加美好!

谢谢大家!

2020 年 10 月 18 日

南京大学化学化工学院校友与中国科学院化学学科建设的关系

——南京大学化学化工学院建院 100 周年致辞

尊敬的各位领导,各位来宾,各位校友,南大化院的老师和同学们:

在这枫叶染红、梧桐色黄、丹桂飘香的金秋时刻,我们齐聚于母校南京大学,隆重庆祝南京大学化学化工学院建院(系)100 周年,大家的心情肯定与我一样,无比激动!感谢母校、母院给我机会,代表校友致辞!我代表全体校友衷心祝贺南大化院建院一百周年!我今天的发言主要讲述南京大学化学化工学院校友与中国科学院化学学科建设的关系。

"十年树木,百年树人。"一百年来,化院为祖国的各行各业培养了一批又一批杰出的人才,为我们国家的建设和发展作出重大贡献,这是我们校友们最值得自豪的地方。

南大化院 100 年的发展史,显示了其独特的培养人才的方式,她辉煌的教育史和高水平人才产出为人称道。我做了一些功课,并作了初步统计,化院校友中有中国科学院院士 50 余位,约占中科院化学部院士的四分之一。化院校友为中国科学院化学和生物化学学科建设作出重大贡献。1949 年 11 月,中国科学院成立,1950 年建立上海有机化学研究所,创始所长庄长恭院士曾于 1933—1934 年担任中央大学化学系教授兼理学院院长,第二任所长汪猷院士 1931 年毕业于金陵大学化学系,第九任所长丁奎岭院士也是南大化院校友;中科院化学所第一任所长曾昭抡院士 1926—1929 年在中央大学任教,并任化工科主任,第二任所长柳大纲院士 1925 年毕业于南京高等师范学校数理化学部,并留校任助教;大连化物所第一任所长屈伯川先生1931年毕业于中央大学化学系,第五任所长楼南泉院士1946年毕业于中央大学化工系,第六任所长、国家最高科技奖获得者张存浩院士1947年毕业于中央大学化工系;中科院上海生物化学研究所创始所长王应睐院士1929年毕业于金陵大学化学系。

我工作单位中国科学院上海药物研究所与南京大学化学化工学院也是渊源深厚。我国第一位化学博士、上海药物所创始所长赵承嘏院士1923年从法国回国工作的第一个单位是南京高等师范学校,任数理化学部教授,讲授工业化学课程,著名化学家吴学周院士和柳大纲院士等都曾经上过他的课,为母校化学化工学科建设作出贡献。据柳大纲院士回忆:赵承嘏针对20世纪初煤焦工业的兴起,着重讲授精细工业化学,给学生讲解从煤焦油出发的中间体及其含氮、硫、氧、氯衍生物的制备,并进一步讲述纯制方法以及合成染料、合成药物、消毒剂、炸药、照相药品的方法。为增进学生对化学应用的了解,赵承嘏还带着学生去上海参观化工厂、轮胎厂、天厨味精厂、搪瓷厂等,让学生们获得一套理论与实践结合的知识,课程设计巧妙而罕见,深受学生喜爱。1925年1月,东南大学因段祺瑞军阀政府介入而爆发校长易人风潮,竺可桢等著名教授均愤而辞职,赵承嘏也离开了东南大学,受聘于北平协和医学院,任药物化学教授兼药理系代主任,1932年9月担任国立北平研究院药物研究所(中科院上海药物研究所的前身)所长,1953年任中国科学院上海药物研究所所长。我所第二任所长高怡生院士1934年毕业于中央大学化学系,在庄长恭先生指导下完成毕业论文《甾体化合物的定性分析研究》,毕业后被推荐到国立中央研究院化学研究所任助理研究员,又在庄长恭先生的指导下,从事汉防己新生物碱防己诺林的结构研究,论文发表在《德国化学会志》;1940年,他随庄长恭先生进入国立北平研究院药物研究所,跟随赵承嘏先生从事天然产物化学研究,并与著名药理学家张昌绍教授合作,研究常山的抗疟有效成分,论文发表于《美国化学会志》(*J. Am. Chem. Soc.*);1978—1984年,高怡生院士任上海药物研究所所长,为药物所的发展和人才培养作出重要贡献,他的严谨作风也代代相传。我的博士研究生导师嵇汝运院士1937—1941年在中央大学化学系就学,1953年夏天自英国留学回国,入职中国科学院上海药物研究所,1978—1984 年曾任中国科学院上海药物研究所副所长,协助高怡生院士管理所的科研工作。

这些研究所从建所初期一直到现在,招聘了大批南大化院及其前身的毕业生从事相关研究工作,为科学院化学及其相关学科的发展作出了较大的贡献。1983—1987年,我在南大化院(时为化学系)学习 4 年,获得全面的化学知识,接受了系统的化学实验训练,为我个人的继续深造和工作打下了扎实的基础。南大深厚的历史和文化环境,扩大了我的视野,为我的科研和科技管理工作构筑了全面的知识结构和良好的思维能力。1995 年我在上海药物所获得博士学位留所工作至今,历任副所长、所长和学术委员会主任。

可以说南京大学及其前身南京高等师范学校、中央大学、金陵大学培养的化学化工人才,为中国科学院化学学科的建设和发展作出重要贡献,继而为我国化学、化工和药物领域的人才培养和科技发展作出重要贡献。我们全体校友对南大化院以及教过我们的老师们永远怀有感激之情,感恩之心。

再次衷心祝贺南京大学化学化工学院百年华诞! 祝愿母校、母院继承发扬百年传统,继续培养祖国需要的人才。

谢谢大家!

2020 年 10 月 24 日

寻梦新药　寄语青年

科研路是一条清寂的路,听上去美好,坚持做下去是一件不易之事。做科研就要耐得住寂寞,不要害怕坐冷板凳。我们在前面为年轻人铺路,摇旗呐喊,希望能有越来越多的人参与进来,为中国科研发展献计献力、奉献一生。

——引自《中国政协》20140213"为所崇尚的科学而努力"

在担任中国科学院上海药物研究所所长期间，蒋华良先生连续五年（2014 届、2015 届、2016 届、2017 届、2018 届）在研究生毕业典礼致辞，五年的发言主题连在一起，即"谈情说爱话缘言志讲信"。2014 届致辞，蒋先生说"爱"。他认为，导师的精心指导，家人的默默支持，同学之间的无私帮助，科研人员为科研事业辛勤耕耘、作出贡献，这都是爱。心中充满爱，勇于担责、敢于担当，中华民族伟大复兴的中国梦一定能实现。2015 届致辞，蒋先生谈"情"。他认为，情，表示做人做事要有激情，要有责任心。同学们一定要有高尚的情操，做高尚的人，豪情于国家民族，热情于工作，柔情于亲人、同事和朋友。2016 届致辞，蒋先生话"缘"。他表示，艰辛是一种缘，这种缘成就每个人的事业，也促进了家庭、社会的和谐发展。缘也代表着责任和担当，要珍惜缘分，珍惜一切。2017 届致辞，蒋先生言"志"。他嘱咐毕业生们，今后无论从事何种工作，均必须从头开始，一步一个脚印，踏踏实实地干，"励志冰檗"。对于帮助过自己的父母、老师、师兄弟姐妹们，应心怀感恩之情，"永志不忘"。2018 届致辞，蒋先生讲"信"。他认为，信是诚信之信，信誉之信，以及自信之信。作为科技工作者，要用一生的时间来建立自己优良的信誉，塑造自己诚实守信的优秀品行和人格魅力。同时，要把自信当作一种积极有为的力量，用以处理好工作生活中各种矛盾。

爱

——中国科学院上海药物研究所 2014 届研究生毕业典礼致辞

同学们、同学的亲人们、老师们：

此时此刻，我相信大家的心中一定蕴蓄着一种特别的感情或情感，一种用言语无法表达的感情或情感。我相信这种感情或情感中一定包含着一种特殊的成分，那就是"爱"。在今天这一对于同学们以及你们的家人和老师来说，非常庄严和神圣的时刻，在同学们即将离开生活学习多年的药物所的时刻，我最想送给大家的也是爱。因此，我想尝试着与今年毕业的研究生分享我对爱的理解。

什么是爱？爱是对事或人真挚的感情。是的，爱是人类情感中最美好的元素。

真正的爱，不需要豪情壮语，即使是真正的爱情，也不需用"海枯石烂，天荒地老"式的语言来表达，而是如绵绵细雨，润物无声。就如你们的导师平时对你们的教育，对你们的关怀，没有悦耳的语言，而是用精心的指教，使你们顺利完成了学业；又如你们的家人，默默地支持着你们，关注着你们，为你们解决了所有的后顾之忧；也如你们的师兄、师姐、师弟、师妹，用他们的知识、经验和技术，帮你们渡过一个又一个难关。这就是爱，一种无私的爱。你们在药物所辛勤耕耘，创造一个又一个成果，为药物所的发展作出了自己应有的贡献。这也是爱，这种爱造就了药物所的辉煌，也是药物所实现新药梦的基础。

爱是一种缘分。你们不能决定自己的生和死，但你们决定了与药物所的这份缘分。无论是推荐免试，还是参加研究生入学考试，你们通过自己的勤奋努力，选择来到药物所完成你们最终的学业。你们也就与药物所结下了一生不解的缘分。你们在药物所度过了人生中最美好的时光，你们把青春的一部分交给了药物所，你们与同学老师建立了深厚的友谊，你们甚至在药物所找到了另一半。这难道不是缘分吗？可以说这是一种前世修来的缘分，你们一定会因这份缘分而骄傲自豪的，药物所也一样为这份缘分骄傲自豪。因为这种缘分，药物所对待你们，一定会如母亲对待孩子一般呵护。"儿行千里母牵挂"，无论你们今后走到哪里，无论你们今后位置的高和低，无论你们今后生活的富和贫，药物所永远是你们的家，是你们避风雨的港湾。你们取得成就时，一定不要忘记将喜讯传来，药物所为你们高兴，为你们骄傲，为你们自豪；你们遇到困难挫折时，一定也告诉药物所，药物所尽力帮你们排忧解难。

爱是一份责任、一份担当。你们即将起帆远航，奔向新的前程。与在药物所学习相比，你们又多了很多责任。你们要成家立业，你们要孝敬父母，你们要关爱孩子，你们要做的事情很多很多⋯⋯你们一定要负起这些责任，做一个负责任的人。当然，这也是一份担当，更是一种爱。一个有担当有爱心的人，才能是幸福的人。乔布斯写给他妻子最后一封情书中有这样一段："We now know many of life's joys, sufferings, secrets and wonders and we're still here together."

我是这样翻译并解读的："生活，无论是快乐，抑或艰辛，我们都要幸福着过！"

今天，我把这句话送给你们。如果你们心中充满爱，一定会事业有成，一定会成为幸福的人。

试想一下，如果我们心中都充满爱，如果我们都是勇于承担责任，敢于担当的人，我们的社会将是怎样的社会？我们的国家将是怎样的国家？还何惧中华民族之伟大复兴的中国梦不能实现？

你们就要离开药物所了，我是多么地难以割舍，舍不得你们离去。你们也一定舍不得离去，舍不得与你们的老师和同学离别。我用 27 年前大学毕业时写给同学的离别词中的两句表达我此时此刻的心情，"无限相思无限愁，梦里几回泪相流"。有药物所的爱伴随着你们,尽管你们远在天涯,又何尝不是近在咫尺?

同学们,今后一定常回家看看。张江真是个好地方,药物所东迁张江以来得以快速发展,与张江的环境不无关系。同学们在此学习生活多年,是否注意到张江的景色?张江的景色是秀美的,我概括为"春开樱花秋海棠,夏树成荫冬梅香"。我设想一下:你们在一年四个不同季节回所的情景。如果你们春天回来,一定会看到科苑路两旁如云似霞的樱花,开出的又何尝不是药物所和你们的绚丽?如果你们夏天回来,一定会看到药物所周边的绿色,"绿树阴浓夏日长,楼台倒影入池塘",这又何尝不是药物所与你们之间的情深意长?如果你们秋天回来,一定会看到多姿多彩的海棠,"良宵更有多情处,月下芬芳伴醉吟",你们这时回来定会找回青春的感觉。如果你们冬天回来,迎接你们的是药物所满园飘香的腊梅。梅花是我最喜爱的花,我多说几句。宋代诗人陆游和伟大领袖毛主席都写过《卜算子·咏梅》歌颂她们,陆游歌颂她们是"零落成泥碾作尘,只有香如故",毛主席赞扬她们"待到山花烂漫时,她在丛中笑"。梅花,"虽无倾国艳,却有返魂香",这难道不是药物所人的品格吗?梅花的品格就是药物所人的品格,"高调做事,低调做人",这句话也送给你们。

最后,祝同学们事业有成,生活幸福!爱与你们同在,与大家同在!

情

——中国科学院上海药物研究所 2015 届研究生毕业典礼致辞

同学们、同学的亲人们、老师们:

大家上午好!

"梅子熟时栀子香"。又到了为毕业生举办典礼的季节了,我用一句禅语开头,祝福今年毕业的同学、你们的亲人和老师。

今天,我满怀激动与喜悦,也略有些伤感。为同学们完成学业取得成绩而高兴,也为同学们的离别而伤感。这是一种复杂的感情。因此,我今年给同学们谈"情"。在去年的研究生毕业典礼上,我说的是"爱",与今年的演讲主题连在一起就完善了,实实在在地谈情说爱。

情为何物?

我们总是狭隘地理解情,有些人把情理解为爱情或个人的各种感情。当我们面对"情为何物"这个问题的时候,脑子里就会出现由琼瑶小说改编的电视连续剧《梅花三弄》并由姜育恒唱红的主题曲中的两句:"问世间情为何物,直教人生死相许。"金庸武侠小说《神雕侠侣》中为情所困的李莫愁也常常会引用这两句。这两句出自金、元之际著名文学家元好问的词《摸鱼儿·雁丘词》。元好问从小天资聪颖,被誉为神童,但仕途不顺，多次参加科考未中。太和五年，他再一次参加科考，途中看到一个猎人将一对在天空翱翔的大雁射下一只，另一只在空中盘旋哀鸣，看到伴侣已死，便撞死在地上。他向猎人买下这两只大雁，葬于汾水之上，累石为识，号曰雁丘，并写下了这首著名的词：

问世间，情是何物？直教生死相许。天南地北双飞客，老翅几回寒暑。欢乐趣，离别苦，就中更有痴儿女。君应有语，渺万里层云，千山暮雪，只影向谁去？

横汾路，寂寞当年箫鼓，荒烟依旧平楚。招魂楚些何嗟及，山鬼暗啼风雨。天也妒，未信与，莺儿燕子俱黄土。千秋万古，为留待骚人，狂歌痛饮，来访雁丘处。

我们也要广义地理解情。我比较欣赏一个笔名叫苦痕的人对情的解读：情，由竖心和青组成，代表年轻人跳动的心，是一种活力的象征，是一种有能力驾驭自己并能承载家庭和社会功能的思维。

从这个角度来理解情，表示做人做事要有激情，要有责任心。人的情怀有大有小，伟人都是情系国家和民族。能成为伟人的毕竟不多，我们大多数人的一生都是普通的，普通人有普通人的情怀。人的一生，如果不能追求卓越，一定要拒绝平庸。做到这一点非常不容易，特别是在当今变化太快、诱惑太多的时代。在我眼里，一辈子拒绝平庸的人，也是伟大的人。如果我们每一个人都拒绝平庸，我们的民族一定是伟大的民族，我们的国家一定是伟大的国家。

即便是伟大的人，他的情怀往往也体现在平凡和普通之间。在我们心目中，药物所创始人赵承嘏先生一定是伟大的人。今年恰逢赵老先生诞辰130周年，我们在整理他的材料时，对赵老先生的丰功伟绩又有了新的认识。他1914年就在日内瓦大学取得博士学位，是中国历史上第一个化学博士。他创立了世界上第一个专业化的药物研究所，他是用现代化学方法研究中药的开拓者……他有伟大的情怀，当年弃文从理去欧洲留学的目的是科学救国，但他创立药物所的出发点是"创制良药，解除百姓病痛"。

这种伟大而又平凡的情怀,是我们全体药物所人的情怀。

我希望同学们离开药物所时,带着这种情怀走向远方。

高尚情操

当今社会追求"高大上",一些人不愿提倡高尚了。作为药物所毕业的学生,一定要有高尚的情操,做高尚的人。无论在怎样的社会,无论社会发展到何种程度,人总要有道德底线,行为要端正,这是高尚的基本准则。基于此,我们再去追求高雅的品德,德高望重的声誉。如果我们做不到"毫不利己,专门利人",也千万不要"损人利己"。

香港中文大学校长沈祖尧先生在今年的毕业典礼演讲中嘱咐毕业生:"高尚的生活是对一己良知的无悔,维护公义,事事均以道德为依归。这样高尚地过活,你们必有所得。"这是对高尚的朴素阐述,高尚的人必定是幸福的人。

在药物所,高尚情操处处可见。"创制老百姓吃得起的好药"的新药精神,就是一种高尚情操;科研人员、研究生(也包括你们),夜以继日,辛勤耕耘,攀登科技高峰,攻克研药难关,就是一种高尚情操;导师对你们的悉心培养,师兄师姐和同学们对你们的无私帮助,就是一种高尚情操;父母家人对你们的无私支持,也是一种高尚情操。毛泽东主席在《纪念白求恩》一文中,对高尚有深入的阐述:"一个人能力有大小,但只要有这点精神,就是一个高尚的人,一个纯粹的人,一个有道德的人,一个脱离了低级趣味的人,一个有益于人民的人。"

我希望同学们离开药物所时,带着高尚情操踏上新的旅程。

一往情深

家庭、事业和整个社会是靠情来维系的。夫妻没有感情、父母子女没有感情,家庭就破裂;如果你对所从事的工作没有感情,不会事业有成;如果人与人之间感情冷漠,所组成的将是一个没有价值观的社会。

一个人，要有豪情、热情和柔情。豪情于国家民族，热情于工作，柔情于亲人、同事和朋友。贞观十五年春，唐太宗李世民赴泰山封禅，遇彗星停止封禅返回长安，经过潼关时写了《入潼关》一诗，其中有两句"弃繻怀远志，封泥负壮情"，抒发的是建功立业，干一番大事业的豪情壮志。1923年12月，毛泽东离开长沙准备去广州参加国民党第一次全国代表大会，写了一首词《贺新郎·别友》赠予妻子杨开慧。

　　挥手从兹去。更那堪凄然相向，苦情重诉。眼角眉梢都似恨，热泪欲零还住。知误会前番书语。过眼滔滔云共雾，算人间知己吾和汝。人有病，天知否？
　　今朝霜重东门路，照横塘半天残月，凄清如许。汽笛一声肠已断，从此天涯孤旅。凭割断愁丝恨缕。要似昆仑崩绝壁，又恰像台风扫寰宇。重比翼，和云翥。

这次词写得柔情凄切，又壮怀激烈。词句"更那堪凄然相向，苦情重诉""过眼滔滔云共雾，算人间知己吾和汝""汽笛一声肠已断，从此天涯孤旅"，反映了毛泽东柔情的一面，绵绵夫妻情跃然纸上。"凭割断愁丝恨缕，要似昆仑崩绝壁，又恰像台风扫寰宇"又反映了毛泽东为了革命事业舍柔情、取豪情的决心和气魄。

情到深处自然浓。人生的这三种情也是如此：柔情似水，家庭幸福；热情似火，事业有成；豪情万丈，国富民强。

同学们离开药物所时，也带上这三种情。

同学们，你们在药物所学习工作三年或五年，与药物所建立了深厚的情谊，在你们即将离别之际，我默默地注视着你们的背影，为你们祝福，祝福你们有好的前程，不负此生。这是我送给你们的一份情。

"情不知所起，一往而深。"今后无论你们走到哪里，药物所与你们的情就在那里。

缘

——中国科学院上海药物研究所 2016 届研究生毕业典礼致辞

同学们、同学的亲人们、老师们：

大家下午好！

又是一年过去了。不知不觉，又到了研究生毕业庆典和为今年毕业的学生发放毕业证书的时候了。每当这个时候，我总有些激动，总想给毕业生说些好听的、鼓励的话。每到这个时候，我也越来越惶恐，我总要艰难地确定我发言的主题。第一年发言我说爱，第二年发言我谈情，以后每年的主题只能一个字了，我这是自找的麻烦。选一个字作为发言的主题确实很难，正当我犯愁时，我夫人出了个主意，让我今年讲缘。与前两年的发言倒也能连在一起——谈情说爱话缘。

中国人历来讲究缘分，可能没有多少人知道，缘是外来语。缘与佛有关，中国佛教来自印度，缘也是来自一种古印度西部的巴利语，随佛教传入中国并融入我国的传统文化。在佛教中，缘是一个抽象的概念，是宇宙中一切事物之间的某种必然联系。

使用最广泛的是缘分，表示缘的分量，还有姻缘，是指婚姻的缘分。从佛教的角度理解缘非常难，我也没有能力讲解这方面的知识。我今天只想从另一个角度讲讲缘，讲讲缘分。

从唐僧西天取经的一路艰辛可以看到，缘代表艰辛。今天，你们研究生毕业了，取得博士或硕士学位，你们求学的过程，又何尝不是如唐僧师徒西天取经一样的艰辛过程呢？从你们来到这个世界上起，很多人为你们付出了艰辛：你们的父母，甚至爷爷奶奶和外公外婆，把你们抚养成人；你们的老师，从幼儿园算起，经过小学、中学、高中、大学，再到研究生，有多少老师教过你们，是否还记得清楚？我时常写些文章，回忆我的亲人和老师在培育培养我们时付出的艰辛。从你们出生至现在成才，你们自己也付出了很多艰辛。你们曾艰辛地学步学语，你们曾艰辛地学习、考试、再学习、再考试，艰辛地通过道道关卡，才来到了药物所读研。你们的艰辛又何止这些，特别是对于那些家境不太丰裕的学生。因为这些艰辛，你们才能今天取得成功，获得学位。但实际上，从今天起，艰辛对于你们来说，不是结束，而是刚刚开始。新的艰辛永远在路上，就如你们的父母和老师，你们要将艰辛付给你们的子女和学生，付给你们的兄弟、姐妹和亲戚朋友，付给你们的家庭和事业……你们只有不畏艰辛，克服种种困难，才能达到一个接一个的成功中间态。艰辛是一种缘，这种缘成就每个人的事业，也促进了家庭、社会和谐发展。

前两年，我发言的主题分别是爱和情，这何尝不是缘的主旋律？在 2014 年研究生毕业典礼上，我讲过"爱是一种缘分。你们不能决定自己的生和死，但你们决定了与药物所的这份缘分"。你们在药物所度过了三年或五年，在这里付出了艰辛，可能也遇到了很多不顺心的事情。我相信你们在药物所获得的最有价值的应该是厚爱与深情。导师的指教，师兄弟师姐妹的帮助，同学间的关爱，这些厚爱与深情是你们一辈子不能忘怀的，也许这是药物所所能给予你们的最宝贵的财富了。或许，你们中一部分人在药物所找到了自己的终身伴侣，那你们与药物所的缘就更深了。因此，希望你们把药物所当作自己的家园，你们在这里享受了爱和情，也释放了爱和情。那么今天，你们带着爱和情这份缘踏上新的征程。

缘也代表着责任和担当。我一直强调，我们应该做有责任心的人，做有担当的人。我们要做有益于国家、有利于家庭、有利于亲朋好友的人。如果从缘分的角度来看，我们生活在这个国家、我们家庭的组成、我们能成为师生、我们能成为朋友、你们能成为药物所的校友，一切的一切，都是有一定的缘的成分在其中的。如果我们珍惜缘分，我们就应珍惜这一切的一切。我个人认为,这是推动社会发展进步的重要因素,也是我们所应负的责任和担当。

缘是平平淡淡。这是我最想告诉你的。你们即将踏上社会,扑面而来是巨大的工作和生活压力,会有许多不适应。应对这些压力的最佳方式是平平淡淡地面对一切,平平淡淡地工作生活,一切随缘。做任何事情都要有耐心,成功的事业和幸福的生活一定要花费一定的时间取得。我们应该努力地挣钱购房买车、养家糊口,我们也应努力地工作、建立体面的事业。如果操之过急,反而会适得其反,如若淡然处之,一定会别有洞天,一切的一切会接踵而至。

缘是无穷的。你们与你们的老师有一日为师终生为父母之缘,与你们的爱人有天长地久之缘,与师兄弟师姐妹和同学有情深意长之缘……这些缘分都已经可以归属于你们与药物所的缘分了。

天长地久有尽时,此缘绵绵无绝期。希望你们珍惜这份缘,延续这份缘。我写了一首诗,送给今年的毕业生,这首诗的题目也是《缘》。

缘,不是前世的因而是后世的果。

如果我们无缘,即便擦肩而过,也不回眸一笑。

如果我们有缘,即便天涯海角,也会心有灵犀。

我们因缘而聚,我们因缘而别。

相遇是一种缘,分离另一种缘。

祝你们事业有成,家庭幸福。自始至终,都做有缘人。

志

——中国科学院上海药物研究所 2017 届研究生毕业典礼致辞

同学们、同学的亲人们、老师们：

大家下午好！

今年是我出任上海药物研究所所长第四个年头，也是第四次在研究生毕业典礼上发言，为今年毕业的学生发放毕业证书。每当这个时候，我总要"抟心揖志"地写一些文字，送给药物所毕业的研究生们。一是当作临别赠言，以示我对你们离别的不舍之情；二是表示感谢，感谢你们在药物所学习工作这些年的所作所为，为药物所的发展所作的贡献；三是说一些鼓励的话，希望对你们今后的工作生活有益，能更好地融入当今迅猛发展的社会环境。

从第一年开始，我发言的主题一直是一个字，第一年发言我说爱，第二年发言我谈情，去年正当我犯愁时，我夫人出了个主意，让我讲缘，连起来就是"谈情说爱话缘"。前不久，我主动问我夫人，今年为毕业生讲点什么？她说："该说一些励志的内容了。"因此，我今年的发言主题是"志"。四年的发言主题连在一起就是"谈情说爱话缘言志"。

因今年的主题是我夫人定的，我首先给大家谈家庭。我希望所有的同学，不管是成家的还是没有成家的，都有一个幸福的家庭。和睦的家庭是事业成功的一半，如果你们已经结婚，希望你们尊爱你们的另一半；如果你们还尚未结婚，希望你们找到你爱的和爱你的另一半。除了工作和事业以及一定的社交之外，我们大部分时间是与爱人一起度过的，随着时间的推移，恋爱和新婚的激情将慢慢消退，生活会趋于平淡。这时，你们更应保持坚定的意志，维系好夫妻之间的感情和家庭的和睦。

生活不会总是一帆风顺的，遇到坎坷时，夫妻两人应共同面对，一起想办法克服。外面的世界缤纷多彩，也有许多诱惑。遇到一些意想不到的"突发事件"时，要冷静理智，有时还要用你们的智慧去解决。就此，我给大家讲一个故事吧。

赵孟頫是元代著名的江南大才子，据说是继苏东坡之后诗文书画无所不能的全才，他的楷书被称为"赵体"，对明清书法的影响很大。他的妻子叫管道升，也是个女才子，善画竹，著有传世佳作《墨竹谱》，对后人学画竹大有裨益。这对夫妻是令人羡慕的一对。

然而，赵孟頫50岁时起了花心，爱上了一个貌美年轻的女子，拟纳为妾。他不好意思与夫人管氏明说，就给她写了一首词暗示："我为学士，你做夫人，岂不闻王学士有桃叶、桃根，苏学士有朝云、暮云。我便多娶几个吴姬、越女无过分，你年纪已四旬，只管占住玉堂春。"

管氏毕竟是才女，有文化有涵养。她没有一哭二闹三上吊，而是回了赵孟頫一首词《我侬词》："你侬我侬，忒煞情多，情多处，热如火。把一块泥，捏一个你，塑一个我，将咱两个一起打破，用水调和，再捏一个你，塑一个我，我泥中有你，你泥中有我。与你生同一个衾，死同一个椁。"

从此，赵孟頫再也没有纳妾，与管氏恩爱到老。

《我侬词》用喻新警，把夫妻关系比喻做泥，让人拍案惊奇。我把这首词送给你们，希望你们每一个毕业生与你们的爱人"和泥恩爱，你侬我侬"。

《说文解字》对"志"的阐释的意思之一是"心之所之也"，亦即志向的意思。我相信，你们每个人均有自己的志向，有的人"胸怀大志"，有的人"淡泊明志"。人各有志，我并不要求你们每个人均有"鸿鹄之志"，但绝不能"怀安丧志"。一个人总要有一定的志向的，没有志向的人就好比一艘航行在大海中没有舵手的船，最终将迷失方向。你们即将走上工作岗位,有些人继续留在所里或去其他院所从事科研工作,有些人出国留学,更多的人将去公司企业工作。无论你们从事何种工作,均必须从头开始,一步一个脚印,踏踏实实地干,要"励志冰檗",在工作中进一步磨炼自己。

在古文中,"志"与"痣"通解,也就是印记的意思。你们在上海药物所学习多年,药物所的各个园区均留下了你们的足迹,药物所的实验室留下了你们辛勤学习和工作的身影……从此你们与药物所也就建立了一生一世永远剪不断的关系。你们在药物所留下了永远美丽的"印记",希望药物所给你们留下的印象也是美好的,无论你们今后走到哪里,药物所永远是你们的家,也希望你们常回家看看。

"志"也有"记"的意思。我希望你们能心怀感恩之情,记住生育抚养你们的父母,记住教育你们的老师,记住培养你们的导师,记住帮助过你们的师兄弟、师姐妹和同学……没有他们,你们今天不会从我的手中接过毕业证书。在你们今后的人生道路上,还会遇到帮助你们的"贵人",对于这些人,你们当"永志不忘"。同时,你们也应力所能及地帮助那些需要帮助的人。我理解的"助人为乐"是在帮助别人的过程中自己会有一种特别的成就感。再给大家讲一个故事吧,是一个关于我和一个茶农的故事。

2008 年,一个偶然的机会,我认识了湖南芷江的一个茶农,名叫胡应祥。他经营当地的一种名叫甜茶的野山茶,学名木姜叶柯,具有抗病毒和糖尿病等功效。由于野生甜茶量少,采摘不方便,老胡便萌生了种植的念头。经过三年努力,终于突破人工种植技术。于是,他征集了 500 多户农民的土地 3 000 余亩,进行大面积种植,我请药物所赵维民、李佳老师等与他合作,进行有效成分分离和抗糖尿病活性成分筛选研究,这项工作还在进行中。但问题来了,与龙井、碧螺春等普通茶叶不同,甜茶饮用仅限于芷江当地,不能在全国销售,如想在全国销售,必须向卫计委申请"新食品原料"。我与他一起努力,并在昆明植物所、中南大学专家的帮助下,经过六年艰苦努力,终于在今年6 月初获得了卫计委新食品原料的批复。为了与地方政府建立良好的关系,我和我的同学还捐款给老胡老家的大树坳中学,建立了一幢现代化的教学大楼。在此过程中,我从老胡这样一个普通农民身上学到了很多,例如他为了事业"矢志不渝"的精神品德,他刻苦工作促进了当地的经济发展,致使 500 多户农民脱贫。甜茶新食品原料获批,受益的不仅仅是老胡一个人,而是全国所有经营甜茶的企业或个人,但这件公益性事情是老胡这样一个农民花钱花精力花时间去完成的。我的一点帮助,带来这么巨大的回报,自然成就感满满。

我给你们讲述这一故事,希望你们从中悟到点什么,对"志"也有更深的理解。

说志必谈诗。"诗言志"是我国古代文论家对诗的本质特征的认识,《庄子·天下篇》说:"诗以道志。"我个人认为曹操的《观沧海》是"诗言志"中最好的作品之一,我今天把这首以景托志、胸怀天下的励志诗抄录下来,送给今年毕业的同学们。

> 东临碣石,以观沧海。
>
> 水何澹澹,山岛竦峙。
>
> 树木丛生,百草丰茂。
>
> 秋风萧瑟,洪波涌起。
>
> 日月之行,若出其中;
>
> 星汉灿烂,若出其里。
>
> 幸甚至哉,歌以咏志。

最后,祝大家"有志者,事竟成"!

信

——中国科学院上海药物研究所 2018 年研究生毕业典礼致辞

同学们、同学的亲人们、老师们：

大家下午好！

今年是我出任上海药物研究所所长第五个年头，也是第五次在研究生毕业典礼上发言，为今年毕业的学生发放毕业证书。每当这个时候，我总是非常高兴并纠结。高兴的是又一批研究生毕业，学有成就，奔赴各自的工作学习岗位，为国家的繁荣昌盛贡献自己的才华；纠结的是实在舍不得你们离开药物所，也纠结于我五年前定下的规则——每年研究生毕业典礼致辞的主题是一个字。好在今年是我在本届班子的最后一次致辞，又一次是我的夫人为我定了主题。去年毕业典礼当天晚上，我主动问我夫人，明年毕业典礼致辞讲什么？她建议我讲"信"。如此这般，我五年的研究生毕业典礼致辞连在一起便是"谈情说爱话缘言志讲信"。

我今天讲的信，不是信件的信，而是诚信之信，信誉之信，以及自信之信。

我先讲"诚信"。如查字典，"信"的第一个释意是"诚实，不欺骗"。有人说，诚信是一个道德范畴，是公民的第二个"身份证"，是日常行为的诚实和与他人交流的信用的合称。做一个诚实的人，不欺骗他人的人，是做人的基本底线。但要保持这一基本底线是非常难的，一个人要保持终生不欺骗人，是一件非常难的事情，但我们要排除万难，保持诚信。

美国心理学家和作家艾琳·卡瑟曾经说过："诚实是力量的一种象征,它显示着一个人的高度自重和内心的安全感与尊严感。"这段话是对诚信的一个非常好的诠释,一个诚信的人,一定是一个充满正能量的人,做任何事情也一定精力充沛,心无旁骛,事业成功的可能性比不讲诚信之人要高许多。因此,诚信是一种力量的象征;一个诚信的人,一定是讲究自重、自尊和自律的,不会轻易地犯错误。因此,诚信会让人充满安全感和正义感,也一定会让人有幸福感。

诚信对做科学研究非常重要,现在还有一个专门的词汇叫"科学诚信"。科学诚信的内涵就是"提倡科学道德,维护科学精神,发扬优良学风"。最容易犯的科学诚信问题是数据造假、论文剽窃和重复发表。一旦犯了这样的错误,你的科研生涯就此结束。我们做导师的,最不希望学生犯这样的错误。在此,我举一个我亲身经历的例子。

1996 年,我的一位研究生写了一篇论文,投稿 *J. Mol. Biol.*,由于我当时把关不严,没有发现他在论文的引言部分抄了一小段德国马普生物物理研究所一位教授发表在 *Science* 论文的内容。虽然所有的数据均是我的研究生做的,其他地方均是自己写的,但剽窃行为已经发生。果然,审稿意见返回时,我看到主编的意见是"该论文存在剽窃现象,因而不能在我们的刊物上发表"。我仔细检查了论文,发现了抄袭的内容,当即分别给主编和德国的教授写了真诚的道歉信。德国教授立即给我回信,表示他是这篇论文的审稿人之一,除了抄袭的内容以外,论文的结果和整体写作均非常好,并建议我们修改后投稿 *Biophysical J.*,最终这篇论文在 *Biophysical J.* 上发表,我与这位德国教授还建立了良好的合作关系,共同培养研究生,合作发表了两篇论文。这件事情对我的那位研究生教育意义也很大,他把这篇论文的第一次投稿的原稿贴在他办公桌边,引以为戒。他工作做得很出色,提前一年获得博士学位,到美国耶鲁大学又重新攻读生物统计博士学位,并顺利完成博士后研究,在 *Nature* 等杂志发表论文,现在在美国一所大学做教授。这件事情也说明,犯了错误如能及时改正,也是一种诚信。

我们制药人尤其要遵循"科学诚信",没有科学诚信,临床前和临床数据不真实,做出的是假药,会贻害百姓,最终自己身败名裂。今年毕业的所有研究生,均没有犯科学诚信的错误，你们是好样的，我为你们感到骄傲和自豪。日本作家和宗教家有一句名言："工作上的信用是最好的财富。没有信用积累的青年，非成为失败者不可。"希望你们牢记"诚信"两字，在今后的学习或工作岗位上保持道德底线，继续做诚信之人。

与诚信密切相关的是"信誉"。信誉的基本解释是诚实守信的声誉，英语对应的词有三个：Credit、Prestige、Reputation。就个人而言，信誉代表着一个人的声誉和威望；就社会而言，信誉代表商品交易之间形成的一种相互信任的生产关系和社会关系，也就是通常所谓的契约精神。因此，在社会和经济发展中，信誉起着重要作用。个人的诚信是信誉的基础，如果我们每个人均是诚信之人，整个社会必将是讲信誉的社会，社会生产力和生产关系必将是一个和谐发展的关系。

作为科技工作者，你们将融入社会，要用一生的时间来建立自己优良的信誉，塑造自己诚实守信的优秀品行和人格魅力。在这方面，我们所赵承嘏先生、高怡生先生、嵇汝运先生、谢毓元先生、金国章先生、池志强先生、丁光生先生等老一辈科学家为我们树立了光辉的榜样。86 年来，药物所的科研成果和声望享誉国内外。这是几代人的艰苦努力和团结奋斗的结果，希望同学们带着药物所的信誉奔向你们的前程，用自己的信誉做药物所声誉的维护者和继承者。

最后我讲一讲"自信"。自信或自信心（confidence）原本是一个心理学词汇，定义为自我效能感（self-efficacy），意思是指个体对自身成功应付特定情境的能力的估价。自信现在变成了社会广泛接受的词汇，特别是党的十八大以来，我们提倡"道路自信、理论自信、制度自信、文化自信"，自信上升到了前所未有的高度。包括我自己在内，又有多少人真正理解"自信"这一看似常用、却意义深远的词汇呢？然而，自信对一个人的成长很重要，"四个自信"的提出，说明自信对国家的发展也很重要，在今年毕业典礼致辞的最后一部分，我与你们分享一下我对自信的理解。

就个人而言，自信是一种积极向上的信心。一个人如果缺乏自信，无论做什么都没有积极性。有人说自信心是建立在成功之上的良好情绪，这固然没有错。但人的一生，失败的次数要远大于成功的次数。就如你们，从小学到大学再到研究生学习，经过了无数次考试,有几次是自己满意的? 本来想上清华北大,结果只考取了其他学校。然而你们最终考取了上海药物所的研究生或联培生,你们算是取得了人生的一次成功,也建立了自信。在攻读研究生学位阶段,你们经过多少艰难困苦,经过一次次失败,最终实验得到满意的结果,顺利获得学位。此时此刻,你们的自信心一定比刚入学时大了许多。从你们自己成长的经历来看,自信是在无数次失败后依然坚持努力,取得阶段性成功后逐步建立的。在此过程中,你们或许也看到少数同学,因为没有处理好失败与成功的辩证关系,没有取得阶段性成功,因而也就失去了自信。今后的道路上,你们依然会遇到无数次的失败,并积极面对失败,直至取得阶段性的成功,你们的自信心会更强大。反之则会变得没有自信。

同学们,自信是一种平衡态,既不能狂妄自大,也不能妄自菲薄。要把自信当作一种积极有为的力量,用以处理好工作生活中各种矛盾,将其变成解决问题的工具。这样的话,你们一定能够事业有成。希望你们带着在药物所建立起来的自信走向未来,建立更具自信的自我。

同学们,你们即将离开药物所或留在药物所继续深造或工作,无论你们走到哪里,希望你们坚守诚信,建立信誉,保持自信。也预祝你们事业有成,家庭幸福!

谢谢大家!

2015 年与 2016 年,蒋华良院士时任中国科学院上海药物研究所所长、研究员、博导,于中国科学院上海药物研究所 2015 年、2016 年新生开学典礼上致辞。蒋先生回顾自己二十几年在药物所学习工作的历程,直言"药物所是梦开始的地方",它面向国际科技前沿、面向国家需求和面向国民经济主战场开展新药研发。全体药物所人的梦想是"新药梦",这是一项伟大的事业,关系到我国药物研发从仿制到创制的跨越发展,关系到我国人民的生命与健康,关系到我国社会和经济的发展,关系到我国全面实现小康的征程。希望同学们坚持梦想,为新药事业作出重大贡献。蒋先生以小诗深情寄语新生:"就在你我不经意之中,我们在这里一起寻梦。当星星出现在夜空的时候,梦想和希望一起飞翔。"

梦开始的地方

——中国科学院上海药物研究所 2015 年新生入学致辞

各位今年入学的新生：

首先，我代表药物所班子成员，对各位新同学加入药物所表示热烈的欢迎！

从你们青春阳光的脸庞上，我又一次看到了希望，这是我们上海药物所的希望，我们国家新药事业的希望。我自己也仿佛回到了 23 年前的秋天，当年的我与今天的你们一样，背着行囊，跨进了药物所的大门，来寻找我的梦想。20 年前，我在药物所取得博士学位后，留所工作，在药物所实现我的梦想——探索新药研究之路。回顾我自己 23 年在药物所学习工作的历程，我有一种强烈而深刻的体会，药物所是梦开始的地方。

药物所是一个具有 83 年光荣历史的国立专业化药物研发机构，在我国近代各个历史发展时期，均为我国的药物事业发展作出了卓越的贡献。1930 年代，药物所创始人赵承嘏先生率先建立了我国现代药物研发体系，当时的上海药物所无论是研发队伍、技术平台，还是研究水平均为远东第一。侵华日军垂涎药物所的仪器设备，企图吞占并运回日本，赵老先生不顾个人安危，与日军周旋，保住了药物所的一切。1940 年代全球疟疾肆虐，赵老先生与上海医科大学张昌绍先生和礼来陈克恢先生等合作，从中草药常山中发现了活性超过氯喹 140 多倍的天然产物，抗疟新药研发水平领先世界，研究结果发表在《自然》《科学》和《美国化学会志》等国际顶级期刊，培养了药物所第二任所长高怡生院士等一批高水平人才。这种"基础研究、新药研发、人才培养和国内外合作"四位一体的研究所发展模式，也成为药物所特有的基因，世代相传。

新中国成立后，药物所归属中国科学院，全体药物所人在赵老先生的带领下，投身于新中国药物事业的建设，解决了青霉素生产结晶等一系列重大工业问题。"绿水青山枉自多，华佗无奈小虫何。"1950年代，药物所人针对国家需要，研制出抗血吸虫病的锑剂，为解决锑剂的毒性问题，又研制出重金属解毒剂——二巯基丙酮（仿制药）及其衍生物二巯基丁二酸（创制药）（上海第一制药厂生产）。二巯基丙酮和二巯基丁二酸解救了无数重金属中毒者，相信大家还记得曾经作为中学语文课文的1960年2月发表在《中国青年报》的那篇著名报道《为了六十一个阶级兄弟》，通过特批空运空投，再车运至山西平陆张村公社公路修建工地，解救61名严重食物中毒的修路民工的，正是二巯基丙酮。二巯基丁二酸也是我国目前唯一被国外大制药公司（强生公司）仿制的药品。1960年代，国家又一次需要抗疟药物。1967年5月23日，国家组建抗疟药物研发小组（523项目），发现了重要天然产出青蒿素的抗疟作用。然而，青蒿素抗疟效果不佳，周总理亲点药物所结构改造，药物所创制的蒿甲醚成为抗疟良药，拯救了千百万患者，青蒿素也因此成名。药物所还从中草药千层塔中发现对老年性痴呆有显著疗效的生物碱石杉碱甲。著名药学家秦伯益院士曾指出："解放后（至1990年代末），我国发明了三个国际影响力的药物（青蒿素＋蒿甲醚、二巯基丁二酸、石杉碱甲），两个半出自上海药物所。"

今天，药物所又一次迎来了发展的机遇。科学院实施"四个率先"行动暨深化改革，上海药物所被列为改革试点，整合科学院药物研发力量，筹建药物创新研究院；上海药物所也被三部委（财政部、科技部、国家知识产权总局）选为"中央级事业单位科技成果使用、处置和收益改革"试点单位；上海市全面实施建设"具有全球影响力的科学与技术创新中心（科创中心）"，上海药物所又处于科创中心的核心区，上海市和科学院也已经签署新一轮院市合作协议，将上海药物所作为科创中心建设的重要参与单位之一，联合建设药物创新研究院。

改革的春风沐浴着药物所的发展,药物所各项工作也取得了突飞猛进的发展。药物创新研究院筹建工作进展顺利,在继承老一辈科学家四位一体传统的基础上,药物所全面实施"原始创新、技术发展、新药创制、转移转化、人才培养"五位一体的办院方针。以 G -蛋白偶联受体(GPCR)结构与功能研究的原始创新基础研究工作进入国际该领域的制高点,被科学院选为"十二五"20 项标志性重大成果(候选)之一;药物研发技术平台与国际接轨,评价的新药直接进入欧美进行临床试验;新药创制形势喜人,11个候选药物进入临床试验,5 个候选新药正在申报临床研究;以抗老年性痴呆药物 971(Ⅲ 临床进展顺利)和抗肿瘤个性化药物 AL3910(欧洲 Ⅱ 临床即将完成)为代表的一批创新药物的研发和临床研究,已经达到国际先进水平,抗老年性痴呆药物研究水平目前已经引领国际同类药物的潮流;转移转化制度改革,加快了药物所"出新药、快出药、创制老百姓吃得起的好药"战略的实施,今年上半年已经有 7 个候选新药转让企业,合同额(4.22 亿元)是上个五年总额的一半,一批科研人员加入创新创业行列,吸引社会资本,创建生物技术公司;人才培养采用新的措施,除培养高水平新药研发人才外,正在重点培养技术转化人才、知识产权保护人才和相关法务商务人才,有效实现面向国际科技前沿、面向国家需求和面向国民经济主战场的新药研发计划。

同学们:你们来药物所深造,肯定是选对了地方;药物所录取你们,也一定选对了人。你们都是优秀的,相信你们在这里一定能茁壮成长。如果再给你们励志的嘱咐,说一些"好好学习,天天向上"的话语,既落俗,也太小看你们了。也是 23 年前,中国流行一首台湾地区歌星童安格唱红的歌曲——《梦开始的地方》。我把歌词修改一下,送给我们的新生:

浩瀚夜空遥远的角落,

挂着一颗蓝蓝的星球缓缓地转动。

就在那缓缓转动的星球上的一个角落,

有一个梦开始的地方。

就在你我不经意之中，

我们在这里一起寻梦。

当浮云问候阳光的时候，

温暖已在你我的心头。

当星星出现在夜空的时候，

梦想和希望一起飞翔。

梦想是生生不息的岁月，

希望是蜿蜒流淌的江河。

寻梦，是为了我们的缘分，

别忘了，珍惜这美好的时光。

2015 年 8 月 27 日清晨于上海

寻梦,向青草更青处漫溯

——中国科学院上海药物研究所 2016 年新生入学致辞

各位今年入学的新生:

首先,我代表药物所班子成员,对各位新同学加入药物所表示热烈的欢迎!

在去年的新生和新职工入所典礼上,我作了题为《梦开始的地方》的发言,阐述了药物所是年轻人实现梦想的地方。如果可以,今年我依然可以讲这个题目,但大家一定觉得了无新意。如果大家喜欢,可以从药物所的公众号上找到我去年的发言。今年,我想从另一个角度谈谈梦想,从徐志摩那首著名的诗《再别康桥》中选了一句作为题目——寻梦,向青草更青处漫溯。

梦想,是对未来的一种期望。每个人都期待美好的未来,例如工作顺利、身心健康、家庭美满。我们都有自己的梦想,每个人的梦想不尽相同。我理解的梦想是,个人对自己未来的规划。规划的水平直接决定整个工程的质量。如果这样的话,制定规划的地方和环境很重要。

上海药物所是一个你们规划梦想最合适的地方。20 世纪初(1905 年),我所创始人赵承嘏先生,心怀"科学救国"的梦想,前往英国留学,再到瑞士留学,又在法国药企工作。他学到了西方的科技文化知识,获得了化学博士学位,是我国有史以来的第一位化学博士。回国后,他将西方化学与我国传统中药结合,开创了我国现代植物药物研究的先河。他有了新的梦想——为解除百姓疾苦而创制良药,筹建了国立北平研究院药物研究所（就是我所的前身），开创了我国药物研发事业。从此，"创制老百姓吃得起的好药"也就成了药物所代代相传的基因，也成了药物所人梦想中的关键元素。

药物所是一个具有84年光荣历史的国立专业化药物研发机构，在近代各个历史发展时期，均为我国的药物事业发展作出了卓越的贡献。今天，药物所又一次迎来了发展的机遇。科学院实施"四个率先"行动暨深化改革，上海药物所被列为改革试点，整合科学院药物研发力量，筹建药物创新研究院；去年起我所还牵头，联合上海生命科学院、北京生物物理所等单位，承担国家"个性化药物"战略先导项目；近年来，药物所在基础研究、方法技术发展、新药研发、产业转化和人才培养等诸方面均得到了迅猛的发展，这种"五位一体"的发展模式也成了药物所遗传基因的重要特质。

可以说，如果你有梦想，到药物所来读研是正确的选择：这里有最好的老师，最好的师兄师姐，这里有最好的药物研究实验室，这里有最好的文化氛围。

有人说"梦想就是一种你坚持就能幸福的东西"。确实如此。在药物所读研是艰苦的，经常做一些重复的劳动，不是培养细胞，就是过柱子，或者整天与动物打交道，过着清苦的生活。这需要坚持，需要一种精神去坚持，三年或五年后，当你们学有所成，取得学位，找到好的工作岗位时，你们会觉得梦想是一种美好的东西。

梦想，可以视为一种信仰。药物所人的梦想是"新药梦"，"出新药、多出药、出好药，创制老百姓吃得起的好药"是全体药物所人的梦想。今天，你们已经加入药物所，已经成为药物所的一员了，"新药梦"也是你们的梦想。"新药梦"是一项伟大的事业，关系到我国药物研发从仿制到创制的跨越发展，关系到我国人民的生命与健康，关系到我国社会和经济的发展，关系到我国全面实现小康的征程。心怀这样的梦想，从事这样的事业，你们一定有一种自豪感，也有一种幸福感。

同学们：你们来自全国各地，你们来自全国各个高校。你们来到药物所，不仅要有梦想，而且要有更大的梦想。就如我今天演讲的题目——寻梦，向青草更青处漫溯——表达的就是远大的梦想。药物所人才培养的方式丰富多彩，培养的人才也各有所长，有从事科研教育工作的，有从事新药研发的（大部分），有从事生物医药投资的，也有自主创业的。为什么我希望同学们有更大的梦想？我国的生物医药还非常落后，还没有一个能参与国际竞争的大制药企业，还几乎没有新药走向国际市场。这是你们今后要实现的目标，我相信你们中一定有人今后会为实现这一目标作出重大贡献。如果你们的梦想中含有这样的成分，我国的新药事业就有希望。

徐志摩1920—1922年在剑桥大学游学，学习研究经济学。据说到剑桥游学前，徐志摩对诗没有多少兴趣，是贯穿剑桥大学的剑河（也称为康河）的清水以及两岸的景色，开启了徐志摩诗的灵感。徐志摩自己也说："我的眼是康桥教我睁的，我的求知欲是康桥给我拨动的，我的自我意识是康桥给我胚胎的。"

药物所小巧玲珑，园内的景色也十分怡人，我也希望药物所会给同学们带来灵感——创制神丹妙药的灵感，创造美好未来的灵感，也是使自己、朋友和家人快乐的灵感。

......

寻梦？撑一支长篙，

向青草更青处漫溯；

满载一船星辉，

在星辉斑斓里放歌。

......

祝同学们在药物所学习、工作、生活快乐！

2016年8月31日于上海

大学之精神

——在 2015 年辽宁何氏医学院新生开学典礼上的发言

各位今年入学的新生、各位老师：

大家晚上好！

刚才，我怀着万分激动的心情，接受了何伟院长颁发给我的聘书，成为辽宁何氏医学院的名誉院长，这是我莫大的荣幸！从今晚起，我与大家一样，是何氏医学院的一员了。

面对今年入学的新生，面对这么多灿烂无瑕的年轻面容，我斗胆讲一讲"大学精神"。这个题目很大，也是中国自有高等教育一百多年来，大学永远讨论的话题。为什么我给你们讲这一主题？原因是我觉得越来越多的年轻人不知道为何要读大学，如何在大学学习和生活。

大学是开展高等教育的学校，我们来大学的目的是接受比中学更高级的教育，获得今后赖以生存、促进社会经济发展、并为人类作贡献的知识和技能。因此，我们来到大学，一定得有一个明确的目标——即想获得什么样的知识和技能。只有目标明确了，在大学学习的效率才会高，心情才能愉快，才会有一个值得一生回味的大学时代。

大学精神是动态变化的，每一个时代，每一所大学，都有不同的精神。陈寅恪等学者提倡的"独立之精神，自由之思想"，是大学精神的第一要义。要真正做到这两点非常不容易，"独立"和"自由"的定义非常复杂，也会随着社会时代发展而变迁，我不想、也没有能力与大家探讨这样的大学精神。因此,我只能讲一讲我所理解的大学精神。

今年是伟大的抗日战争暨反法西斯战争胜利 70 周年,举国都在庆祝,9 月 3 日的阅兵也使我们欢欣鼓舞。我不由得想起了在抗战那么艰苦的环境下,坚持在大学刻苦读书的大学生们。我的导师,著名药物化学家嵇汝运院士,1937 年考入中央大学,当时正值抗战爆发,中央大学不得不搬迁重庆。嵇先生那个年代的大学生,都是在茅草房中上课,在敌机的轰炸声中自习。嵇先生曾告诉我,他们有一种信念,一定要读好书,为抗战胜利学真本领。当时中央大学学生的口号是:“成绩超过东京大学的学生,也是一种抗日。”这是那个特殊时期大学生的精神,这样的精神造就了大学的精神。正是这样的大学精神催生了一代栋梁——杨振宁、李政道等获得诺贝尔奖,钱学森、邓稼先等 23 位“两弹一星”功臣……

新中国成立后,虽然我国的高等教育采用的是苏联体系,但那时的大学也有一种特殊的精神——为建设社会主义新中国努力学习。当时有限的大学培养了一批优秀人才,服务于新中国的建设事业。“文化大革命”期间,我国的教育体制遭到严重破坏,高等教育也停滞了十年。1977 年,我国恢复高考,120 多万学子参加高考,这是空前的盛况。“文化大革命”十年,使得莘莘学子憋足了一股劲——一种需要知识的渴望。那时的大学精神是为祖国实现“四个现代化”而发奋学习。1978 年 3 月 31 日,科学院老院长郭沫若先生在全国科学大会闭幕式上的那篇著名发言《科学的春天》激励了无数年轻人勇攀科学高峰。时任国家副主席的叶剑英同志还专门写了激励年轻人努力学习的诗篇:

攻城不怕坚,攻书莫谓难。科学有险阻,苦战能过关。

这也是一个教育的春天,培养了一批为中国改革开放后社会、经济、文化和科教等各项事业发展作出重大贡献的中坚力量。

我刚才列举了三个时期的大学精神,不知道同学们是否注意到,这三个时期也是中国有高等教育一百多年来的三个黄金时期。历史和社会的巨变，必然产生伟大的大学精神。这三个时期是中国近现代发展的三个关键时期：民族存亡、百废待兴、拨乱反正。大学精神鼓舞了三代大学生，造就了他们的事业，也带来了中国的发展。例如，没有抗战时期培养的大学生，就没有"两弹一星"，中国现在的腰杆子也就不会像今天这样硬朗。

同学们，你们是幸运的！中国发展又到了一个关键的历史时期，全面深化改革和实现中华民族的伟大复兴，是当今时代的主题。我个人认为，沉寂了二十多年后，新时代的大学精神即将产生，中国高等教育的第四个黄金时期也即将来到。我预言，这一时期的高等教育，民营大学将从配角变成主角，成为中国高等教育新的希望。

同学们，如果这样的话，你们更是幸运的了。辽宁何氏医学院是民营大学的佼佼者。这里有先进的、与国际接轨的办学理念，有一流的师资和教学设备，有丰富实用的课程设置……一切的一切，令我，中国科学院大学药学院依托单位上海药物研究所的所长、曾经的华东理工大学药学院创始人兼首任院长，万分钦佩。当我遇到何伟院长，当我深入了解到何氏医学院的情况时，我预感到，这里将产生一种新的办学模式，将培养出我们这个时代发展需要的大学生。我即与何伟院长讨论并建立合作关系，这也是一种在新的时代下，中国科学院与何氏医学院的新的合作模式。在此，我作一简单介绍。

中国科学院上海药物研究所是一个具有光荣历史的国立专业化药物研发机构，在我国近代各个历史发展时期，均为我国的药物事业发展作出了卓越的贡献。上海药物所与何氏医学院开展全方位合作，其中的一个重要方向是建立"药物研发创新班"。从明年开始，我们将在何氏医学院遴选优秀学生，由上海药物所和何氏医学院老师共同教育和培养，既教授基础知识，更注重培养学生的实际应用能力。我们正在争取"药物研发创新班"的学生本硕连读，自本科三年级起，3—5名药理学、药物化学、药物分析和制剂等学生组成交叉学科团队，由专业教授带队，开展实质性新药研发科研活动。有专门的天使基金资助，项目取得阶段性成果后，会有专业创投基金资助，条件成熟时,学生和老师组成的项目组可以组建创业公司,继续发展,直至新药或公司上市。这是一个全新的学习和创业一体化的办学模式,相信会成为一种新型办学模式的典范。这种办学模式目前只能在何氏医学院试点。在条件成熟时,我们会将这种模式推广到中国科学院大学药学院,形成体制内和体制外教育体系协同发展的良好局面。

同学们,我还想说的是,你们来何氏医学院完成大学教育,来对了学校。这里有广阔的天地,你们可以大有作为。何氏医学院是以眼科为主体的综合性医科大学,培养的学生今后从事的是眼事业,促进的是眼产业。你们的前途一定是光明的。

同学们,你们是否注意到何氏医学院美丽校园的与众不同?这里既牛羊鸡鸭成群,又葡萄瓜果飘香。你们是否注意到何氏医学院校园的版图也与众不同?像孕育在母亲肚子里的胎儿,这是新生命的象征。

我衷心希望,与你们一道,在何氏医学院,发展出一种新时代所需要的大学精神!

今天是毛泽东主席逝世 39 周年纪念日,我用他老人家于 1957 年 11 月 17 日在莫斯科大学对当时在苏联留学的中国学生讲的话结束我今晚的演讲:

"世界是你们的,也是我们的,但是归根结底是你们的。你们青年人朝气蓬勃,正是兴旺时期,好像早晨八九点钟的太阳。希望寄托在你们身上。"

2015 年 9 月 9 日于上海至沈阳飞行途中

为中华民族的伟大复兴而读书

——南京大学 2019 级本科新生开学典礼致辞

亲爱的学妹学弟们,尊敬的胡书记、吕校长,各位家长,各位老师:

下午好!

今天,应母校邀请,在新生开学典礼上致辞,这是我莫大的荣幸!这也是我自1987 年从南京大学毕业后,第一次面对母校这么多的同学和老师发言,心里无比激动,也十分忐忑。

总想讲一些对今年入学的新生今后的人生和事业发展有用的东西。经过近一个月的思考,我将今天发言的主题定为"为中华民族的伟大复兴而读书"。

中国人历来重视读书,或广义上来说重视教育,把读书当作最高尚的事情。宋朝元符三年进士汪洙的诗句"万般皆下品,唯有读书高",曾激励多少学子"头悬梁,锥刺股"般地勤奋读书,目的是自己将来有一个好的前程。

长期以来,大多数人狭义地理解了这两句话的含义,认为读书的唯一目的是当官。殊不知,这并非汪洙的本意,这首诗前面还有两句"天子重英豪,文章教尔曹",意思是国家重视人才,古今文章会教你们如何成为人才,所以要勤奋读书。汪洙中进士后,任明州府学教授,认真教书育人,被尊称为"汪先生"。他的许多名言名句,如"将相本无种,男儿当自强""少小须勤学,文章可立身""学向勤中得,萤窗万卷书",几乎家喻户晓,妇孺皆知,传颂不息。

读书是个永恒的主题,然而,每个时代、每个人,读书的目的、对"读书"内涵和外延的理解均不相同,并随着社会和时代的变化而变化。我们敬爱的周恩来总理少年时代,看到中华不振,帝国主义列强的霸道和对中国百姓的欺凌,立志要"为中华之崛起而读书",激励了几代中国人为国为民而勤奋读书。

我今天主要讲几个有关读书的故事,希望对今年入学的新生有所启示。

使中国药物科学化,创制良药,解除百姓病痛。我给同学们介绍的第一位读书人是我们南京大学的杰出校友、我所创始所长赵承嘏院士(1955 年当选中国科学院学部委员)。

赵承嘏先生是前清秀才,为实现科学救国之梦想,弃文从理,去英国和瑞士留学,1914 年在日内瓦大学获得化学博士学位,是我国第一位化学博士,博士论文做的是天然产物延胡索甲素的全合成,毕业后留校当助教,并继续从事有机化学研究,是第一位在欧洲从事科学教育和科研工作的中国学者。两年后,赵承嘏去法国罗克药厂工作 7年,任研究部主任。1922 年,国内传来北洋政府摧残中医学的消息,他婉拒药厂的诚恳挽留以及老师和同事的再三劝阻,决定回国工作,实现中草药化学研究的理想。他说:"祖国需要,刻不容缓,我不怕苦。"他辞去薪金优厚的法国药厂的工作,由于法籍夫人和女儿不愿意离开法国,赵承嘏便毅然只身回到祖国。

回国后,赵承嘏受聘于南京高等师范学校(南京大学前身),任数理化学部教授,讲授工业化学课程,著名化学家吴学周院士、柳大纲院士等都曾经上过他的课。后去北平协和医学院工作,并于 1932 年创立国立北平研究院药物研究所(中科院上海药物所的前身),赵承嘏先生成立药物研究所的目的是"使中国药物科学化,创制良药,解除百姓病痛"。他一生为自己设定的目标努力,建立了我国天然产物和现代药物研究体系,他的研究成果举世瞩目,这里仅举两例。

在抗日战争期这样艰难困苦的条件下,赵承嘏与药理学家张昌绍、陈克恢等合作,从中草药中发现抗疟药物,他们从常山中发现常山丙碱的抗疟作用为奎宁的 148 倍。这一研究在 20 世纪 40 年代的世界抗疟药物研究中成为不可逾越的"高峰",常山碱化学和药理研究的论文发表于《美国化学会志》(*J. Am. Chem. Soc.*)、《自然》(*Nature*)和《科学》(*Science*),足见当时这一研究的水平之高。通过这一研究,培养了高怡生(南京大学校友、中国科学院院士、上海药物所第二任所长)和周廷冲(中国科学院院士)等一流的化学和药理学人才。

1952 年,抗美援朝战争爆发,赵承嘏与中国科学院上海有机化学研究所首任所长庄长恭先生(曾任中央大学理学院院长)等一起,解决了国产青霉素工业化生产的难题,挽救了无数志愿军的生命,为保家卫国作出重要贡献。赵承嘏先生以"科学救国"为目标,出国留学,学成回国,报效祖国,形成了上海药物所"基础研究,新药创制,多学科合作,人才培养,技术转化""五位一体"的传承基因,"研制老百姓吃得起的好药"已经根植于每个药物所人的心田。

成绩超过东京帝国大学的学生,也是一种抗日。我的导师,著名药物化学家嵇汝运院士,1937 年考入中央大学(南京大学前身),正值抗战爆发,中央大学不得不搬迁重庆。嵇先生那个年代的大学生,都是在茅草房中上课,在敌机的轰炸声中读书。嵇先生曾告诉我,他们有一种信念,一定要读好书,为抗战胜利学真本领。当时中央大学学生的口号是:"成绩超过东京帝国大学的学生,也是一种抗日"。这是那个特殊时期大学生读书的目的。这一特殊时代催生了一代栋梁——杨振宁、李政道等诺贝尔奖获得者,培养了钱学森、邓稼先、程开甲等 23 位"两弹一星"功臣(其中中央大学校友 9 位)。抗战胜利后,中央大学快速发展,跻身国际一流大学,1948 年排名亚洲第一,国际第 49 名,超过了东京帝国大学(现为东京大学)。

为实现"四化"而发奋读书。下面简要谈谈我们这一代人读书的经历。1983 年,我考入南京大学化学系读书,正值改革开放初期,我们的国家还十分贫穷落后,国家号召要实现"四个现代化",即工业现代化、农业现代化、国防现代化、科学技术现代化。我们这一代人在大学读书时最流行的口号是"为实现'四化'而发奋读书"。

南京大学读书的氛围和认真读书的情景至今难忘,大家都喜欢坐在前排听课,一门课上完后,要奔跑着去另一教学楼的教室抢位置;很多学生喜欢彻夜读书,经常为占领通宵不熄灯教室的位置而发生"冲突";一早图书馆门口即排了长队,等开门后在图书馆找一个好位置自习,实在找不到地方学习的学生就将食堂的餐桌当成课桌……

1980年代,南京大学老师教学的目的是为祖国"四化"建设培养人才,学生读书的目的是为"四化"建设添砖加瓦学好本领。当时南京大学教学和科研条件远不如现在,但培养了一批为国家经济、文化、社会、科技和军事发展作出重要贡献的人才,1980年代的毕业生中,14人当选中国科学院院士,南京大学也成为改革开放后毕业生当选中科院院士最多的高校。我本人也在南京大学掌握了扎实的化学理论和技能,并选修自学了一些数学和物理知识,为我从事创新药物研究工作奠定了基础;我担任中科院上海药物研究所副所长、所长14年,管理工作也算卓有成效。如果我在科研和管理工作中取得了一些成就,那么在南京大学读书时所受到的科学训练,所培养的人文素养起了很大的作用。

今天,我特地对新入学的学妹学弟们谈读书这一话题,有特别的用意。今天的中国再一次处在历史的关键时期。今年是新中国成立70周年,后年是中国共产党建党100周年,实现我国"两个一百年"奋斗目标的第一个百年奋斗目标——全面建成小康社会。

现在看来,第一个百年奋斗目标一定会实现,也一定能够实现!因此,你们生逢其时,在中国发展这一十分关键的时刻,进入大学学习,应该感到庆幸,应该有一种自豪感!

全面建设社会主义现代化国家、向第二个百年奋斗目标进军的新征程已经开启。习近平总书记在中国共产党第十九次全国代表大会上的报告提出,到本世纪中叶,把我国建成富强民主文明和谐美丽的社会主义现代化强国。届时,你们的年龄刚好与我现在的年龄相当。因此,你们是实现第二个百年奋斗目标的主力军,能否实现这一目标,实现中华民族的伟大复兴,你们的贡献十分关键!为了实现这一目标,你们进入大学学习,应该感受到压力,应该有一种历史使命感!

然而,实现我国第二个百年奋斗目标不会一帆风顺,困难已经显现:美国发起的贸易战逐步升级,西方反华势力唆使香港废青发动的港独和暴乱活动还在继续……凡此种种,依然是西方列强企图阻碍我们发展,阻止我国复兴。你们应该学习我们先辈们的精神,越是在列强欺凌我国的时候,越是在艰难困苦的时期,越要自强不息,努力学习,为中华之崛起而读书,为中华民族的伟大复兴而读书。

学妹学弟们,最后,我送你们一副对联:不忘初心育繁星,成己达人梦远行。南京大学历史悠久,你们在学期间会看到母校建校 120 周年校庆;南京大学科学素养扎实,文化底蕴深厚,你们一定能在这里学到想学到的文化和科技知识,获得今后生活和工作所需的能力。我真心希望你们在南京大学把书读好,也真诚地祝愿你们在南京生活快乐,有一个终身难忘的大学时代。

2019 年 9 月

故乡的河

在我的简历上永远写着"江苏常州武进人",我永远不忘家乡人民对我的养育之恩,永远不忘母校武进高级中学对我的教育之恩。常州美丽的山水、朴实的人情,永远是我前进的动力。我怀念家乡的一切,感恩家乡的所有,今后一定为家乡的发展作力所能及的贡献。

——引自蒋先生与其高中班主任沈烈毅老师的交流文稿

故乡的河

四十年前故乡的河,蜿蜒如网。河底水草的摇动清晰可见,那河水,岂能用清来形容? 家乡的父老干活渴了,捧一抔就喝,那河水,岂止是甘甜?

西塘①,我儿时居住的小村,因河得名。清晨,鸡鸣狗吠。西塘的码头上,妇女们在淘米洗菜洗衣裳,男人们挑水加满家中的水缸。生产队长的哨子声,召集了全村社员下地干活,干活的农田大多在河旁,北干河、松江塘、上沟湾、下沟湾……村的周边全是河。傍晚,夕阳西下。劳作了一天的人们,又回到西塘,洗去一天的尘劳。

年复一年,日复一日,父老乡亲在河边生活、歇息、繁衍,日子简单安逸,每天的生活总是围着河转。那时的人离不开河,喝河里的水,吃河里的鱼虾,夏天在河里游泳,冬天在河面滑冰。那时的人离不开河,因而热爱河,呵护河。每年冬末春初,生产队总会安排壮实的男劳力捻河泥②。两个男劳力合作,一条小船撑在河心,用尼龙网夹把河床上的淤泥夹到船舱。船舱堆满后,将船撑到岸边,用泥锹将河泥"甩"到田边的草塘中,甩一层河泥,铺一层草,河泥中的微生物与草一起发酵,沤出绝佳的有机肥料。这样的农活非常苦,大家还是愿意干,既清理了河塘,又制造了肥料,一举两得。

生产队解散后,各家忙各家的活,大家还是会早晚聚在西塘边洗漱,还喝西塘的

---

① 西塘,江苏省武进县东安乡西塘村,与浙江省著名古镇西塘同名。
② 捻河泥,一种护河的重体力劳作,既能为河道清淤,又能把河泥制作成有机肥料。

水。但无人再关心西塘的水,也无人摘河里的泥,用河泥做肥料,改用化肥,更多地使用农药。化肥、农药流经河里,污染加富营养,河水一天天变浑、一天天变脏,河床一天天升高。再后来,河边开办了化工厂、钢铁厂(原铁本钢铁厂),加重了污染。再没有人喝河里的水,到河边洗漱,在河里游泳。

西塘,鲜有人热爱了,鲜有人呵护了,人们还往河里倒垃圾。西塘,在痛苦中慢慢地死去。西塘村,在现代化乡村建设进程中渐渐隐去了光彩,曾经养育他们的河淡出了人们的生活。而我,始终关心着西塘的河,时刻想念着西塘的河。城镇化发展太快,西塘村消逝在西塘河水落寞的波纹中。

上个礼拜,我回去处理老家房子的拆迁事宜,在西塘河的"遗址"(河已经部分填平)站立良久,无法排泄心中的郁闷,脑海中四十年前西塘的情景总是挥之不去。我唯有在心里祈祷,城镇乡村发展时千万不要忘了保护江河湖泊。失去的,总也不会回来了,就像我热爱的西塘。

四十年前,故乡蜿蜒如网的河,永远流淌在我心里。

2011 年 10 月 30 日于上海

儿时炎热夏天的清凉

今年夏天全国高温,长三角地区的温度尤其高,最高温度 40 摄氏度以上的天数超过了半个月。现如今的超高温天气,除了空调,好像已经没有别的有效办法降温了。不由想起了儿时的夏日,既有炎热,也有清凉,那炎热中夏天的清凉才是真正的清凉。

记忆中儿时的夏天没有现在热,超过 35 度的天气没有几日,超过 40 度的天气几乎没有遇到过。但当年的夏天也很热,因为没有空调,一切靠自然手段降温——凉水(井水)、蒲扇、自然的穿堂风,最多有电风扇,那已经是十分奢侈的家用电器了。长期在 30 度以上的环境下度日,也够人受的。正因为如此,那时夏天的清凉才显得宝贵,至今记忆犹新。

三伏天,热浪翻腾,是农村最忙的季节,每年这时要"双抢"。即使在农村,现在的年轻人也不一定知道何为"双抢"。1970 年代至 1980 年代,为增加粮食产量,南方种两季水稻。5 月小麦收割后种早稻,7 月早稻成熟,收割后得立即耕田插秧,在立秋前将晚稻秧苗插下。水稻插下后得 60 多天才能成熟,8 月插下 10 月收割。如果晚了节点,收成大减,甚至绝收。"双抢"的意思就是 7 月份抢收抢种水稻。

那时以生产队为单位集体劳动。每年 7 月,每个生产队就像一个连队进入了紧急战斗状态。为了避开酷热的中午,社员们充分利用早上的清凉。每天早上五点不到,便下地干活,男劳力犁/理地,女劳力拔秧。农村有一种拔秧专用板凳,老家人称之为秧凳,上下两块木板,固定在两至四根小木柱上。秧凳下面木板的功能是以免板凳在泥泞的水畦中下陷,上面的木板坐人,拔秧苗时人常常要向前和左右移动,人体处于半蹲半坐状态,故凳面一般较小。双抢季节,学校要放忙假,小学三年级以上的学生停课半月,回到所属生产队帮助父母劳动。小一点的孩子在家里烧饭,这样父母干活回家后可以吃上现成饭,在规定的时间内吃完饭后,立即返回地里干活。大一点的孩子跟父母到地里干活,按年龄从小到大,分配的农活也从轻到重。拔秧是一种劳动强度不大的农活算轻活,我从小就干。但拔秧也是一种苦活。早上五点不到,我拿把秧凳去拔秧。下秧苗田前必须做好充分的准备,再热也要穿上长衣长裤,头发上洒满驱蚊药水,再用毛巾或布把头包起来,几乎只露眼睛。这些措施主要是为了防止一种被村民们被称为蒙虱子的小蚊子,即使在这样严密保护措施下,还是有少量的蒙虱子溜到头发里面,咬头皮吸血。被蒙虱子咬过的头皮,奇痒难忍,手会不由自主地去抓头皮。这样一边拔秧,一边不断地挠痒,头发和脸上沾满泥水,包头的毛巾也逐渐散掉,更多的蒙虱子会侵入到头发中,头皮更痒,挠痒的频率不断增加,以至于无法拔秧,用抓狂狼狈形容这时的情景最为恰当。忙假里,每天早上醒来,会祈祷生产队不要派拔秧的活给我,直到现在每想到拔秧,我的头皮还会不由自主地发痒。

除了拔秧,插秧(老家叫莳秧)也是一种苦活,还是累活。早上拔的秧用稻草一把把地扎好,吃完早饭后,专门有人挑到水田边,再一把把均匀地甩到水田里。长方形的水田用两头固定在田埂上的尼龙绳划成宽 1.5 米左右的长条,1.5 米宽刚好是人站在长条的中央,弯腰时不走动能左右插秧的最佳范围。插秧是一门技术活,左手握秧,右手拇指、食指和中指分出一小撮秧苗,插到水面下的烂泥里,三根手指要再次协动,用周边的一些烂泥围住秧苗,把秧苗固定住。初学插秧者往往掌握不了这一关键"技术",没一会儿,他们插好的秧全都浮在了水面上。插秧时最"危险"的事情是被蚂蟥叮咬,水田里蚂蟥很多。蚂蟥刚开始咬在腿上时,没有感觉,它会不断吸你的血,等腿有痛痒感时,为时已晚,蚂蟥的整个头部已经钻进了你的血管。这时千万别硬拉把蚂蟥拉掉,这样蚂蟥会断成两截,蚂蟥断成几块,依然能成活,咬住腿的蚂蟥由于体积变小,会很容易钻入血管中，进入血管的蚂蟥必须到医院开刀取出。通常的处理方法是用盐敷在蚂蟥周围，一会儿蚂蟥便松嘴脱落，再将整个蚂蟥放在事先准备的盐罐头中将其腌死。被蚂蟥咬后的伤口流血不止，比一般外伤伤口（如刀伤）流血时间长。到上海药物所读博士后，我才知道蚂蟥叮后一系列反应的原因。我博士论文有一部分是做凝血酶抑制剂，蚂蟥中含有水蛭素，是很强的凝血酶抑制剂。被蚂蟥叮咬后，水蛭素进入你的血液中，凝血酶失去活性，伤口便流血不止。

插秧最难受的是腰，几排秧插下来，腰酸得不行，如果不间断地插一天秧，你肯定不知道自己的腰到哪里了。我很怕插秧，插不到五分钟就要站起来休息，大人问为什么不抓紧时间干活，我答腰酸，他们往往会骂一句："胡说八道，小孩子哪里来的腰？"另一难熬的时候是下午插秧，下面田里的水已经被晒得发烫，太阳还直射你的身背，上晒下蒸，奇热难熬。因为插秧一直弯着腰很费力，天又热，社员们用唱山歌的方式解除疲劳，人群中会有人领唱，高亢嘹亮，其他人跟着应和：

夏日炎炎酷暑添，秧苗青青插水田。

低头看见水中天，退步原来是向前。

每年"双抢"季节总有很多人中暑。为了防止社员中暑，大队的赤脚医生总要准备防暑中药，如金银花、甘草、薄荷等，分发给每个生产队，有专人熬制成药茶，放于田间，社员根据需要饮用。赤脚医生也专门为生产队准备了一种称为"十滴水"的中药，如有人中暑，感到头晕、恶心，有呕吐的感觉，服下一调羹，立马好转。我小时候被这种神奇的药水吸引，一直想搞清楚是用什么做的，那赤脚医生可能怕我抢了他的饭碗，就是不告诉我。现在我知道了，是由大黄、薄荷油、肉桂、小茴香、干姜、辣椒、樟脑、桉油等中药辅以酒精制成。当年，赤脚医生或老中医用此药治病时，每次让病人服用十滴（约5毫升左右），因此得名十滴水。现在还能买到十滴水，已做成方便服用的口服液了。

当年最能降温防暑的还是要算大麦茶。只要有人干活的地头田间，就有一个大木桶,木桶里盛满了大麦茶。每日早上,有专人准备大麦茶。将大麦放在一大铁锅焙炒。小火炒至大麦焦黄,倒入凉水,烧开后煮数分钟,舀入大木桶中冷却,上午十点和下午一点左右将大麦茶挑到田间供社员解渴防暑。大麦茶具有独特的清凉解暑功效,且清香可口,社员们都喜欢喝。一般每个生产队每天要消耗掉十几桶(每桶50斤左右)大麦茶,大麦茶起到了积极的降温防暑作用。酷热的夏日,在地里干活浑身流汗、口渴难熬时,走到田头,舀一瓢冷透的大麦茶,一口气喝下去,清凉通过每根汗毛孔从身体里面渗到外面,那种爽快无法用言语形容。

与大麦有关的另一种防暑降温的"冷饮"是大麦粥。我问过很多人,几乎没有多少人吃过甚至知道大麦粥。大麦粥做法不是很复杂,这里顺便介绍一下。先用平时的方法淘米煮稀饭,但要比平时多加些水;等煮到七成熟时,加入用凉水调均匀的大麦粉,一边加大麦粉一边用锅铲搅拌,然后加入少量的食用碱水,烧至稀饭粘熟,放在一边冷却。早上烧一大锅,一家人早中晚饭,甚至不是饭点都可以吃喝。讲究一点的人家,将大麦粥放在铁桶里,再将铁桶吊放在井里,用深井的低温冷却,大麦粥降温效果更好。无论是中午还是晚上,干完活回家,酷暑难忍,喝一碗大麦粥,一股凉气从心底透出,这是真正的透心凉,任何冷饮都达不到这样凉爽的效果。大麦粥在我老家广受欢迎,那时的夏日,家家都烧大麦粥。晚上的主食也大多是大麦粥,由于放碱量的不同,烧出的大麦粥有淡绿色、绿色,甚至红色。那时,每家晚饭都在屋外吃,桌子或门板上各种颜色的大麦粥飘着特有的清香,闻着这股香味,人的心情会一下子凉快下来。

离我老家不远一个叫丹阳的地方,说大麦粥是他们的地方特色小吃,还流传了一个典故,顺便也说给大家听听。

丹阳是座江南小城,位于常州和镇江之间。著名的京杭大运河穿城而过,因此早年水运也颇发达。乾隆每次下江南,总要从丹阳城经过,但总也不下船到丹阳城里转悠。为什么呢? 丹阳是个穷地方,没有什么可招待的,江苏巡抚安排乾隆在江苏境内的行程时故意不安排丹阳上岸,特意安排比较富庶且读书人多的常州、苏州上岸看看。

无锡虽然很富,但文人墨客相对少,故而乾隆爷几乎没有到过无锡。有人说乾隆到过宜兴,宜兴属于无锡,君不知,宜兴在清朝属于常州府。

一年夏天,而且是大伏天,乾隆带着文武百官,乘着龙船浩浩荡荡地又沿着京杭大运河南巡。一路经过大小州县,各级抚台县官们无不拿出当地最好吃的美味佳肴迎驾。又经过丹阳了,乾隆心血来潮,想知道丹阳是个什么地方,便吩咐停船上岸。县太爷知道后,激动万分,热泪盈眶。以往每当乾隆下江南经过丹阳,他总是希望皇恩浩荡,乾隆爷能上岸考察,他本人有机会向皇帝汇报工作,如得恩宠,也有个升迁的机会。只是次次看着乾隆的船队经过,却没有与皇帝谋面的机会。后来知道了原因,是因为丹阳穷,没有什么可以招待皇帝,因而江苏巡抚不安排乾隆在丹阳上岸。丹阳县令心想,巡抚大人真是看不上丹阳,穷地方不一定没有好吃的,现在大热天,怎样招待乾隆就看我的了。

丹阳县令一大早就派人烧了一大锅大麦粥,放在井里冷却,这是天下第一冷饮,还怕乾隆不喜欢。乾隆上岸后,乘官轿至县衙,虽不足三里路程,然天太热,坐在轿子里就好比坐在桑拿浴室。到县衙下轿,乾隆衣衫全湿,热得喘不过气来。县太爷一边派人为乾隆扇风,一边叫人盛来一大碗大麦粥,配以下粥酱菜。乾隆一尝,浑身凉爽,龙颜大悦,说道:"此粥不但麦香浓浓,十分可口,而且有降温奇效。"于是下令赏赐百官,并破例在这个江南小城多停留三日。这些随行官员吃多了大鱼大肉,偶尔尝到这样清香爽口的大麦粥,自然惊为天物。但要是三天顿顿都吃大麦粥,随员们受不了,乾隆更受不了。到了第二日,大家就已是饥肠辘辘。只是皇帝金口玉言难改,不能出尔反尔。于是,乾隆与大臣们只能喝了三天三夜的大麦粥。临走,乾隆颇为感慨地发出一句话:"丹阳,可真难过啊!"这句话后来传到民间,传来传去,竟成了"丹阳人是大麦粥命啊"!我们老家大人说孩子没有出息,也有一句类似的话:"你是喝大麦粥长大的。"

江南好多人家有井。江南水乡不缺水,打井一是为了用水方便,免于到河滩挑水之苦,二是井水冬暖夏凉,冬天洗刷不冻手,夏天也能带来清凉。那时没有冰箱,吃剩的饭菜放在竹篮里，悬吊在井里，不会馊掉。如若将西瓜放在网兜里，用麻绳系好后沉于井水中，半天后拿出来吃，味道是今天的冰镇西瓜不能比的。

另外值得一说的清凉物件是竹制品。江南遍地是毛竹，毛竹成材后可制成竹床、竹榻、竹椅、竹席（俗称凉席），无论哪一件，躺在上面或坐在上面，总有清凉的感觉。中午时分，搬一竹榻到一弄堂里，光着膀子躺在上面，下面透着竹子的凉气，上面穿堂风拂身而过，于清凉中午睡是何等的美事。不时从柳树上有蝉鸣声传来，这样的感觉实在是太好，我称之为闻声赏柳。

在外面乘凉是江南一景。夏天晚上，家里闷热，睡觉前大家都在户外活动。太阳下山后，先用井水浇家门前的场地，驱散热气，为晚上活动准备。用两张长凳架一张竹床，如家里没有竹床，便把两扇门卸下来架在板凳上。再把桌子搬出去，将饭菜端出去放置在桌子上。人或坐在竹床或门板上，或坐在竹椅板凳上，一边吃晚饭，一边聊着家常。聊家常多半是在爷爷奶奶和父母与坐在不远处的隔壁邻居间进行，小孩们一般不插嘴。老家村上的房子是一家挨着一家，两家之间顶多有很窄的弄堂间隔。晚上吃饭东家可以看到西家吃什么，也会相互品尝饭菜，特别是某家吃馄饨或冷面之类不是那时经常吃的食品时，总会给离得近的邻居家送一些共享。这是炎热夏天的另一种清凉。

晚饭后，大人总是给孩子先洗澡，洗完澡后将他们抱到门外的竹床上，撒上痱子粉和花露水，顿时能感到清凉无比。村子周边是万顷良田和湖泊河流，蛙声伴随着稻花香传来，热意全消。奶奶一边为孙子摇着蒲扇，一边讲着牛郎织女的故事，孙子仰望天空，数着闪光的星星……稍大一点的孩子们围着一位会说书的老爷爷，听他讲《三国演义》《水浒传》《封神榜》等，一些古典名著启蒙是在这样炎热的夏天晚上纳凉时听来的。这种和谐美满的风景显然给炎热的夏日带来了清凉，这样的清凉当今已难以寻觅。

除了门外和弄堂前，运河上的桥面是另一个纳凉的佳处。那时江南的桥多半是石拱桥，桥面高出水面很多，无论多热的天，其他地方无一丝风，桥面上总是有很大的风。抢占桥面乘凉的地方必须赶早，晚了就没有地方了。凉爽的风从水面吹到桥面，昏热的大脑清醒了许多。不时有运输船穿桥而过,咿呀的橹声在桥洞回荡。偶尔有几个胆大的来桥面练习跳水,或鱼跃或翻滚地扎入水里,溅起阵阵浪花。这是炎热夏天里又一种清凉。

儿时的夏天是炎热的,但炎热中有许多清凉,而这种清凉多半是自然馈赠的。如今,这种炎热中的清凉已经很难享受到了。几日前,回老家办事,又去了我喜欢的媳妇岭。岭里清水塘的水更清澈了,看了就想下去游泳。我又如小时候的父老乡亲一样,穿着短裤,赤着脚,光着膀子,自由地行走在房前屋后。湿毛巾搭在肩膀上,一边烧菜一边擦汗。灶台的高温,使我大汗淋漓,每烧完一个菜,便跑到池塘边的码头,一个猛子扎入深水处,塘底水温很低,喝一口冷水再浮出水面,浑身被清凉包裹着,顿时回到了儿时夏日的感觉,这种感觉促使我写这篇文章。文章框架是我在媳妇岭清水塘游泳,仰躺在水面时构思而成的,今晚整理成文。

2016 年 7 月 31 日晚

儿时的年味

每逢过年,总是会想起儿时的春节,年味十足。

20 世纪 70 年代,食品和商品十分匮乏,平时吃是为了填饱肚子,没有什么选择可言。只有到了过年,才能吃上鱼肉鸡鸭。盼了一年,终于可以在过年时吃些荤食了。我家一般小年夜杀猪,猪是母亲辛苦了半年养的,用自家自留地上种的山芋藤、南瓜、扎米的砻糠喂养,肉质自然鲜美,无论是白炖还是红烧,味道都是好的。刚杀好,还没有失去体温的肉叫热气肉,立即下锅烧,味道最好。猪杀好后,比我大 11 岁的姐姐就会立刻割两块热气肉去烧,一块白煨,一块红烧,小年夜拜完祖宗吃。那时我几乎一年没有吃肉了,肉到了桌上就是一顿狼吞虎咽,不到五分钟就干掉了十几块大肉,吃得满嘴流油。热气肉的味道确实好,夹一块炖得酥烂的白烧肉,咬一大块,一股肉香从鼻孔中冒出,用嘴一抿,浓稠的油汁顺着食管流到肚里,流过的部位就像是久旱的土地遇到了甘雨。刚出锅的红烧肉还在吱吱作响,酱红色的肉皮透出诱人的光芒,一口就吞下,甜中带咸,咸中有香,味道至今难忘。那一顿肉,我吃得心满意足,好几天叹出的气都是猪油味。

小年夜晚上和大年夜整天是母亲和姐姐最忙的时节,她们要准备各种食品菜肴。杀完猪后,将猪肉与青菜、萝卜等组合成各种肉馅,做包子、糯米团子和馄饨,也会做成肉圆。将小排取出,做糖醋小排,将猪肝和大肠做成卤菜。这些菜主要用于招待客人,除了小年夜我可以心满意足地吃一顿,其余的每餐只能看客人吃了,其实客人也不怎么畅吃。

那时每家都很穷,穷富差别不大。大家过年都很讲究,"穷讲究"。亲戚朋友来拜年,总要先给客人一大碗"汤"吃。这碗汤也很讲究,有五六个大肉圆,两三个煮鸡蛋,再加些粉丝,更讲究的人家还会加几个蛋饺,老家人说这碗汤很"扎滋"。客人吃起来也很讲究,一般只喝汤,将粉丝吃掉,其他一律留在碗里。主人会客气几句,"怎么不吃肉圆鸡蛋",客人会说"刚吃过早饭,吃了好几个团子,一点不饿,我还要留着肚子吃你们家中饭呢"。主人将碗以及剩下的食物收走,第二批客人来了,主人将第一批客人剩下的肉圆等加上粉丝,又煮了一大碗汤给新一批客人吃,客人同样只喝汤吃粉丝。不知道同样的肉圆和鸡蛋,一共要煮多少碗汤。中午吃饭,客人一般也只吃素菜,不吃荤菜。同样的鱼肉荤菜可以招待好几批客人。在那个年代,肉圆鸡蛋粉丝汤和永远只放在桌上让客人看吃鸡鸭鱼肉代表了年味,也是主人和客人之间维持体面的默契,这可能是"穷讲究"的来历。

看戏也是儿时的年味里不可缺少的部分。那时县里有文工团,公社有文工团,大队有宣传队。每到冬季,文工团和宣传队都开始认真准备节目。当时娱乐资源匮乏,基本只有革命样板戏,尽管看了无数遍,大年初一,全大队的人还是会集中在小学的操场上,看大队宣传队的节目,一般会是《红灯记》《沙家浜》《海港》等样板戏选段。演员就是大队的社员,演唱水平相当高,大伙会陶醉在李铁梅的《做人要做这样的人》、郭建光的《朝霞映在阳澄湖上》,悠扬的唱腔中,体会另一种年味。有一年过年,县文工团来公社演出,这在当时是大事。据说县文工团的女台柱子非常漂亮,为一睹芳容,票很快卖完了。我爷爷是戏迷,年轻时也唱戏,而且会像李玉刚一样,男声女声都能唱。他的水平放在现在,说不定可以在《星光大道》或《中国好声音》中拿奖了。那年初一一大早,爷爷与我就赶到镇上看县文工团的戏,那一年上演的是革命现代戏剧《江姐》,演江姐的果然是那位台柱子。到了镇大会堂门口才知道,票早就卖完了,许多人不是为了看江姐,而是看演江姐的台柱子。等了半天,终于有一人来退票,我抢买了下来,爷爷让我进去看,我知道爷爷是戏迷,便把票给了爷爷,让他进去看,老人家过年能乐和乐和。我转到大会堂的后面等爷爷,忽然发觉墙上有一个洞,便偷钻了进去。进去后发现是舞台的下层,有许多人已经在里面了,大家顺着舞台木板的缝隙只能看到部分场景,但声音听得很清楚。我就在下面听完整场《江姐》,虽没有看清楚演江姐的台柱子是否漂亮,但她的声音真好听。那年的《江姐》给我们公社的年味增添了不一般的色彩,女英雄江姐的形象第一次在我脑海中建立——一头齐耳的短发,身穿蓝旗袍,外加一件红色外套,围一条白色的围巾,她英勇地走向刑场,跟同志们告别:"不要用哭声来告别,不要把眼泪轻抛掉,一人倒下万人起,燎原烈火照天烧。"

儿时的年味,永远在我脑海中。

2013 年除夕夜

我的父亲

1992 年,母亲因患鼻咽癌去世。我回家料理丧事后,跟父亲说:"您年纪大了,不用再干活了。"他依然继续管他河滩上种的柳条,继续种油菜,每年榨菜油送我。干活似乎对他身体有益,我也不再劝阻。1990 年代末,老家乡镇企业和私营企业发展迅速,老家的自留地,包括我父亲承包的河滩,全部被铁本钢铁公司征用,父亲自此才彻底不干活。父亲的身体很好,每天早上五点起床,吃完早饭后骑自行车到镇上买菜,十点吃中饭,下午再骑自行车到镇上浴室洗个澡,然后到茶馆泡壶茶,听一段书。下午四点左右回家烧晚饭吃,看完新闻联播后即上床睡觉。2011 年,老家开始全面城镇化建设,西塘村全部拆迁,安排搬进安置房。在安置房建设过程中,父亲搬去与姐姐一家住在一起,生活起居由姐姐照料,日子过得非常舒服。为父亲的安全考虑,姐姐每天用助动车载父亲去镇上洗澡听书。2012 年夏天,姐姐骑助动车载父亲从镇上回家,父亲坚持要自己骑车,途中转弯太急,车翻人摔,父亲摔倒后未有任何伤害,姐姐却腰椎摔坏。父亲自此非常内疚,再也没有去镇上洗澡听书。翻车后虽未受外伤,但父亲的记忆力一日不如一日,到医院检查后确诊为脑萎缩性痴呆。

父亲的认知能力衰减得很快,除了我和姐姐,已经基本不认识其他人了。姐姐每天照顾他,他认得姐姐可以理解,我一年仅见他两三次,还能认得我,这就是父子之间的特殊情感了。父亲渐渐已经不知道年月日,更分不清节假日。腊月二十六,姐姐打电话来，说父亲想念我了，自言自语："快要过年了，华良怎么还不回来?"这年大年夜，我推掉了所有的事情，早早地赶回去，与父亲过年。发现父亲除了认识我外，以前的事情已经全部忘记。我坐在他床前，与他聊天，知道他不理解不记得，但我还是和他聊天，真后悔以前没有多和他聊聊。我一边与父亲"聊天"，一边回忆与父亲相处的日子，真是少得可怜。18岁以前，父亲在外地工作，一年回家探亲约一个月，我基本上与他没有长时间的交流。父亲从不对我说教，可能我学习成绩优秀，家务做得也行，他认为没有必要说教。父亲退休后，我去上大学，寒暑假在家里待不了几天，不是早早回学校，就是从这个同学家玩到那个同学家。工作后，基本上过年才回去几天。结婚后，仅每年年初一回家拜个年，吃顿中饭便走了。父亲也总认为我在干"国家大事"，跟我说："忠孝不能两全，你忙你的，不用老惦记我。"说心里话，一旦投入工作，我真是很少惦记我父亲，仅仅最近几年才经常在工作间隙打电话给我姐姐问父亲的情况。

在我的记忆中，父亲还是与我长谈过一次的。那是1991年夏天，我还在华东师范大学读研究生，放暑假回老家。那年江南发大水，渔民养的鱼因洪水泛滥，全部逃到运河。我们村前的北干河上有拦河网，平时是抓野鱼的，洪水泛滥使网主抓了很多逃跑的家养鱼。拦河网就架在我父亲开垦的河滩上，网主每天都送鱼给我父亲。一天，父亲烧好鱼，我们父子对饮。几杯酒后，父亲对我说了三件事情。第一件事情是劝我不要受母亲生病的影响，书还要继续读下去，多读点书总是好事情。因为父亲知道母亲生病后，我萌生了放弃攻读博士的想法，想硕士毕业后就工作，好挣钱给母亲看病。父亲的嘱咐，使我坚持了下去。第二件事情是说我年纪也不小了，可以找对象了。父亲是农民出身，也是用农民特有的经验教导我怎样找老婆："找老婆就像抓猪仔。抓猪仔时要看圈风好不好，母猪好不好，圈风好、母猪好，抓回的猪仔养三四个月就可以出圈（出售）了。""同样，找老婆，要看对方家教好不好，未来的丈母娘好不好。"第三件事情是教我怎样养生，也是用了农民的智慧："你要注意身体，身体是革命的本钱。药补不如食补，吃要吃得好一些，千万不要吃补品。补品就像化肥，一施下去，庄稼猛长，化肥的劲一过,庄稼马上蔫下去。食补就像有机肥,有机肥的劲道长,还不会使土壤板结。"父亲的三个嘱咐,我全部遵守,也全部实现了。

父亲以及我与父亲的事情有很多可以写,但也没有几件值得写的,这便是我的父亲以及我与我的父亲。

2015 年春节

清明扫墓

清明将至,正在回老家路上,明天去宜兴扫墓。

小时候得到了很多人的爱,外公外婆、爷爷(奶奶解放前就去世)、爷爷的弟弟和弟媳、阿姨姨父、妈妈,他们均已相继离世。因我曾祖父从盐城移民宜兴,后我爷爷又从宜兴移民至武进,我应算是宜兴人,加上外婆家在宜兴,我妈妈在宜兴生我,我在宜兴长到6岁才回武进读书,这样我便更是宜兴人了。叶落归根,我的这些去世的亲人们生前大都想葬在宜兴。

外公1967年就去世了,我对他已无多少记忆,但总有一事在我记忆中。我双满月后父亲便去四川绵阳山里挖山洞,现在知道了,他是建设核武研发基地九院。父亲每年回家探亲一个月,每次回来探亲便要去看外公外婆,顺便把我接回家团聚。1967年春节,父亲回来了,和妈妈一起去外婆家接我,外公外婆送我们到村头的路口,我趴在父亲的背上看着留着白长胡子的外公,外公看着我笑。突然间,我不知为何预感到外公要离开了,就大哭起来。不久,外公真的过世。我至今无法解释,我为什么会有这样的记忆,两岁应没有留存太多记忆的。后我就此事问过外婆,外婆说我的记忆基本准确。

外婆有六个女儿一个儿子,孙子辈有近30人,唯独最喜欢我,原因可能是我最小。我由外婆一手带大,她的教育方式很独特,完全是溺爱,但我从她身上学到了善良和坚强,帮人就是帮自己,害人便是害自己,这是她对我的言传身教。1983年冬天,外婆去世。我当时刚上南大,家人怕我伤心,也怕影响我学习,没将外婆去世的事告诉我,我因没给外婆送终而遗憾终身。

爷爷是村上最忠厚的人,活到89岁,一辈子勤劳节俭,从未与任何人吵架争执。爷爷读过私塾,有些文化,会唱戏说书。他给我讲了很多故事,也会和我分享他的时政见闻。1984年夏天,爷爷走了,我正在上海,得到消息赶回去给爷爷送终。

我称呼爷爷的弟弟和弟媳为小爷爷小奶奶。小爷爷小时候在溧阳当学徒,后去常州做生意,再到无锡开伞厂,后一直定居无锡。自1962年曾祖母去世后,小爷爷再也没回过老家。1979年小爷爷退休,回老家见到我就很喜欢我,从此他经常回老家,我也经常去无锡。小爷爷和小奶奶没有孩子,就把我当作自己的孙子,非常关爱。读大学时,他们每年资助我一百元念书。小爷爷小奶奶生前就交代我他们百年之后的事情由我处理。小奶奶和小爷爷相继于1992年和1993年去世,我从上海赶往无锡办丧事,并把他们的骨灰带回武进老家,安葬在我家自留地我爷爷和我妈妈坟的旁边。

我妈妈是个苦命人,辛苦一辈子,没享过福。妈妈忠厚,是村上少有的一辈子没与他人吵过架的人。妈妈1990年患病得肿瘤,1992年去世,只活了63岁。死后也葬在我家自留地。

武进宜兴城镇化速度很快,所有的坟必须挖掉,我家自留地被征用,我爷爷、小爷爷、小奶奶、妈妈的坟保不住。2008年,我在宜兴金鸡山公墓买了四座墓地,将我爷爷、小爷爷、小奶奶、妈妈以及葬于宜兴乡下外公外婆的坟一并迁到了宜兴。去世的亲人在那里团聚,生前想葬于宜兴的愿望也实现了。

我所做的一切也算是对这些亲人们生前爱的回报。

明天去扫他们的墓。

2014年4月4日下午4时于沪宁高速公路

三十年前的往事并不如烟

——1979 届东安中学初中毕业 30 周年发言

尊敬的各位领导、敬爱的老师们、亲爱的同学们：

在我的记忆中，有一个地方永远也不会忘记，那就是东安中学；有一批人我经常想念和牵挂，那就是教我的一批老师和我的同学们。今天，在我们 1979 届初中毕业 30 年之际，终于又回到了我朝思暮想的母校东安中学，见到了我思念的老师和同学，激动之情无以言表。

1978 年，那是一个真正的春天。党中央召开了十一届三中全会，掀开了科学的春天，改革的春风吹绿了祖国大地，也吹暖了我们这批十三四岁少年的心。全国恢复了高考，更多人想读大学的愿望可以梦想成真！当年，我与臧国荣等一批同学从西市中小学集体转学东安中学读初二，有幸得到了东安中学老师的教诲，与在座的各位同学一场。

如果说我现在取得了一些成就的话，那东安中学对我的影响实在是太深刻了。当时的东安中学有一批好老师，他们的业务水平可能比不上今天的很多老师，但他们的言传身教和仁爱之心塑造了我的人生观、价值观。当时的东安中学有一批好学生，我们虽家境贫寒，每年大部分时间赤脚走过田间小道来上学，但心中对未来充满着希望。东安乡、东安中学是我们希望的田野，我们从这里一路走出去，弹指一挥，30 年过去了。

值得回忆的事情太多了，最难忘怀的还是师生情深。我就读于初二(5)班，班主任是张来法老师,可惜他已经过辈,如果今天他还活着,不知道会有多高兴,今天我们特地请张师母来参加我们的聚会。张老师对待学生比对自己的孩子还亲,他的儿子张秋扬是我们同学,我总觉得张老师对我比对张秋扬更好。他为了使我有更多的时间学习,把他在学校宿舍的床位让给了我住,并与食堂讲好,我可以去食堂自由买菜打饭,这在当时是非常特殊了。当然,张老师对学生也非常严厉,我比较调皮,玩性太重,夏天经常与蒋国昌等同学偷偷地去游泳,为此没有少吃过张老师的脑龀子,我还被张老师在办公室里劈头盖脸地打过一顿。我与蒋国昌、薛如孟等同学经常到张老师家吃饭,礼拜天还住在张老师家,没有少麻烦张师母,山芋白粥香,都是健康食品。这是一个老师对学生就像对儿子般的父爱,没有这样的爱,也就没有我今天的成就。

教数学的是潘凤娣老师,数学课上得好,对同学真诚,关爱有加。胡兰萍同学可能体会更深,如果说我是张老师的"儿子",那么胡兰萍就是潘老师的"女儿"。潘老师及蒋东生老师(初一的数学老师)引导我对数学产生兴趣,徐迟发表在《人民文学》上介绍数学家陈景润的报告文学"哥德巴赫猜想"影响了我,让我立志当一名优秀的数学家。因此,我初中就自学完了高中的数学课程。当时我晚上住在学校里,高二的学生在准备高考,我有时会进他们的教室里看书学习(高二教室里有汽灯);发现英语老师戴正方的小舅子有几道三角和解析几何题目不会做,我帮他做出来了,这下我就在东安中学出名了。戴老师的小舅子向他们的数学老师徐佳森汇报,孙光明父亲孙权生老师是教导主任,知道情况后,决定在全校师生面前表扬我。之后一天课间操前,孙老师叫我站到前面去。面对全校师生,我心里忐忑不安,努力回忆这几天是否做过什么"坏事"。突然,孙老师对大家说:"你们知道他吗?他是初二(5)班的学生蒋华良,已经会做高二的数学题目了,了不起啊!"这是对我最好的鼓励,从此数学陪伴我一生,中学自学了大学的高等数学;大学和研究生不是数学专业,但我自学了数学系本科和部分研究生课程,使得我目前从事药物和生命科学研究中能自如地应用数学。

化学老师万明玉给同学们的印象一定深刻,我个人认为,他教化学可以用出神入化来形容。他的另一个特点是,性格非常好,永远有一颗年轻的心,与同学们打闹一片,我们甚至可以爬到他的肩膀上去。他还能歌善舞,我们教室后面有一条河,河边绿树成荫,在那里我听他唱过一段黄梅戏《夫妻双双把家回》。我后来上南京大学化学系,现在从事的研究工作与化学密切相关,与万老师给我打下的化学基础是非常有关的。

教物理的是张元明老师,他是从西市中小学跟我们到东安中学的,他也教过我的英语。从小学开始,他就关注我,关怀我。我玩心重,有一段时间迷恋乒乓球,与张红兵等同学天天打乒乓,打得昏天黑地,成绩有所下降。张老师发觉苗头不对,便把我从乒乓台上拉了下来,严厉地批评了我,推心置腹地与我长谈。这次谈话对我的教育意义很深,可以说是一次影响我人生的谈话。石桂林老师在东安中学实习的时候也教过我们的物理,我清楚地记得"杠杆原理"和"浮力定律"就是跟他学的,教"浮力定律"时还给我们讲了阿基米德发现"浮力定律"的故事。我与石老师住一个宿舍,那时他在南夏墅师范上学还没有毕业,我当时已经开始自学高等学,还与他探讨过"极限和无穷小量"等问题。

教英语的是薛丽娟老师,她给我的印象是像一位严厉的嫂子(她的小叔高正方是我小学和初中同学)。上课经常带一把长尺,专门用来教训学生。张国初的英语比较好,薛老师比较喜欢他。我的英语还可以,但痴迷于数理化,不太重视英语。有一件事情改变了我对英语的看法,1979年清明前,我们去管林扫墓(纪念抗日英雄林心平烈士),一路上张国初拿一本英语书在读,薛老师在边上不时指导。我非常羡慕这样的情景,我想,如果我也和张国初一样认真学习英语,不也可以向薛老师请教问题了吗。后到武进高级中学读书后,我非常重视英语的学习。今天,我可以告诉薛老师,我可能是我们这一届英语最好的学生。我用英语写了200多篇学术论文,发表在国际学术期刊上,还是国际著名药物化学杂志 *Journal of Medicinal Chemistry* 的资深编辑,50多次在国际学术会议上作英文报告,多次任国际学术会议主席,也曾经做过国际学术会议的同声翻译。

蒋霞老师一直是我的良师益友。她当时是初二(6)班的班主任。我们初二(5)班和(6)班是快班,两个班级同学的关系较好,但两个班的竞争也很激烈,一直在暗暗地较劲。有一件事情,使我了解蒋老师的语文上得很好。有一次张老师生病,蒋老师来代课,她没有上课本上的文章,说会打乱张老师的教学计划,给我们讲解了当时非常热议的话剧《于无声处听惊雷》,这是我听得最认真的一节语文课。当时蒋老师的先生在湟里工作,周末去湟里的路上我们几个同学可以与她同路到人民大桥,一路与她谈笑风生,路上有时真希望跟她一直走到湟里。我与万华彪(我们私下称万华彪是蒋老师的"儿子")等进武高读书时,她也调到武高工作,有幸又一起度过了三年。我与万华彪均得急性肝炎休学时,她甚至托人带钱给我们治病。后我与华彪复学,她更是无微不至地关怀我们,经常请我们到家里吃饭,有时还带一些饭菜给我们。

由于时间有限,其他老师对我的影响就不一一回忆了。同学之间的深情厚谊我们昨天已经畅谈过,实在是太多了。我在此仅说一句,我们这一届同学之间的感情非常非常好,仿佛一直定格在 30 年前,到今天还是如 30 年前一样。

我与蒋国昌、薛如孟、汤德良、万君伟、马莉琳、臧国荣,还有远在美国的蒋鹏宇等十几位同学一直来往,相互见面,没有地位的高低,没有贫富的差别,相互关心,相互帮助。这样的情谊怎一个"纯"字了得?

三十年来,我已经从一个懵懂少年成长为一名国内外稍有知名度的科学家,成为中国科学院上海药物研究所的研究员,并担任副所长、学术委员会副主任、药物发现与设计中心主任,兼任国家基础研究重点规划(973)项目首席科学家、科技部 863 计划专家组成员,还担任北大、浙大和新加坡理工学院兼职教授以及 7 个国际学术期刊的编委,兼任华东理工大学药学院院长。现在还是全国政协委员、民盟中央委员,获得多种国家级激励。这些成绩的取得,与我在东安中学的学习,与老师们的教育关怀,与同学的鼓励是分不开的,这些是我终身的财富和前进的动力。

老师们,假如有来生,我还做你们的学生。

同学们,假如有来生,我还做你们的同学。

2009 年 8 月 3 日晚

母校往事

我的母校江苏省武进高级中学(武高)今年成立 70 周年,金秋十月拟举行校庆,各项准备工作正在进行之中。为此,学校成立了多个校友微信群,我在"武高北上广(东)校友会群",该群成员由武高老师、退休后来帮忙筹办校庆的邵汉中老师以及其他校友组成。

2001 年 12 月 28 日,武高举行过 55 周年庆,很多校友返校。组织得很好,以届别和班级为单位聚集。而当时武高刚迁新校区,校园较大,校庆办得很有条理。

武高 55 周年庆早在 1999 年就开始准备了,当时我还在以色列 Weizmann 研究所做访问教授。筹备组毛健林和邵汉中两位老师在整理校友材料,他们与我联系,我的学生将他们的信转到以色列。我读后很激动,当即写了一篇文章,题为《母校往事》。我用邮件将此文发给我的博士生,她打印后寄给了毛老师。毛老师曾告诉我,他看了我的文章后也很激动,当天就读给他所教班上的同学听。

然后,这篇文章的原稿失落了,我一直在找这篇文章。借今年母校建校 70 年之期,我先在中学同学群中发了寻文启示。我记得当年报纸刊登过此文,但记不清是《常州日报》还是《武进日报》。我同学陆加平联系常州日报社,查阅了 2001—2003 年的所有报纸,未果。昨天,我又在"武高北上广(东)校友会群"提了找此文的期望。

从下面微信交流信息,可以看到一个艰坚而温馨的过程。

邵汉中：几次去电武进日报，他们的（计算机）后台坏了，不能查了。报社让我们在武进新闻网查或百度一下。但用"母校往事"或"蒋华良"或"母校往事＋蒋华良"在上面两个网里都查不到，说明可能文章没有上网进电子版或进了电子版时间长久已删，如武进日报的电子稿 2006 年前的就没有了，或（你文章）题目能否确认？

蒋华良：不用找了，我自己找，太麻烦大家了。

邵汉中：好消息！好消息！几位老师忙了近一天，终于找到了！校庆办的谢留娣老师积极主动与我一道商量，并在网上认真查找，排除各种可能，最后出了个金点子：查学校档案。我即电档案室吕琴老师，吕老师急人所急，认真仔细查找，终于水落石出，找到了 55 周年校庆庆典日-2001.12.28 武进日报上的《母校往事》，立马复印后送校庆办。了却了许多师生的共同心愿，可以毫不夸张地说，这是一首同学情师生情的赞歌！

蒋华良：谢谢大家！大家花了九牛二虎之力，终于找到了 17 年前在以色列完稿，15 年前发表于《武进日报》的文章《母校往事》。1999 年从以色列回国后，我一直没有再回去过。巧合的是，时隔 17 年后的今晚，我又要飞往以色列访问。这难道真是巧合吗？

在母校建校 70 年之际，我再次找寻发表这篇文章。遗憾的是，这篇文章仅仅回忆了几位授课老师。其实母校永远在我心中，我写的许多文章中提及母校，提及湖塘。

2016 年 5 月 25 日于北京

母校往事①

　　正在以色列访问的我，从毛健林老师的来信中得知，母校即将进行 55 周年校庆。得到这一令人激动的消息，曾经在母校学习生活过三年的我，心潮澎湃，夜不能寐，母校的往事潮水般涌入脑海，故作此文回忆母校的一些老师和他们上的课程。

　　我是 1980 年秋天进入母校读书的（实际上我 1979 年入学，因病休学一年，1980 年应是复学）。与我一起进校读书的同学，均来自武进市（当时的武进县）的各个乡村，大多是农家子弟，身上带着浓浓的乡土气息，但都有一个特点，学习非常刻苦。

　　1981 年春天来得特别早，改革的春风吹绿了祖国大地，十三届三中全会的召开，使得这一年的春天比以往更加美丽。同学们以无比的热情投入到学习中，那时大家的志向就是"学好知识，为四化建设添砖加瓦"。也就在这一年的春天，一位新调来的语文老师教我们中三(1)班的语文课，他就是我所尊敬的、至今依然活跃在母校讲台上的毛健林老师。我至今还清楚地记得，初次和我们见面的毛老师，穿着旧中山装棉袄，戴着棉帽，脚上是一双北京鞋(布鞋)，身上所散发出的乡土气息与我们一样地浓。还没有说话，师生之间的距离就已经缩得很短了。开始上课了，毛老师一手漂亮的板书，再一次深深地吸引住了同学们的视线，那一堂语文课我听得特别认真。从此，一向重理

---

① 此文曾于 2001 年 12 月 28 日刊于《武进日报》。

轻文的我,每天最盼望上的课就是语文课。毛老师的古典诗词功底很深,听他上古诗词课简直就是一种享受;毛老师的字也影响了我们这一届好几个同学,有些同学后来写的字可以说算是"毛体"。我本人受毛老师影响最深的是他的作文课。以前我不太重视作文,总是写不好。记得毛老师教我们做的第一篇作文题目是"春雨",我写得非常糟糕,作文成绩不高我也没有当回事。晚自习时,毛老师找我谈话,给我讲了语言和文字的重要性:"优美的文章不仅可以供人欣赏,更重要的是文章的实用性,它是记事和交流的工具。就是你今后搞自然科学研究,不会写文章,你也将一事无成。"工作多年后,我终于体会到了这些话的真正含义。幸亏毛老师给我敲的这记警钟,我才开始重视文理科的全面发展。这给我现在的工作带来了莫大的助力,我现在写出去的研究计划和研究报告,经常受到专家的赞誉,投出去的科学论文也较少退稿,其中通顺的文字起了很大的作用,这与在母校打下的文字底子是密不可分的。可惜毛老师仅教了我们一学期就去教另外一个班了,高三时他又教文科班,要不然我会从他那里学到更多的知识。

当时母校的英语课是全市闻名的,这与上官夫妇的努力有关。因我们班大多数同学初中是在农村中学上的,英语基础很差。高中三年教我们英语的是上官夫人尹老师。她上课非常认真,知道我们英语基础不好之后,立即改变了教学策略,先给我们补上初中的课程。在短时间内,我们就学完了初中的全部课文,这时同学们不但有了自信心,也培养了学习英语的兴趣。上官老师没有给我们上过课,可能我们班是他夫人教的缘故,他经常到我们教室里来,因我们都认为他是当时武进县最好的英语老师,所以经常会问他一些问题。上官夫妇教英语的一个特点是,课程不仅仅局限于课本,经常给我们一些课外读物,记得当时经常给我们看的课外读物是从《新概念英语》上选来的文章,这在当时是不多见的读物。他们教学的另一个特点是从语言环境中学习语法,当时我们必须背诵每篇课文,我认为这是学习语言的最好方法。有些课文至今我还能背,这使我终身受益。有一次我到德国访问,与国外朋友交谈过程中,突然忘记在那种场合到底是用 Germany 还是 German,中学背过的课文帮了我的忙。这时我想起了中学学过一篇关于马克思在六个月内掌握英语的课文,开头是这样的:"Karl Marx was born in Germany and German was his native language."在心里背诵这段之后,我立刻就知道当时该用什么词了。上官夫妇教英语还有一个特点,就是注重发音,我现在还能记得尹老师教我们"the"的发音,在什么情况下发[ði],什么情况下发[ðə];"i"的发音规则也是从尹老师那里学的,什么情况发[ai],什么情况发[i]。这些当时看似的小问题,以后产生了意想不到的效果。每当我在国际学术会议上做完报告后,或与国外同行交流时,听到人们类似这样的称赞"Jiang, your English has no Chinese accent",或者有人问我英语是否在英美国家学的时,我从心底里感谢母校的这两位英语老师。

教我们化学的是丁耀良老师。当时丁老师的化学课在全武进县也是非常有名气的,上课采用的是启发式教学方式,深入浅出,非常容易听懂。当时我认为化学就像文科一样,是一个死记硬背的课程,丁老师的课使我改变了这一看法。他教导我们化学是一门逻辑性很强的课程,应用范围也很广。记得他给我们上分子结构和原子结构一章时,向我们介绍道:"分子结构和原子结构及其它们的性质可以用解数学方程的方法得到,这个方程叫作薛定谔方程,只是现在计算条件有限,只能解氢原子这样的小体系,今后科学发展了,分子结构和原子结构会搞得更清楚。"这些话给了我深刻的印象,上大学时我选择了化学专业,从读硕士开始算起,我已经与薛定谔方程打了十几年的交道了,几乎每天都在用计算机解薛定谔方程。丁老师的预言,现在可以说已经实现了,今天的化学不光是一门实验科学,在薛定谔方程的基础上,现在已发展了一门新的学科——计算化学。计算化学在化学、材料科学和生命科学中得到了广泛的应用,1998年两位美国科学家因计算化学方面的成就而获得了诺贝尔化学奖。当上海科技报邀请我写文章介绍这两位美国科学家的成就时,我选择了"计算化学实用化的时代已经来临"作为文章的题目,进行文章写作时,我首先想到的就是丁老师给我上的那生动的一课。

春华秋实,艰辛几许?我们这一届的学生从母校毕业已经有17个年头了,差不多均已成家立业。由于工作较忙,我已经12年没有回母校了,但在这从母校毕业后的17年中,最令人忘怀的,始终是母校老师的教诲和母校校园里琅琅的读书声,在关心家事、国事和天下事之余,也关心着母校的发展。从毛老师的来信中得知,母校已易新址,并高标准、高质量地通过了国家级示范高中的验收,我感到无比欣慰。在科教兴国的大好形势下,愿母校为国家培养出更多更好的人才。

春雨

——祝贺母校江苏省武进高级中学建校70周年

金秋十月,是一个收获的季节,也是一个庆祝丰收的季节。在这样一个满怀喜悦的日子里,母校江苏省武进高级中学迎来了建校70周年的生日。10月5日,母校拟举行校庆庆典。张国良校长邀请我作为校友代表发言,我深感荣幸。母校对我们的培育之情,对我们的教育之恩,无法用言语表达。记得当年在母校读书时,高一教我们语文的毛建林老师给我们布置过一篇作文,题目是《春雨》。可能毛老师教过的学生均写过同题作文,为了庆祝母校建校70周年,并应部分同学和校友的要求,我重写了《春雨》这篇作文。

"春雨贵如油",意味着春天雨水少。然而今年的春雨,总是一场场绵绵地下着,直到樱花盛开才收场。到清明节前后,雨水又纷纷地下了起来。在回乡扫墓途中,分别收到张国良校长和邵汉中老师发来的信息,学校正在筹办建校70周年校庆,邀我参加10月份举行的庆典。我的心绪一下激动了起来,仿佛回到了33年前那个春雨连绵的季节。

1983年的春天,雨水也是出奇地多。连日的阴雨天,加上复习迎接高考的时日已经所剩不多,同学们的情绪大多不是太好,窗外的烟雨景色引不起多少同学的兴趣。

老师们一如既往地认认真真帮我们复习,整天有做不完的题目和试卷。星期天也不能休息,不是老师来上课,便是自己做题目。绵绵春雨悠长地下了足有两周,周日下午,雨终于暂时停了,天空中出现了久违的太阳。看着窗外雨后的天空,同学们似乎从紧张的复习中跳了过来,心情好了许多。

在我的提议下,几个同学出了校门,想去看看外面雨后的春景,以缓解因高考复习而绷紧的神经。我们一路往西南行,出了湖塘镇,沿着一条小溪缓缓而行,因长期下雨,溪中的水不是太清,不时有小鱼冒出水面呼吸空气。湖塘镇(当时叫湖塘区)不愧是全武进县最富足的乡镇,连接村与村之间的道路竟然是青石板路。我们几位同学漫无目标地顺着一条青石板路往前走,经过了好几个村庄,终于来到一条宽阔的河流边。仔细一看,这是一条环形的河流,虽然多日阴雨,河水依然清澈见底,且平静如镜,岸边草木茂盛,树叶草叶上还留着雨水,在阳光中熠熠生辉。我们被眼前的景色吸引,通过一个水坝向河围着的环形区域中央走去。河的另一边由高高隆起的土埂围着,土埂有两三米高,埂上满是荆棘。翻过土埂便是一片开阔的田野,田里长着青青的麦苗和已经零星开花的油菜,形成了一幅宛如彩绢的图案。田野间没有完整的村庄,仅有几户散住的人家,与周边的乡村相比,这里真是少有的开阔之地。

我们确实被这里独特的景色吸引住了,继续向环形的中心走去,走了约一华里,竟然遇到了另一条环形河流,水面比第一条河流略窄,河的两岸种了很多桃树和柳树,与第一条河岸相比,虽然少了些野趣,景色还是迷人的。桃花还没有开,柳树上才冒出很小的嫩芽,远看泛着鹅黄,近看依然如冬日的枯枝。语文课外阅读材料上有一首韩愈的诗《早春》,诗中有一句"草色遥看近似无",我一直不太理解。看到这第二道河边柳树远近颜色的变化,我豁然开朗,早春的颜色,无论是草色还是柳色,均只可远眺,不可近观。这样的景色虽不成桃红柳绿,但也显现了别致的春色。

又经一坝过了第二道河,依然是农田,还是种植小麦和油菜。向前没走多远,竟然又见一道环形河流,河的宽度和长度比前两道河流小许多。这道河流中长了许多芦苇,芦苇还未发芽,保持着冬日的枯黄,与这早春的颜色保持着出乎意料的协调,似乎在告诉人们早春的颜色是冬天与春天颜色间的过渡。远远望去,第三道河流围着的地域俨然像个小岛,中间有很多树,虽未郁郁葱葱,但已经长满了翠绿的新叶。

我们几个同学,被这样的景色迷住了,流连其间,赞叹不已。在湖塘中学读书快三年了,竟不知附近有如此美妙的景色。许多年后,我们才知道,高考那年春雨后我们几个同学一起游玩的地方叫淹城,是一座建于春秋晚期的古城池遗址,也是世界上唯一的具有三城三池的城市遗址。淹城现在名气很大,已经成为与西安、北京齐名的古城遗迹——"明清看北京,隋唐看西安,春秋看淹城"。这次短短的春游印象深刻,我也一直怀念淹城美丽的景色,上世纪90年代,带着正与我热恋中的夫人游玩了淹城,也是一个春雨后的下午,淹城也是空无他人,我们两人在那里享受春色和阳光。这些均是后话,这里不多叙述。

太阳不知什么时候退去了,天空阴暗了下来,似乎又要下雨了。同学们的情绪又紧张了起来,又想到了高考复习和那永远做不完的题目,便匆匆赶回学校。返回第一道河流的堤坝时,看到两位农民驾着一条小船在河的中央捕河泥,听到了他们的一段对话:

农民甲:看来天又要下雨了。

农民乙:今年春天的雨水真多!

农民甲:春天雨水多,今年的收成也一定会好。

同游的同学是否听到了这两位农民的对话,如果听到了,是否有所感想,我不得而知。他们的对话确实对我有所启发,春雨滋润万物,促进万物生长。老师的教育和关怀,同学的关心和友爱,又何尝不是一种春雨呢?这种春雨也滋润着我们的心田,是我们成长和进步的力量。

之后几月,我们加倍努力,准备高考。那一年,我们高考取得了较好的成绩,常武地区第一。回想起我们1980年进校时,我们的平均成绩比兄弟中学前黄中学低30

分,高考时我们的平均成绩竟比他们高 30 分。

　　每到春雨连绵的季节,我都会想到 1983 年的春天。那一年的春雨下了很久;那一年漫长的春雨后,我无意中游玩了神奇美丽的淹城;那一年我参加高考;那一年我从母校毕业;那一年我奔向新的前程……

2016 年 10 月 1 日于浙江嵊州

不忘初心，方得始终

——庆祝江苏省武进高级中学建校70周年大会发言

尊敬的武高全体师生、敬爱的校友们：

金秋十月，是一个收获的季节，也是一个庆祝丰收的季节。

在这样一个满怀喜悦的日子里，母校迎来了建校70周年的生日。此时此刻，我的心情与所有校友一样，万分激动！在此，我代全体校友，祝贺母校欣欣向荣，兴旺发达！祝福母校的师生身体安康，工作学习愉快！

70年来，母校培养了千万学子，母校领导邀请我作为校友代表发言，我深感荣幸。昨日上午，我们83届部分同学相聚母校，与部分当年的任课老师畅谈叙旧，与母校的领导和老师交流座谈。场面温馨感人！

母校是同学之间、同学与老师间联系的纽带，无论如何，母校的名字总是有意无意地、有形无形地在我们的脑子里、心坎里。正如我们这一届的陆永青同学所说：母校经常出现在他的梦里。现在常用微信，每届毕业生的同学群的取名中不是带有"武高"，就是含有"湖中"，可能早年毕业的校友同学群还会带有"求实"。这是学子对母校的一种情怀和感恩。

36年前，我就读武高前身湖塘桥中学。在母校三年的学习生活着实令人难忘，老师的教育关爱、同学的情深谊长，回忆起来幸福满满。昨天，我们这届的陆加平同学回忆：1983年初，离高考还仅有半年时间，他母亲因病去世，对他打击很大，又因家境困难,他萌生了退学回家务农的念头。时任校领导一次次做他的思想工作,鼓励他刻苦学习,考上大学,这才是告慰他母亲亡灵的最好方式。并告诉他经济困难问题学校尽量帮忙解决,如果今年考不上大学,他可留校免费复习,明年再考,明年考不上,继续在校免费复习,后年再考。陆加平从此刻苦学习,高分考入复旦大学。一件件的往事,都是爱的回忆和幸福之花。

在昨天1983届师生聚会上,我们的数学老师、原常州市副市长周亚瑜先生用"我爱我家"表达了全体校友对母校的深情厚谊。我们有幸进入母校学习,是母校良好的学风和教风促使我们成才,使我们保持淳朴、刻苦、踏实的优秀品质。我本人在母校受到了扎实的基础教育,学习了语数外、理化生以及基本的历史、地理知识,为我接受高等教育打下扎实的基础,也为我现在的科研以及科研管理工作打下了基础。关于在母校学习生活的点点滴滴,我曾写过回忆文章《母校往事》。

"不忘初心,方得始终。"母校对我们的培育之情,对我们的教育之恩,无法用言语表达。在此,我谨代表全体校友再次诚挚地感谢母校!也衷心祝愿母校跨越发展,培养出更多杰出人才,为我国的教育事业作出更大的贡献。

2016 年 10 月 4 日

阳羡歌

阳羡是今江苏省宜兴市的古称。秦始皇统一中国后推行郡县制,公元前 221 年,宜兴正式立县,定名为阳羡县。至西晋惠帝永兴元年(304),设义兴郡,下辖义乡、国山、临津、阳羡、平陵、永世六县,南朝刘宋永初三年(422),又增鞍绥安县归义兴郡管辖,至此,宜兴达到了历史上行政管辖范围最为广大的时期,地跨包括今常州、无锡、湖州、宣城等地的部分地区。隋文帝开皇九年(589),撤义兴郡,将阳羡、国山、临津三县合并为义兴县,隶属常州,唐高祖武德二年(619)义兴县被分鞍为阳羡、临津二县,并在此鞍鹅州,县城改为州府,至武德七年(624),鹅州又改称南兴州,次年撤州复称义兴县。宋太宗太平兴国元年(976),因避太宗名讳,改义兴县为宜兴县,依然隶属于常州。1983 年,全国行政区划大调整,宜兴划归无锡市。自隋文帝时开始,特别是宋太宗时以来直到 1949 年,宜兴一直隶属于常州,许多有关宜兴的史料要从明永乐《常州府志》①等常州地方志中查阅。我自己祖籍宜兴,出生在武进,儿时又生长在宜兴外婆家,宜兴和武进同属常州,原先讲一下"我是常州人"便可,现在有些纠结。无论如何,宜兴和武进都是我的故乡,每当乡愁浓郁之时,这两个地方的人文和山水会同时出现在我的心里和梦里。

---

① 《常州府志》仅在上海图书馆有藏本。

近日翻阅《唐宋词:唐·五代·北宋篇》①,读到北宋词人贺铸的词《阳羡歌》,不觉又思念起宜兴来了,故以这一词牌为由,写此随笔。

贺铸(1052—1125),字方回,又名贺三愁,因所作词《青玉案·凌波不过横塘路》中有"一川烟草,满城风紫,梅子黄时雨"词句,世人又称其为"贺梅子"。贺铸一生郁郁不得志,屈居下僚,家境也不宽裕,但娶了个勤俭持家的好夫人赵氏,生活倒也很幸福。贺铸命途多舛,中年丧妻,痛不欲生,并且他的妻子是在他为母服丧期间去世的,未能见最后一面,为此写下了思念夫人的著名悼亡词《半死桐·重过阊门万事非》,词中"重过阊门万事非,同来何事不同归""空床卧听南窗雨,谁复挑灯夜补衣",写出了"糟糠夫妻、情逾金石"的笃深感情。文学史称,这首词是与苏轼悼念亡妻词《江城子·乙卯正月二十日夜记梦》齐名的不朽之作。从此,贺铸闲居苏州,或杜门校书,或游乐山水。宜兴山水秀丽,离苏州也不远,乘船穿过太湖便到,又受苏东坡热爱宜兴的影响,贺铸经常去宜兴游山玩水,走访朋友。游溶洞,观竹海,品香茗,把酒填词,众论天下,其乐融融。初到宜兴,贺铸被宜兴的山水和人文吸引,即兴填了一首《踏莎行》,贺铸有一个是特有的习惯,喜欢为了应景应情等原因,将原有的词牌名改掉.例如前面谈及的《半死桐》实际上就是常见词牌《鹧鸪天》,古诗文中常以"梧桐半死"比喻丧偶,贺铸将其改为《半死桐》倒也应情,并且该词也用了这一典故填了词句"梧桐半死清霜后,头白鸳鸯失伴飞"。出于同样原因,他将在宜兴填的《踏莎行》词牌改为《阳羡歌》,从此宜兴地名进入了词牌名行列。我读到此词后,非常高兴,认真研究了这首词。希望宜兴人读到我的这篇文章后也能同样高兴,认真阅读我的文章。这首《阳羡歌》全词如下:

山秀芙蓉,溪明罨画。

真游洞穴沧波下,

临风慨想斩蛟灵,长桥千载犹横跨。

---

① 上海辞书出版社,2015年出版版本。

解组投簪，求田问舍。

黄鸡白酒渔樵社。

元龙非复少时豪，耳根清净功名话。

  该词上片开头两句用四字对句描写宜兴秀丽的山水，写得非常巧妙，用两个他游玩过的风景区地名，形容宜兴山色俊美，溪水明澈。宜兴张渚镇附近有一山名为芙蓉山，目前依然是著名的风景旅游区。因山区群峰叠嶂，形似芙蓉花瓣，故称为芙蓉山。罨画意为色彩鲜明的绘画，也是古代宜兴的一个溪名，现在罨画溪还在，依然是著名风景区，但已经划归为宜兴隔壁的浙江省长兴县。罨画溪也为历代文人喜爱。苏东坡任湖州刺史时游玩过罨画溪，誉其为"此必岩谷间苦学者"，长兴才子刘煮曾写过赞美罨画溪的诗：

竹林深处杜鹃啼，两岸青青草色齐。

欲识人间真罨画，朱藤倒影入清溪。

  "罨画"作为色彩鲜明的绘画之意，也经常入诗词，用以形容山水景物或亭台楼榭的艳丽多姿。如唐秦韬玉《送友人罢举授南陵令》诗："花明驿路燕脂暖，山入江亭罨画开。"晚唐韦庄《归国谣》词："罨画桥边春水，几年花下醉。"清纳兰性德《浣溪沙》词："一水浓阴如罨画，数峰无恙又晴辉。"与贺铸《阳羡歌》密切相关的是宋叶适的《送惠县丞归阳义》诗，其中有诗句"三岭描成翠骨堆，一川罨画绣徘徊"，有人考证阳义应为阳羡，叶适比贺铸小近百岁，叶适写此诗可能受到贺铸词的启发。如果这样的话，这首诗是告慰老朋友，可以回去欣赏阳羡山水，过悠闲的生活了，因为该诗的后两句是"三年尘土无人识，山水虚闲与唤回"。这仅仅是我个人的推测，不足为真。扯远了，还是回到贺铸的词吧。

  贺铸词开头两句的本意为"芙蓉山秀，罨画溪明"，因词牌平仄所需，词人将其改为

"山秀芙蓉,溪明罨画",这一倒叙实在是太妙了！格局大为改变,境界忽然提升,从赞美一山一水,到突出宜兴境内千山竞秀、万壑争流的美景。第三句实写张公洞的天工造化之奇。距芙蓉山不远处的孟峰山麓有张公洞,是宜兴"三奇"之一(另外两奇是善卷洞和灵谷洞)。张公洞是石灰岩溶洞,钟乳凝结,垂蠡相映,大洞套小洞,72个大小洞穴,嵌空邃深,曲折蜿蜒,各洞的温度也不相同,素有"海内奇观"之称。相传汉代天师张道陵曾在此修道,唐代张果老在此隐居,故称张公洞。宜兴素有"陶的古都,洞的天地,茶的绿洲,竹的海洋"之称,境内溶洞很多,"真游"指出贺铸词中所写的是张天师修行的张公洞。

四、五句写典故。西周周处杀虎斩蛟的故事在宜兴一带广为流传,小时候听爷爷讲过,想不到贺铸这首词里也提及,看来这一民间传说历史悠久。周处是个官二代,他父亲周鲂是三国时期吴国将领,历任宁国县县长、怀安县县长、钱塘侯相,也曾任西晋大臣、东吴鄱阳太守等职。周处少时纵情肆欲,为祸乡里。后来改过自新,浪子回头,发奋读书,杀虎斩蛟,为民除害,留下一段佳话。据传周处当年斩蛟处即在长桥,贺铸漫步长桥,思接千载,不禁临风感叹:当年周处斩蛟的长桥,历经千年风雨,依然横跨在蛟河之上。

宜兴长桥本身就是个传说。宜兴长桥(又名蛟桥)是历史名桥,与杭州西湖断桥齐名,素有"长桥不长,断桥不断"一说,长桥位于宜兴城中,横跨荆溪(即蛟河),北起东大街,南至东西珠巷,贯通南北大街。东汉献帝兴平二年(195),袁王己任阳羡长时建造,初为木桥,长仅72丈(确实不长),因水流湍急,便每隔五丈打入一排木桩支撑桥板,河水中共打入13排木桩,故称桩桥,宜兴方言"桩"与"长"同音,后民间传为长桥。长桥也是命运多舛,屡毁屡修,因周处在此斩蛟,后改称蛟桥。宋天圣六年(1028)县令贾昌朝(后任宰相)重建长桥,留下"坐忆蛟桥此日新"诗句(诗的全文已失)。元丰四年(1081)改建为石桥,苏轼书写"晋征西将军周孝公斩蛟之桥"十二字。光绪年间重建,东西两边立靠北坐椅式石条,其间阳刻"重建蛟桥"四字,并题写"清风徐来水波不兴妙墨尚留苏学士,行人安稳布帆无恙神威犹仰晋将军""平步青云对南郭铜峰千秋巩固,重看明日印东流血水万派朝宗"对联。很可惜,1970年,为交通方便,拆石桥改筑水泥桥,并更名为人民大桥。1995年元月,桥又随人民路街道拓宽,恢复称为"蛟桥"。宜兴市政府最近在西沈边仿造了长桥(蛟桥),往日的原桥韵味已逐渐消逝。

小时候,爷爷给我讲过吕洞宾化作乞丐过长桥的故事,因年代已久,故事全貌记不清了,网上也查不到这个传说,只好作罢。1983年春天,我去宜兴中学参加全国数学竞赛,第一次进宜城(宜兴城的简称),专门去看了长桥,看到的就是1970年代建的水泥桥。后因表姐嫁到宜城,我便经常去宜城,也总会去长桥看看蛟河。当年根本不知道贺铸的这首《阳羡歌》,不然一定会站立在长桥中央,面向蛟河吟诵:"临风慨想斩蛟灵,长桥千载犹横跨。"

词的下片承上片"慨想"之暗转,直接抒发词人此时此地的心声。他年轻时曾有治国平天下的远大抱负,几十年的从宦生涯,使他逐步认清了官场的污浊和政治现实的冷酷。宜兴的山水田园和美食美酒,促使他想隐居田野,过一种"黄鸡白酒、渔樵溪山"的悠闲生活。其实可能他有此想法已经很久了,徽宗大观三年(1109),他曾在《铸年五十八因病废得旨休致一绝寄呈姑苏毗陵诸友》诗中写道:"求田问舍向吴君,欲著衰残老病身。"宜兴的山水田园可能的确能勾起有抱负的迁客骚人失意后归隐的想法,苏东坡一到宜兴,便爱上了宜兴,也有在宜兴买田筑屋养老的想法,并视常州(其实是宜兴)为第二故乡(把丁山改名为丁蜀便是例证),曾在一首《菩萨蛮》中留下"买田阳羡吾将老,从初只为溪山好"的词句。然而,人的思想有时是矛盾的,词人想隐居又谈何容易。最后,贺铸反用典故表达了词人内心的这种矛盾。元龙是三国名士陈登的字,曾对前来拜访他的许汜"求田问舍、言无可采"的行为表示鄙视。贺铸最后用这个典故表达了自己当年是与陈登一样反对求田问舍的,如今自己也想求田问舍,过耳根清净的生活了,这不是讽刺吗?

宜兴人杰地灵,是许多文人墨客喜爱的地方,自古也出了很多文人墨客,历史上诞生了4位状元、10位宰相和548名进士。尤其是现代,宜兴被誉为院士之乡、教授之乡、校长之乡,新中国成立后,宜兴籍大学校长有100余位,两院院士30余人。1980年代初,全国大学宜兴籍教授就有 640 余人(现这一数字已经上升到 4 000 余人),有"无宜不成校、无宜不成教"之说。许多重点大学校长是宜兴人,如北京大学校长周培源先生、清华大学校长蒋南翔先生、吉林大学校长唐敖庆先生、天津大学校长史绍熙先生。我母校南京大学与宜兴渊源深厚,新中国成立后,中央大学改称南京大学,宜兴归径陆平村(今属新街街道)人、著名心理学家潘菽院士任南京大学教务长、校务委员会主席,1951 年改为校长制,他被任命为南京大学第一任校长。潘菽先生深得恩师蔡元培先生和胡适先生的真传,在废旧立新的转折时期,为南京大学的发展作出了重要贡献。顺便说一下,潘菽原名潘有年,他的同胞哥哥潘梓年是近代著名的哲学家和杰出的新闻斗士,创办了《新华日报》,被毛泽东钦点为第一任社长,因此被称为"中共第一报人",赫赫有名的潘汉年是他堂弟,这兄弟三人被世人誉为"潘氏三杰"。匡亚明先生曾任东北人民大学(现吉林大学)党委常务书记兼校长(1956—1963),两次出任南京大学党委书记兼校长(1963—1966,1978—1982)。他虽是江苏丹阳人,但曾在宜兴从事革命工作,1927 年参与领导了宜兴秋收起义,意义重大,影响深远,是中国共产党在江苏大地第一次用自己的武装建立了自己的政权,打响了江苏武装反抗国民党反动派的第一枪。

因读贺铸的词《阳羡歌》产生了思乡之情,也随着这首词的脉络,介绍一下宜兴的山水、相关人文历史和民间传说,也算是对故乡的一种眷恋和热爱吧。

2019 年 11 月 24 日晚于上海

闲情偶记

　　每个人的"活"法不尽相同，有些人活得轰轰烈烈，有些人活得平淡从容。每个人不同的活法，构成了丰富多彩的社会，促进了社会的发展。"活"体现了人生的价值和目标。我们应活得"活灵活现"而不是"草间求活"。

　　远逝的，是千秋岁月；黯淡的，是历史容颜。不可磨灭的是眼前"活"的诗章。让我们携起手来，多出活，出好活，共同创造一个"生龙活虎"的社会与人生。

——引自《活》

上海人的优点

今日看到著名越剧表演艺术家钱惠丽①老师转来的《上海人的优点》一文,看后忍不住想写点评论。

从 1989 年来上海读研究生算起,我在上海已经生活 25 年了,有时也俨然以上海人自居。我在常州农村生活了 14 年(是个地道的乡下人),在常州读高中 3 年,在南京读大学 4 年,又在常州工作 2 年,算起来我在上海生活的时间最长。我不想走了,我喜欢上海,喜欢上海的一切,喜欢我工作的单位——中国科学院上海药物研究所。

我第一次来上海是 1976 年夏天,在姑妈家过了一个暑假。那时我对上海的印象特好,希望有一天也成为上海人。为了实现我的梦想,我在考大学时就想来上海的学校,未想到被南京大学提前"预订"。1980 年代没有提前录取,只是大学的老师来中学约谈几个成绩好的同学,我算是其中之一,高考后就去了南京大学。毕业分配,好多同学都想来上海工作,我也不例外。但上海的名额太少,未果,我只能去常州工作。不过,做上海人的梦未曾断过,我就考研究生。1989 年我考取了华东师范大学的研究生,毕业后我又考取了中国科学院上海药物所的研究生。毕业时,大多数同学想出国,我不想,我想留在上海工作。我就留下来了,一直到现在。

---

① 钱惠丽,著名越剧表演艺术家,越剧徐派创始人徐玉兰嫡传弟子,上海越剧院当家小生,国家一级演员。

今天读到钱惠丽老师转发来的一篇文章，描述上海人的优点，我都体会得到，我也努力地学习上海人为人处世的方式，使自己融入这座城市。上海药物所有许多地道的上海人，他们给我的印象都很好，很优秀。

多年前，我与导师陈凯先院士去北京出差，与一出租车司机从北京机场一路聊到铁道大厦。当出租车司机发现我们是上海人后，给我们的赞誉是"你们一点不像上海人"。我就给他介绍上海人的优点，对他说，上海曾经是中国的经济文化中心，1990年代前，上海的 GDP 是全国的 1/6。然而，上海人省吃俭用（那时全国只有上海有半两粮票），四代同堂蜗居在十几平方米的房子里。为什么？上海人把钱给了北京，支持北京建设宽阔的马路、漂亮的建筑；上海人把钱给了新疆、青海、云南，支援边疆。而上海自己的马路、电路、水管，50 年几乎没变过……上海人靠自己的智慧过上体面的生活，不值得骄傲吗？司机再无多语，似乎被我说服了。

上海开放后，老上海人又一次作出牺牲。外国人来了，其他城市的人来了，好多"土豪"也来了。老上海人搬迁到了老远老远的郊区，把自己生活了多年的地方让了出来，和大家共享。现在上海的繁华街区可以听到外国话、其他城市的方言，却很少听到上海话了。这就是上海，这就是上海人的胸怀，海纳百川。这也是上海发展的基石。

这不，自贸区不是建在上海了吗？2014 年 5 月，习总书记指示上海率先建立"国家科学与技术创新中心"，这就是科技自贸区啊。上海又要迎来高速发展的机遇期。阿拉上海人能不自豪吗？

上海人，其他城市的人，都是中国人，都有优点，也都有缺点。我们应该相互学习，取长补短，才能做堂堂正正的中国人，立足世界之林！

2014 年 8 月 24 日于上海

照片的记忆

1826 年第一张照片诞生前，历史大多用文字记录，部分用画图记录。现在的历史记录应比任何时候都详尽，您几乎可以查到世界上任何地点任何人每天在做什么。

如今，你想拍照，随时随地拿起手机就可以拍。几十年前，拍照是一件非常奢侈的事情。18 岁前，我一共拍过三张照片，第一张是我双满月时，父亲要去四川绵阳核工业基地参加三线建设，让比我大 11 岁的姐姐带我到镇上照相馆拍了张合影带走，思念我们时可以拿出来看看。第二张照片摄于 1972 年，我 7 岁，要上小学了，上学前，表姐领着我和姐姐去镇上拍了张合影。

那时乡下穷，舍不得花钱拍照，很多人一辈子都没拍过照。从小学到中学毕业上大学前的十年间，我一张照片都没拍过，小学毕业没拍毕业照，初中毕业没拍毕业照，高中毕业也没拍毕业照，好遗憾！我无法从旧相册中寻找我成长的轨迹，寻找岁月给我留下的痕迹。

高中毕业后，拿到了大学录取通知书，六位在县重点中学读书的同一公社的同学相约到常州城里局前街的一家照相馆拍了一张合影。这是我拍的第三张照片。

上大学后，照相机便宜了些，但也不是谁都能买得起的。家境好一些的同学有照相机，我们可以借用，但胶卷和冲洗照片花费也不小，每年拍的照片也不多。全部照片都放在册子里，每次拿出来看到的，全是美好而幸福的记忆。

工作后,家里买了相机,照片已由黑白变成彩色。与家人、朋友、同事、老师和学生拍了很多照片。依然存放在册子里,每次拿出来看,依然是美好而幸福的记忆。

智能手机出现后,拍照成了家常便饭,每天不知可以拍多少照片,还有视频。如吃东西一样,最可口的美食吃多了也会腻味,成千上万的照片存在电脑里、手机里、U盘里,仅仅是数字化的图像和图像的数字化,可能永远不会拿出来看,偶尔看一下,已没有美好而幸福的记忆,只是想起某年某月某日我在某地干了某事。

物以稀为贵,还真是有道理。我儿时仅拍过两张照片,多年前从表姐的镜框里取出拿回家,表姐吩咐一定要保存好。我忘了放在什么地方,多年来一直在寻找。今天这两张照片偶尔被女儿发现,原来夹在我与夫人的结婚证里。那种欣喜,真是若狂了。

这样的经历,这种对照片美好的记忆,以及照片留给我们美好的记忆,以后恐怕不会有了,我们的后人们拍照已经不是大事。

照片留给我的记忆,黑白两色,异常清晰!

2019 年 9 月 23 日

红茶杯

今天是个复杂的日子,既是我的母校南京大学建校 114 年校庆日,又因为谐音"我爱你",被好多年轻人算为另一个情人节。刚到办公室上班,又得知了朋友的朋友孩子丢失的消息,心情真是复杂。

最令我痛心的是使用九年的红茶杯裂了一条缝。我非常喜爱喝茶,尤其喜爱喝家乡溧阳的白茶。每年清明前后,溧阳的亲戚朋友会送我白茶,这些白茶是他们茶场种的,清明前摘采嫩芽焙制而成,很是好喝。

九年前,我最好的朋友出差深圳,专门买了一个大大的红茶杯送给我,希望给我带来好运。"红杯绿茶"倒也是绝配,我每日用此茶杯喝茶。今日早上,我如往常一样,到办公室后,打开计算机,在等待计算机启动的过程中,泡了一杯白茶。有茶水从杯中渗出,才发觉茶杯裂了一条缝。

我原想可能是时间久了,陶瓷材料老化,再加上开水热烫,导致了裂缝。虽然心疼,也就作罢。过了一会儿,打扫卫生的徐阿姨来找我,怯生生不敢说话,在我再三鼓励下,她说:"蒋所长,对不起,我刚才洗茶杯时不小心碰碎了您的茶杯。"我听了她的话,顿时心情好了起来。杯子虽然不能用了,但裂缝很小,如果她不说,我绝对想不到是她打碎的。我与这位徐阿姨交流不多,每天早上我 7:15 到办公楼,总看到她在打扫卫生。她见了我的面,最多打一声招呼,便又默默地干活去了。今天徐阿姨跟我说杯子是她打碎的,她的形象在我心里一下子高大了起来。

农村人到城里打工不容易,他们为我们的城市建设作出了巨大的贡献,现在又承担起家政服务。我们所谓的"城里人"(像我这样的本也来自农村)应该平等地对待他们,千万不要看轻他们。

红茶杯碎了,我把它包好,珍藏起来,这是朋友的情谊,也是对像徐阿姨这样为我们服务的打工者的尊重。

2016 年 5 月 20 日于上海

修好的红茶杯和那些消失的手艺活

今年 5 月 20 日,办公室打扫卫生的阿姨不小心将我使用多年并十分心爱的红茶杯碰了两道裂缝。我本以为是杯子老化被开水烫后自动裂开的,阿姨却主动告诉我,是她清洗时不小心打裂了我的杯子。我被阿姨的真诚打动,写了一篇随笔《红茶杯》。《红茶杯》在朋友圈发布后感动了很多人,一位朋友与我联系,说她先生可以请人帮我修茶杯。我本来没有当回事,没想到几天后,她真的把我的杯子带走送去修了。前几天,她将修好的杯子拿来。这位朋友做事极其认真,将修好的杯子包装得很好。我打开包装,呈现在我面前的是一件精致艺术品。

从外观看,两条裂缝表面已经被钉满钯铜①。朋友做事很有品位,选用铜质枣核型钯铜,修补后杯子的档次一下提高了不少。钯铜沿裂缝排布,形成一个撇短捺长的"入"字型。这是否有什么寓意?"入"是由外到内的意思,表示此杯已经修好,可以加水泡茶了。"入"另一个意思是恰好合适,正喻示着修理杯子的朋友技术高超,把裂开的杯子修得恰到好处,修成了一件艺术品。有机会我得当面感谢这位修杯人,与他/她结交朋友。

我的这个大红杯子是一位好友送给我的,他希望给我带来好运。杯子碰裂后,我

---

① 钯和铜的二元合金。

4　闲情偶记　　**173**

以为再也不能用了。没想到经过高手的修补，不但可用，而且"升值"了。看来我今后要好运连连。

看到这只修补精美的杯子，我想起了如今几乎绝迹的一些手艺活和手艺人——补锅修碗、修鞋修伞、修藤棚①修棕棚②、木匠篾（竹）匠、铁匠铜匠……20世纪90年代前，在上海的一些弄堂口，我们经常会看到修鞋的摊子，生意兴隆，每天有数不清的人去修皮鞋、跑（球）鞋、雨鞋，去打鞋掌。修鞋人收入也不薄，养活一家老少没有问题；我们也经常会听到远处传来带有宁波口音的招呼声：啊有坏格棕棚修伐，啊有坏格藤棚修伐……与带有苏州腔的叫卖声——栀子花白兰花，五分洋钿③买一朵——交织在一起，形成一种极其动听的声音，我至今难忘。

一直到20世纪80年代末，补锅修碗还是一种可以养家糊口的手艺活。学习这门手艺与学习其他手艺一样，也要拜师，也要付学费的，一般三年才能满师。如果师父认真教，徒弟认真学的话，一年半载肯定学会了。师父想赚徒弟的劳动力，故意教得慢一些；徒弟跟着师父行走江湖时间长一些，积累的经验和人脉多一些，有利于今后自己带徒弟和走江湖，也就故意学得慢一些。师徒两人挑着担子，走街串巷。他们一个村庄一个村庄地兜生意，每到一处，总要挨家挨户询问：是否有锅要补？是否有碗要修？搪瓷杯、铝锅（钢筋锅）、水壶、水缸等都可以拿来修。如果一个村上有五六户人家有铁锅要修，师徒两人才开始生炉子，不然就不合算。炉子生好后，加入上等煤炭，徒弟拉风箱催火，师傅架小坩埚上炉子，将铁片放在坩埚里融化。铁片融成铁水后，顺着裂缝慢慢浇上去，填满缝隙；冷却后先用粗砂轮打磨凸起的补疤，然后用细砂纸平整，这样补好的锅不妨碍炒菜时锅铲的搅动。如果铁锅有面积较大的洞，修补起来就较为复杂一些。先用一铜质材料从锅的外面顶在洞口，上面撒上细砂，从锅的内部向洞口浇铁水，用铁片抹平铁水，冷却后用砂石和细砂纸打磨。

---

① 江南地区的传统卧具，用藤做的床铺。
② 江南地区的传统卧具，以木头做框架，用天然木材棕丝加工成的棕线密密地串编成床面。
③ 方言，即"银元"。

上世纪 80 年代前,铁锅是农村常用的烹饪工具,烧饭、炒菜,甚至烧猪食都离不开铁锅。我乡下老家洗澡都用铁锅,称之为"浴锅"。浴锅是一个特大的铁锅,一般砌在厨房烧饭炒菜的灶台旁边,砌一半墙隔开,添柴的灶膛口与其他锅台的灶膛口在一起。冬天晚上烧一浴锅水,人要浸入锅内洗澡,锅底加柴保持水的温度。铁锅传热很快,人如直接坐或躺在锅里洗澡肯定会烫伤皮肤的。为解决这一问题,一般会做两块圆形木块,一块垫于屁股底下,一块放在浴锅侧面,洗澡时背靠在上面。因此,洗澡时对人的平衡能力要求很高。那时很节约,如在冬季,一个月洗一次算是干净人家了。如果一户人家晚上洗澡,隔壁邻居都会来借光,共享那锅洗澡水,男人先洗,女人后洗。男人洗澡时还有一个重要任务是帮孩子洗澡,孩子坐在男人身上,可以避免烫伤。第二天早上,如果你有兴趣去看一看昨晚的洗澡水,浴锅底部沉淀着厚厚的"泥浆(老家人称之为'默 ken')"。浴锅的另一个用途是过年杀猪时烫猪毛。这些锅使用频繁,因而容易坏,又舍不得买新锅。所以那时候每家每年至少修补一次锅,补锅人的生活也就有了保证。

修碗也是一种常见手艺,一般补锅的人多半会修碗,也有单独只修碗的。也是因为节约,瓷碗碰坏摔碎后,要尽量修理,那时人工便宜,修理的费用比买一只新的划算。如果碗仅仅是碰了一道裂缝(就像我的红茶杯那样),修起来比较容易,先用金刚钻在瓷碗外壁沿裂缝两侧钻出小孔,将铜质或铁质的枣核形钯铜钉入小孔,再用小槌细心敲击固定钯铜,最后在打了钯铜的地方涂上一种特制的白色灰膏,再用布擦拭,抹去多余的灰膏,一只碗就修好了。如果是碎碗,先要将碗片拼拢起来,用线扎缚固定,然后再钻孔。瓷杯瓷盘坏了可以用同样的方式修理,甚至大的水缸酱缸坏了,修补的方法也一样,只是钻的孔大一些、用的钯铜大一些罢了。修碗技术含量最高的环节是钻孔,当时没有电钻,全凭手工。钻孔的工具是手拉钻:钻杆是木(竹)制的,钻头是用不锈钢做成的一个套箍。钻头在最前端(金刚钻),两支长短不一的木杆(或竹竿)由一根皮绳或尼龙绳串联起来。使用的时候,两只手互相配合,拉动钻杆(有点像拉二胡),进行钻孔。老铜匠的金刚钻一般都是自己制作或者祖传的,因为瓷器非常硬,除了钻石,其他金属钻头都无法在上面打孔钻眼。虽然镶上去的钻石属于工业级的钻石，早年间依然价格不菲，做一把金刚钻至少需要一年的时间，但可以用很久，也可以传给子孙后代。修碗等瓷器，金刚钻是最重要的工具，使用金刚钻是一门技术活，手感不好的人会把瓷器钻坏。这就是为什么民间有"没有金刚钻，别揽瓷器活"的说法。目前，这样的手艺已经成为非物质文化遗产了，也作为一种高收入的职业，专门修复损坏的瓷器类文物。

在碗内刻字也是过去一种可以讨生活的手艺活。过去虽然家家都很穷，但除了修补坏掉的碗，每年还是要添置几只新碗的。那时的农村，每户人家的碗不是太多，平均每人都不到两只碗，仅仅基本够吃饭盛菜用，而那时菜也不会多，每顿不会超过三菜，家里要请客、办喜事，就得借隔壁邻居家的碗，并且要问好几户人家借。为了不混淆不同人家的碗，也为了不使新碗遗失，每户人家买了新碗都要刻上主人或孩子的名字。为碗刻名字甚至也是一门艺术，如果修补锅碗的手艺人没有文化，他就不会为碗刻字。所以，为碗刻字的人要有些文化，有些人的书法也很好。名字一般刻在碗底，刻字的人先用油笔在碗底写好要刻的名字，再将一把小钢凿一边沿着字的笔画移动，一边用小榔头敲击凿子。水平高的人不用油笔打草稿，直接在碗内刻字。字刻好后，还要涂抹一种油灰，刻的字就变成了灰黑色。我家的碗大多刻着我的名字，我姐姐家里还保留着甚至使用着许多刻着我名字的碗。

过去的生活是清苦的，因为勤俭节约，出现了很多门手艺，一门手艺就是一个行业，三百六十行，行行出状元，即使磨剪刀和菜刀，也能讨生活。随着社会经济的发展和人们生活方式的改变，大多数手艺活已经消失。我们以及我们的长辈，是过穷日子过来的，这些手艺活在我们的记忆深处，是去不掉的。有时我与夫人会到虹口、徐汇、静安等老城区走走，总想着能在某一个弄堂口遇到修鞋匠，听到修棕榔、卖栀子花的叫喊声；总想着在石库门的屋檐下，能看到往日的市井生活，能听到上海阿姨那糯到心田的叫卖声：桂花赤豆汤，白糖莲心粥，火腿粽子，猪油夹沙八宝饭，五香酱油茶叶蛋……

2016 年 9 月 1 日

好色谈

"好色"一词,本来是一个非常美妙的词,是褒义词,至少不是贬义词。然而,当今社会物欲横流,异化了"好色"。故此,我今天就来谈谈好色。

好色原意是有两条,即喜爱容貌好看的人,喜爱大自然的美好景色。即使是狭义的好色,也不是男人的专利,而应理解为男女相处中对美好情趣的爱好。因此,男人好色不是淫荡,女人好色不是放荡。

古之圣贤均对好色有深刻的阐述。佛教对色的阐释是"色即是空,空即是色"。这句话常被误解成男人要远离女色。其实这里的空是自然界的意思,色是自然界的万物,这句话的本意是万物是自然存在的,凡自然界的一切是美好的。因此,好色即是爱好自然界一切美好的事物,包括男人、女人和自然景色。

老子曾提出"知雄守雌"①"以柔克刚"②。对于一切美好事物的把握(包括拥有和欣赏)要恰到好处,不能走极端。用之于好色,这是最高境界——若即若离,似有还无。

---

① 出自老子《道德经》第二十八章:"知其雄,守其雌,为天下谿。"表示虽知如何刚强,却安于柔弱,不与人争。
② 出自老子《道德经》第七十八章:"天下莫柔弱于水,而攻坚强者莫之能胜,以其无以易之。弱之胜强,柔之胜刚。"

告子说："食色,性也。"①结合《礼记》里讲的"饮食男女,人之大欲存焉"②"食色,性也"应理解为:男女婚姻和饮食,是人的本性,也是人类社会延续和发展所必需的。有些人,特别是贪官污吏,以这句话为依据,荒淫无度,顿顿美酒喝醉,夜夜美女相伴,最后糟蹋了色,糟蹋了社会,也糟蹋了自己。

孟子对好色的阐释是"大而化之"③。大多数人理解"大而化之"为做事疏忽大意,马马虎虎。其实,"大而化之"的出处是孟子与齐宣王的一次会面对话。一次孟子见齐宣王,宣王说:"我有毛病,我好色(这里是好女色)。"孟子说:"好色好啊,请大而化之!"宣王说:"此话怎讲?"孟子说:"如果大王能够施行仁政,关心国事,体恤民疾,令普天下内无怨女,外无旷夫,有情人都成了眷属,岂不美哉? 倘能做到与民同乐,老百姓还唯恐你不好色呢!"④孟子请齐宣王从广义上去好色,把国家大事和社情民意都当作色去好,这样不但可以分"好女色"之心,治好他"好女色"的毛病,又可建功立业,两全其美。现在的贪官们真应该好好学习孔孟之道,好国家和老百姓之大色,而不是好女(男)之小色。

历代文人均好色,他们爱自然的景色,写下了无数脍炙人口的诗句。"羌笛何须怨杨柳,春风不度玉门关。""春风又绿江南岸,明月何时照我还?""春色满园关不住,一枝红杏出墙来。""等闲识得东风面,万紫千红总是春。""接天莲叶无穷碧,映日荷花别样红。""西塞山前白鹭飞,桃花流水鳜鱼肥。""墙角数枝梅,凌寒独自开。""昔去雪如花,今来花似雪。"欧阳修写《秋声赋》,虽是悲秋之赋,然也对秋天美景由衷地赞美:"丰草绿缛而争茂,佳木葱茏而可悦。"我读中学语文课本中有峻青写的散文《秋色赋》,把秋

---

① 出自《孟子·告子上》。
② 出自《礼记·礼运》。
③ 出自《孟子·尽心下》:"可欲之谓善,有诸己之谓信。充实之谓美,充实而有光辉之谓大,大而化之之谓圣,圣而不可知之之谓神。乐正子,二之中,四之下也。"
④ 出自《孟子·梁惠王章句下》:王曰:"寡人有疾,寡人好色。"对曰:"昔者大王好色,爱厥妃。诗云:'古公亶父,来朝走马,率西水浒,至于岐下。爰及姜女,聿来胥宇。'当是时也,内无怨女,外无旷夫。王如好色,与百姓同之,于王何有?"

天的景象描写得淋漓尽致,文中写道:"在我看来,花木灿烂的春天固然可爱,然而,瓜果遍地的秋色却更加使人欣喜。秋天,比春天更富有欣欣向荣的景象。秋天,比春天更富有灿烂绚丽的色彩。……哦,好一派迷人的秋色啊!我爱秋天。我爱我们这个时代的秋天。我愿这大好的秋色永驻人间。一年四季,我独爱秋色,秋高气爽,丹桂飘香万山红遍,层林尽染。让我们一起在秋天收获!"老舍先生上世纪30年代写过一篇散文《济南的秋天》,把济南的秋冬写得很美:"上帝把夏天的艺术赐给瑞士,把春天的赐给西湖,秋和冬的全赐给了济南。秋和冬是不好分开的,秋睡熟了一点便是冬,上帝不愿意把它忽然唤醒,所以作个整人情,连秋带冬全给了济南。"可惜,现在的济南几乎天天雾霾。文人墨客也有很多写美女的诗句。"北方有佳人,绝世而独立,一顾倾人城,再顾倾人国。""清水出芙蓉,天然去雕饰。""回眸一笑百媚生,六宫粉黛无颜色。""脸若银盘,眼似水杏,唇不点而红,眉不画而翠。"

最后,我还是想强调,作为一个男人,不但要好色,更要爱色,疼爱自己心爱的女人的男人才是好男人。好男人一定要学会三件事:欣赏爱护美景,欣赏爱护美女,欣赏享受美食。朱自清是爱色高手,把荷塘月色当作女人去欣赏——"层层的叶子中间,零星地点缀着些白花,有袅娜地开着的,有羞涩地打着朵儿的;正如一粒粒的明珠,又如碧天里的星星,又如刚出浴的美人。"反过来,欣赏女人有时也如欣赏美景,有的女人如春天的景色,桃花粉面,杨柳依依;有的如夏日赛波花,灿烂如云霞;有的如秋天的海棠,多姿多彩——良宵更有多情处,月下芬芳伴醉吟;有的如冬天的腊梅,虽无倾国艳,却有返魂香。

2013 年 11 月 4 日晚于上海

穿旗袍的女人

今日张飞霞同学发来穿旗袍美女的图片，与同学们欣赏之余，有感，特写此文。

欣赏穿旗袍穿出模样来的女人是一种美的享受。

旗袍是中国女人的专利，外国人，包括日本、韩国女人穿旗袍都不像样。

旗袍又是江南女子的专利，北方女子太过高大，穿旗袍不太好看。江南女子更合适穿旗袍，尽管旗袍的发源地在东北，原是满族服装，但目前的旗袍是20世纪30年代经上海人根据西方的连衣裙改造而来的，后流传全国。这就是为什么现代旗袍最适合江南女子了。

旗袍更是少妇的专利。民国时的女生校服也算旗袍，但为什么少妇穿旗袍比少女好看呢？主要原因如下：1. 穿旗袍的女人不能太胖，也不能太瘦。少女一般太瘦，旗袍撑不起来，显得干瘪；中年妇女已发福，若穿旗袍，赘肉尽显。少妇结婚后，心态安逸，加上男人的疼爱，体态圆润，是穿旗袍的佳龄。2. 心平气和的女子穿旗袍好看。少女心浮好动，站没站相，坐没坐相，若穿旗袍就显不伦不类。经过生活和岁月的磨炼，少妇业已成熟，站坐平静，穿旗袍能穿出优雅来。

旗袍对身材要求极高，尤其是腿要长、白、直，不能太细，又不能太粗；腰身也是如此，不能过细，更不能是水桶状，腰肚一圈不能有赘肉，但要微微有些肚腩；胸不能太平，也不能太汹涌，略显丰腴即可；颈项要细长些，脸要白皙，不能太艳丽，五官端正即可;头发一定要做成波浪型,千万不能是长发,若是长发,穿旗袍时要盘起来。

穿旗袍好看的女士很有女人味,很性感。这种性感很特别,最好色的男人看到穿旗袍的美女,都不会想到色情,而是想到情调。穿旗袍女子最性感的部位是那双美腿,从旗袍开衩很高的侧面看过去,一双美腿若隐若现,似乎能看到尽处,但又看不到尽处;胯露出一小部分,臀部全部包在旗袍中,要想知道女人的臀部有多美,男人只能通过想象了。如一穿旗袍美女坐在椅上,必定要一腿架在另一腿上,旗袍的后下半截垂落于地,上面所述特别的性感更加显现。这种性感是袒胸露乳不能比的。

江南女子穿旗袍出行,必然会带一把色彩鲜艳的油纸伞,既可遮阳,又是装饰,走在青石板街上,走在石拱挢上,是江南一景。我在写《题建丰美图》时,脑中出现的正是这一景——青石板桥留佳人,油伞弄倩影。撑油伞过桥的佳人一定是穿着旗袍的。

【附】江南好——题建丰美图

今日建丰同学传来烟雨江南美图,看后作此词:

江南美,

美在烟雨中。

粉墙黛瓦映绿水,

青石板桥留佳人,

油伞弄倩影。

2013 年 11 月 4 日于上海

再听《梁祝》有感

自 1958 年小提琴协奏曲《梁祝》①诞生起，这支美妙的曲子，就如美丽的彩蝶，飞到了全世界华人的心中，飞向世界。作曲家何占豪、陈钢和小提琴演奏家俞丽拿的名字也走出国门，家喻户晓。《梁祝》是中国的，也是世界的。

然而，像《梁祝》这样的作品终究是太少了。为什么？我们似乎正在抛弃属于我们也属于世界的优良传统。许多人只知《梁祝》曲调优美动人，不知其来源。《梁祝》的曲调以越剧为素材，越剧大师袁雪芬②所创的新"尺调③"，只是《梁祝》的源头。曲的各部——引子、主部、连接部与副部、结束部——也是根据越剧《梁山伯与祝英台》情节谱的。如看过越剧《梁山伯与祝英台》，听《梁祝》一定会将各部分分割得清清楚楚——草桥结拜、同窗三载、十八相送、长亭惜别、英台抗婚、哭灵控诉、坟前化蝶。

可以说，没有越剧，就没有《梁祝》。何陈两位作曲家，继承传统，洋为中用，再创新发展，才有这世界名曲，相信它也将成为千古名曲。

---

① 小提琴协奏曲《梁山伯与祝英台》取材于民间传说，吸取越剧曲调为素材，由何占豪、陈钢于1958 年作曲。该作品于 1959 年在上海兰心大戏院首演，时年 18 岁的上海音乐学院学生俞丽拿担任小提琴独奏。
② 著名越剧女演员，"袁派"创始人。
③ 越剧的主要唱腔之一，由袁雪芬在 1943 年排演剧目《香妃》时与乐师周宝才合作首创，突破了原有的唱腔程式，将越剧推向了一个新的发展阶段。

无独有偶,中国享誉世界的另一首名曲《二泉映月①》也首先是民族的,然后才是世界的。这是民间艺人阿炳所创,他根据吴地山歌、江南滩簧②、江南丝竹等乡土音乐改编,在街头巷尾拉给老百姓听。阿炳连曲都不会谱,中央音乐学院杨荫浏、曹安和等根据阿炳演奏录音谱曲,才保留了这千古一曲。

　　如今再听这两首曲子,感慨万千。我们在拼命学西方的同时,是否也不应忘记老祖宗留给我们的宝贵遗产? 若要创新,先要继承。

　　可惜,年轻一代很多对京剧、越剧、锡剧等不感兴趣,这些剧种的传承发展面临着很大困难。或许这就是为什么,近年来再难有如《梁祝》《二泉映月》这般水平的曲子。

　　科学技术又何尝不是如此?

---

① 二胡名曲,中国民间音乐家华彦钧(阿炳)的代表作,由音乐家杨荫浏根据阿炳的演奏录音记谱整理。
② 中国传统曲艺的一个类别,清代中叶形成于江浙一带。清末以来,各地滩簧大多发展为戏曲,如沪剧、锡剧、苏剧、甬剧等,形成滩簧系统剧种。

致 80 年代的初恋

　　2013 年 10 月 18 日,南京大学化学系 1983 届同学举行入学 30 周年聚会。同学们聚会畅谈,有些同学讲出了埋藏在心里 30 年的秘密。一位在意大利工作的男同学讲述了他刚入学时暗恋一位现在正在美国工作的女同学的故事,非常感人。这一故事也代表了 1980 年代年轻人含蓄的爱情观。初恋是青涩的,美好的,80 年代的初恋尤为如此。那时的社会还比较保守,学校基本不主张学生在学期间谈恋爱。记得我读中学时,隔壁文科班两个同学谈恋爱,校长在全体师生大会上批评他们。最后,校长用带有无锡口音的普通话警告我们:"今后再发现有同学谈恋爱,一律严惩,谈一对,开除一双!"因此,那时同学们谈恋爱多半在地下进行,即使在大学也是如此。这也是为什么,当时很多同学有了爱,不敢表达,埋藏在心底,就像我的这位在意大利工作的同学。聚会结束,他从浦东机场回意大利,同学们在微信群上为他送行。这时,我的心再也无法平静,以他的初恋为原型,写下了《致 80 年代的初恋》,以纪念在那个想爱而不敢爱的年代里青年人的初恋。

　　　　　　小小一包花生米,

　　　　　是记忆中青涩的恋情。

　　　　　三十年前的某月某日,

在弥漫着浪漫气息的南园①，

一位少年看到了一个熟悉的倩影，

那是少年梦中的少女。

周末下午,少年少女结伴郊游。

秋风中,

少女送了少男一包花生米。

少男如珠宝般珍藏!

夜深了,

少男悄悄拿出那包花生米,

只闻不尝,

进入甜美的梦乡。

少年长大后,

远走他乡,

那包花生米在记忆中永藏。

三十年后,

当年的少年向当年的少女,

说起当年的那包小小的花生米,

依然闻到了当年花生米的芳香。

2013 年 11 月 3 日下午于上海

————————————

① 位于南京大学校园内。

长亭更短亭

这几天心情不静。深感中国之将大变,深化改革的步伐已经迈得越来越紧,科学院的改革力度也会很大。7月29日,中央的反腐大举①使我心情特好,次日即写《闻声赏柳》一文,表达了我的快意心情,也表达了我希望我国改革开放的第二个春天快些来临。然而,这又是何等艰难的漫漫长路。今日就再写一篇短文,以李白词中一句"长亭更短亭②"为题,表达我此刻的心情。

亭也称为凉亭,英文为Pavilion,中国传统建筑。自古至上世纪七八十年代,中国人的生活与亭息息相关,有路即有亭,有山即有亭,有水即有亭,亭无处不在。山中溪边之亭属锦上添花,无多实用,最多供游人观景;园中之亭也是如此,如四大名亭之沧浪亭、陶然亭、爱晚亭、醉翁亭,最多使游人产生一种美感而已。路边之亭就不同了,供行人休息、乘凉,当然也可用于观景。

我对凉亭的好感是从去外婆家的路上开始的。从我家到外婆家约有20华里③的

---

① 2014年7月29日,中共中央决定对周永康涉嫌严重违纪问题立案审查。
② 出自李白《菩萨蛮·平林漠漠烟如织》。
③ 长度单位,即"市里",约等于500米。

路程,现在有一级公路相通,开车十多分钟便可到达。小时候来往于外婆家,偶尔坐船,多半是步行的。倘若步行,会觉得这段路很长,幸好途中有两个凉亭,减轻了我旅途的疲劳。自懂事起,外婆经常领着我往返在这条路上,每到凉亭,总会稍加休息。从外婆嘴里知道,这种亭子的名称是"歇脚亭",专供行人休息。如若到了夏天,歇脚亭偶尔会有卖凉茶和西瓜的,遇到这种情况,外婆总会买一瓤西瓜给我吃,自己买一杯凉茶喝,之后我走路的脚劲就更足了。上学后,母亲(父亲在四川工作)让我一人独行去外婆家,每次路过凉亭,我总要习惯性地进去坐一会儿,即使不怎么累,也会在这里歇歇脚,看一会儿周边的风景——春天的麦浪和秋天的稻花。

读了些书后发现,亭经常入诗文、戏曲和小说,并且也知道了古道边的亭子有长亭与短亭之分,"十里一长(大)亭,五里一短(小)亭"。柳永的词《雨霖铃》,开头便是"寒蝉凄切,对长亭晚",从中可以看出,长亭除供行人歇脚,还是送别的地方。戏剧中常以长亭为背景,长亭也多半是离情别愁之处(也偶作亲人相会之处)。比较有名的是元代戏剧家王实甫写的《西厢记》中《长亭送别》一场。崔莺莺与张生爱得死去活来,老夫人从中作梗,要张生考取功名后方可迎娶莺莺。张生无奈,准备前往京城赶考,莺莺在十里长亭设宴为张生送行,莺莺嘱咐张生休要"停妻再娶妻","一春鱼雁无消息"。这似乎是古典文学中的普遍现象,女子在长亭为丈夫或情人送行,男人们总经过无数个长亭短亭,一路艰辛,进京赶考。古道边的长亭短亭成了女子对丈夫或情人思念的寄托,也是在外男人们思念家中妻儿老小、归心似箭的象征。我个人认为,长亭送别词写得最好的当属李叔同[1]的《送别》:

长亭外,古道边,

芳草碧连天。

晚风拂柳笛声残,

夕阳山外山。

---

[1] 弘一法师李叔同,著名音乐家、美术教育家、书法家、戏剧活动家,中国话剧的开拓者之一,后剃度为僧。

天之涯,地之角,

　　知交半零落。

一壶浊酒尽余欢

　　今宵别梦寒。

　　李白擅长写诗,他写的词也很好,意境优美的《菩萨蛮》也写到了亭:

平林漠漠烟如织,寒山一带伤心碧。

　　暝色入高楼,有人楼上愁。

玉阶空伫立,宿鸟归飞急。

　　何处是归程? 长亭更短亭。

　　这首词本是写妻子思念在外的丈夫的心情,特别是最后两句,表达了妻子的无奈,她每天在大路边遥望,只见"长亭加短亭的归途,不见归途中的人"。我从另外一个角度理解这首词:无论丈夫赴京赶考或经商出远门,走的都是一条艰辛的路。我们每个人的人生道路都是如此,一路走来,要经过多少艰难困苦,就如古道中的长亭和短亭。我们社会发展的道路又何尝不是如此? 不说远的,从鸦片战争以来,国家经历了多少磨难,我们才终于走上了适合自己发展的路——具有中国特色社会主义道路。沿着这条道路走下去,我们还会遇到很多困难曲折,前面还有多少长亭短亭啊! 今天再读李白的"长亭更短亭",我体会到了另一种深刻的寓意。"长亭更短亭",既表示了改革的长期性和艰巨性,也表达了我们的决心和意志,我们的路一定会越走越好!

　　山中的亭、溪旁的亭、园内的亭尚有很多,路边的亭几乎没有了。现在出行有车、有飞机,不需步行,也就不需路边歇脚的凉亭了;再加上经济发展需要土地,自古流传沿用的路边凉亭尽然消失。然而,我胸中的亭一刻也不曾消失,永远有数不清的"长亭更短亭"。

2014 年 8 月 1 日于上海

活

许久不写科学论文以外的文章,现在写来已经没有"下笔如有神"的感觉了,这是一种没有"活力"的表现。就此谈一谈"活"。

"活"作为动词用是"存在(living)"的意思,作为形容词用是"有生气(lively)""灵活(agility)"和"活泼(vivacious)"的意思,作为名词用有"生计(livelihood)"之意。"活"还可以作为副词使用,是"非常(very, exactly)"的意思。"活"字还有许多只可意会不能言传的深层次含义。可见,一个"活"字,其含义很活,把"活"理解透彻,把"活"字用活并非易事。

自改革开放以来,我国的综合国力和国际地位空前提高,已经成为处理亚太乃至国际事务的领头国家(温家宝总理访美时美国总统布什的欢迎词)。今天的中国是"有天皆丽日,无地不春风"。世界经济发展迟缓,中国的经济却一枝独秀,持续20多年快速增长。所有这一切均体现在一个"活"字上。中国的改革开放、发展社会主义市场经济等举措,是摆脱过去传统思想和社会发展模式的"灵活"表现。20多年的改革开放的成果,使中国人活得更加潇洒自如。党的十六大提出的"二十年奔小康"的宏伟目标,使我们每个中国人觉得有活头儿。

"活"贯穿着我们的人生。从出生起,我们的父母就得想方设法养活我们,而且尽量让我们活得快活;成年以后,我们得找好活干,得养家糊口;同时,我们也为社会的发展作出了贡献,使社会保持活力。每个人的"活"法不尽相同,有些人活得轰轰烈烈,有些人活得平淡从容。每个人不同的活法,构成了丰富多彩的社会,促进了社会的发展。"活"体现了人生的价值和目标。我们应活得"活灵活现"而不是"草间求活";我们要创造创新活的理念,为构建和谐社会作贡献,顺应社会的发展而又有自己的主见,在工作和与同事、朋友相处中不要"耳软心活",而应"四清六活"。这样我们自己会活得更好,我们的国家会活得更好。

"活"字对我自己有一种特殊的含义。我所从事的专业是新药研究,创新药物的源头是发现"活性化合物",在活性化合物的基础上获得药物候选物,经临床前和临床研究,最终获得上市的药物。这是一个长期而艰巨的任务,其中发现好的"活性化合物"是创新药物研究的关键。好的"活性化合物"应该有高的标准,即活性高、毒性低、作用机理新,由此发展出的药物的市场大。另一方面,我从事的工作意义重大,研究出的药物能产生巨大的社会效益,治病救人,使更多的人能"活"下去,提高生活质量,使人"活"得更好。因此,作为一个从事药物研究的科研人员,我感到责任重大,也感到无比地自豪。

"远逝的,是千秋岁月;黯淡的,是历史容颜。不可磨灭的是眼前'活'的诗章。"让我们携起手来,多出活,出好活,共同创造一个"生龙活虎"的社会与人生。

2006 年 9 月 6 日

写好字

2016 年 9 月 28 日，蒋华良院士应邀在上海巴斯德所①作《科研文化与科研人生》报告，应朋友的要求，将报告用 PPT 上传至公众号"朵朵花开淡墨香"，其中秀了一幅其 2003 年的书法习作。又有朋友问他，如何学习书法的。蒋先生想起了 2014 年 1 月 23 日写过的一篇文章——《写好字》，文中介绍了他练习书法的经历以及一些与写字有关的趣事。也将此文刊登于他的公众号，是为本文来源。

由于计算机的发展，特别是个人电脑处理文字能力的提高，人越来越不会写字了。我自己也常常"提笔忘字"，有些字一时想不起来怎么写，要用电脑"打"出来。如不重视这一现象，后果不堪设想。近来，欣喜地看到教育部公布了《中小学书法教育指导纲要》，从今年春季开学开始，小学三至六年级每周要安排一课时用于毛笔字学习，普通高中可开设书法选修课。看到此新闻，我很激动与欣慰，想起了一些与写字有关的事情。

以前的人很重视写字，很尊重字写得好的人。沈尹默先生是近代著名书法家，一

① 2023 年 7 月更名为上海免疫与感染研究所。

度是中国书坛的领袖。其实沈先生的专业是古诗词,有文记载"他五岁即学诗,十四岁在家养病时,对诗歌产生浓厚的兴趣,遍读李、杜、韩、白等唐人诗集,并熟读《红楼梦》,对书中的诗词可谓烂熟"。也有人说,"五四以来旧体诗写得最好的是郁达夫和沈尹默"。沈先生在《我和北大》中谈道:

> 刘三招饮我和士远,辞归寓所,即兴写了一首五言古诗,翌日送请刘三指教。刘三张之于壁间,陈独秀来访得见,因问沈尹默何许人。隔日,陈到我寓所来访,进门,大声说:"我叫陈仲甫,昨天在刘三家看到你写的诗,诗做得很好,字其俗入骨。"也许是受了陈独秀当头一棒的刺激吧,从此我就发愤钻研书法了。我和陈独秀从那时订交,在杭州的那段时期,我和刘三、陈独秀夫妇时相过从,徜徉于湖山之间,相得甚欢。

沈先生的这首五言题为《题季平黄叶楼》写得很好:眼中黄叶尽雕年,独上高楼海气寒。从古诗人爱秋色,斜阳鸦影一凭栏。

沈尹默11岁起即练习书法,15岁替人书扇,至中青年时已书艺超群,但未有突破。受陈独秀的刺激,25岁后开始苦练书法,中年后书名胜过他的诗名,好多人干脆忘记了他是一位诗人。

中国科学院上海药物研究所创始人、第一任所长赵承嘏先生,是前清秀才,中国传统文化的根基很深,写得一手好字,上海药物所展览馆中存有他1950年代写给著名药理学家丁光生先生父亲的信,一纸漂亮的行书颇有王羲之《兰亭集序》之遗风。上世纪五六十年代,药物所招聘新人,他要亲自面试,其中一项面试科目是让受试者写毛笔字,专业水平高,毛笔字写得好,是留在药物所工作的必要条件,缺一不可。

1972年我读小学时,人们普遍认为那是教育的黑暗时代,没有可以歌颂的。其实不然,我在多个场合说过,至少有两件事值得现在的教育界借鉴,一是当时对学生写好字的重视,二是对培养学生劳动能力的重视。小学二年级开始有书法课,每天下午上正课前练习半小时毛笔字,先描红,再习正楷,有兴趣的学生还可练行书。由于书法师资缺乏,我在小学只学习到正楷,但却培养了我对书法的爱好。我书法的启蒙老师是我姐姐和表姐,她们分别比我大11岁和15岁,我学习描红时,我姐姐已是大队的团支部书记,表姐是公社工作组成员。她们并不懂书法,字也写得一般,可能认为字写得好今后可以找一个好的职业,例如可以到公社当个秘书。于是她们就逼着我练字,开始练钢笔字。那时没有多少字帖,姐姐买了三本字帖给我,《钢笔正楷字帖》《钢笔行书字帖》和《钢笔草书字帖》,这三本字帖都出自上海师范大学黄若舟教授,由上海书画社出版。这三本字帖的内容是当时非常流行的8个样板戏的台词。抄写完这三

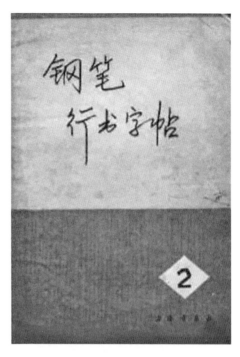

图1 作者小学时所学钢笔行书字帖

本字帖,我学会了文字书写的基本功,另一个副产物是背熟了许多样板戏的台词。有了钢笔字的功底,学毛笔字就比较快。

三年级第一位语文老师是上海来的知青,名叫刘舒雅,到我们老家插队,我就读的小学缺老师,请刘老师来代课。每天下午,刘老师在黑板上写四个大字,供学生临摹。刘老师的字写得不好,倒是非常谦虚,发现我写的字还可以,就请我在黑板上写字供同学们临摹。每天中午吃完饭,我早早到学校,按刘老师布置的内容在黑板上写四个大字,同学们跟着写。这样,我实际上就成了书法老师,有同学问我一些笔画的写法,我认真教他们,问得最多的是"捺"怎么写。刘老师偶尔间给我的机会,给了我很大的鼓励,练字也更认真了。后来,我的字在当地有些名气,被大队邀请去写大字报,春节时村上有些人家还请我写对联,中学老师还邀请我刻过钢板。刻钢板现在已经没有了,如果看老电影《江姐》,《挺进报》就是用刻钢板的方式印刷的,先将内容刻在蜡纸上,再

用油墨印在白纸上。这一传统的印刷方式一直沿用到 1980 年末，复印机普及后才没有人用。读中学时，老师要为学生准备大量的复习材料和其他地方的试卷，都是用这种传统方式油印出来的，老师来不及刻钢板，就请字写得好的学生去刻。大学时，我们班办了一份名叫《绿叶》的班报，也是用这种方式印出来的。

过去因没有当今的高新技术产品，也没有网络，印刷手段不多，但有许多练习写字的机会，字写得好的人受人尊敬，机会也就多一些。这样便形成了写好字，练好字的氛围。在新的形势下，借教育部《中小学书法教育指导纲要》发布的东风，盼望我国能再现人人练好字、写好字的新风。

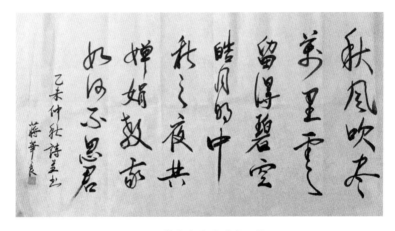

图 2　蒋华良先生诗书习作

2014 年 1 月 23 日

闻声赏柳

　　杨柳树可插栽,生命力强,容易存活,生长快,树形多姿美观,因而是常见树种。老家是江南水乡,河道多,河道两边总是植满杨柳。从小看惯了姿态各异的杨柳,也就喜爱上了杨柳。我家有几分自留地,三面环水,景色宜人。一年春节,父亲从四川回乡探亲,在自留地临水处种植了很多杨柳树,几年后即成材,满树的柳枝尽垂于水面,给周边的美景增添了色彩。我上中学起即离开老家,每当假期回去,总要去看看父亲种的杨柳,无论是春夏季节垂落在水面的青青柳色,还是冬季在风中摇曳的枯黄柳枝,在我眼中都是美的。

　　有人说杨柳是树中最贱命的,可能是说这种植物容易生长,不需要肥料和人工护养,只需要泥土、阳光和水分,即可茁壮成长。可这不正说明了杨柳的高尚品格吗? 也许杨柳的命是不算"高贵",她们的美才显得自然朴实,就如江南水乡采红菱的女子或山村的采茶女,她们的美是自然流露的。杨柳的高尚还在于她们甘做配角。无柳不成景,风景好的地方总有杨柳,然而园林设计师总是把她们当作点缀植物。杭州西湖边种植了很多杨柳,白堤两边桃树柳树相隔栽种,取景"桃红柳绿"。每到春天,桃红柳绿确是西湖一景,但大多数游客只在桃树旁留影,把杨柳晾在一边。杨柳无所谓,照样在春光下随风飘逸,展现婀娜的风姿,让如我这样懂得欣赏的人去欣赏。

　　性格决定命运。杨柳的性格是柔美的,因而也代表了伤感和离愁。刘禹锡有诗:

"长安陌上无穷树，唯有垂杨管别离。"李白①写过一首离别词——《忆秦娥·箫声咽》："箫声咽，秦娥梦断秦楼月。秦楼月，年年柳色，灞陵伤别。"要理解这首词，必须了解唐朝盛行的一种风俗——折柳送别。唐时长安有一叫灞桥的地方，种植了很多杨柳，专供人们攀折送别客人或远离长安的人。"杨柳含烟灞岸春，年年攀折为行人。"②杨柳又特别能表达情人之间的离愁别恨，从《诗经·采薇》"昔我往矣，杨柳依依"开始，咏柳寄情、借柳伤别的诗词很多，写得最好的是北宋柳永的《雨霖铃》，词中"今宵酒醒何处？杨柳岸、晓风残月"已成千古名句。

柳永《雨霖铃》的开头是"寒蝉凄切，对长亭晚，骤雨初歇"。蝉和柳是连在一起的，蝉最喜爱栖息在柳树上，从夏日蝉的高声鸣叫和深秋的凄切中，我们体会到蝉是最懂柳的。鸟也是如此，最喜欢停留在高大的柳树上啼唱不绝。我称此景为"闻声赏柳"，亦即杨柳的美除了目赏，也可耳听。明末清初文学家、戏剧家李渔在《闲情偶寄》中对杨柳有出神的描述，也暗示着柳色是可以耳目共赏的：

柳贵于垂，不垂则可无柳。柳条贵长，不长则无袅娜之致，徒垂无益也。此树为纳蝉之所，诸鸟亦集。长夏不寂寞，得时闻鼓吹者，是树皆有功，而高柳为最。总之种树非止娱目，兼为悦耳。目有时而不娱，以在卧榻之上也；耳则无时不悦。

柳色真的能听出来吗？当然可以的。江南夏天，热浪袭人，垂柳下面是纳凉佳处。放一竹榻在柳树下，躺在上面乘凉午睡，袅娜的柳枝在蝉鸟鸣叫声中随风起舞，风吹柳枝声沙沙入耳，你定能感觉到长柳曼妙的舞姿。每到一处，我总用心赏柳，发现与"闻声赏柳"最匹配的景点是杭州西湖十景之五的"柳浪闻莺"，我曾有机会在那里"听赏"过柳色。

---

① 《忆秦娥·箫声咽》相传是李白的词作，也有人认为是晚唐五代词人所作，后被误归于李白名下。

② 出自唐代杨巨源的《赋得灞岸柳留辞郑员外》。

1998 年初春,我陪妻子和女儿游玩西湖,入住柳莺宾馆,刚好就在柳浪闻莺边的临湖处。入住宾馆时已是夜晚,周边景色已然模糊,只是车子开进宾馆时隐约能看到很多柳树。晚上卧于床上,想着明天如何去观赏柳浪闻莺公园的柳树,外面突然下起了雨。雨声、风声和杨柳的沙沙声声声入耳,脑海中便呈现了杨柳在风雨中婆娑轻柔的姿态。袅袅婷婷的纤柳不断地轻抚着水面,背对着斑驳的粉墙,这才是烟雨江南的景色。莺莺的鸟啼声,将我从烟雨江南的梦中唤醒,我想起了自己已身处柳浪闻莺,想起了昨夜听来的柳色。于是,又赖在床上,想再听一会儿柳色。风停雨住后,晨曦中的杨柳挂满水珠,犹如刚刚出浴的美女,亭亭玉立,展现出迷人的风姿。鸟儿或站在树梢相互对叫,或绕着柳树追逐飞舞,像是在赞美昨晚被风雨梳洗过的柳树,清新爽丽。

　　起床后打开窗户,一幅绝美的山水画映入眼帘。柔和的阳光洒在湖面,也洒在湖边的垂柳上,长长柳条悠悠地垂挂着,如裁的细叶是水嫩的黄色。好美的画! 这不正应了“垂柳鹅黄弄水盈”一句? 远处有很多柳树,有整齐地排着的,也有错落地栽着的,呈“百柳成行,千柳成烟”之景,细柳丝绦间黄莺飞舞,竞相啼鸣,“柳浪闻莺”名副其实! 此情此景,让我突然明白,为什么文人墨客要用柳树来形容美女的两个重要部位了——“眉如柳叶”“如柳细腰”,杨柳的确是美的化身! 这种美不但可以目赏,也可以耳闻。有机会,大家不妨去听听杨柳的美,做一回闻声赏柳的主人。

2014 年 7 月 30 日

樱品

我喜爱樱花,我夫人也喜爱。故每年清明前后,我们都要赏樱。药物所附近有很多樱花树,种类也丰富,其中科苑路北口向南约千米,两边栽满樱花,每年3月下旬盛开,路边很多赏樱人。早樱已谢,晚樱又开,早樱白,晚樱红。春天百花盛开,诗人词人写了无数桃红柳绿、绿肥红瘦、雪白李花、东篱菊花、烂漫杜鹃、傲雪疏梅、秋水芙蓉、淡月芦花之类的诗词,但咏樱花的诗词不算太多。不是文人不想写,而是比较难写,这与樱之品格有关。那么什么是樱花的品格呢?可用淡雅中带艳丽、朴实中带高贵来形容樱花的品格。白樱不是如李花一样雪白,那样显得苍白无力,而是白中带粉,犹如少女的腮;红樱不是如桃花一样鲜艳,那样有点俗气,而是红中带白,犹如少妇的唇,妩媚中带优雅。

与其他花比,樱花不是零星点缀在枝头,而是满枝开放,具有伟大的集体主义精神。她们的美丽也体现在此,瀑布樱花别样荣①。花开时节,是花的长廊,花的海洋,花繁满树,如云似霞,极为壮观。

樱花是浪漫的化身。樱花花季仅一周,盛开也就两三天。每当梅花谢了之后,人们就在等樱花绽放,总也等不来。微风细雨后的温暖春光下,棵棵樱树突然绽放,如仙

---

① 出自徐书信《七绝·题樱花》。

子下凡般来到你身边。那是怎样的欣喜,犹如看到了阔别天涯多年的情人。怨雨愁风中,片片樱花飘落,飞满天,铺满地,瞬间消逝。留给我们的又是一年的等待,就如情人离去后留下无限的相思。"樱花红陌上,柳叶绿池边。燕子声声里,相思又一年。"①不知年轻时的周总理在樱花树下、杨柳岸边思念的是谁?

樱花的发源地在中国,原产于喜马拉雅山脉,进入日本后格外盛行。日本女人看樱花时一定要穿和服,好像和服是专门为看樱花的女人设计的,就如旗袍是专为走在烟雨江南石板桥上的女人设计的一样。到日本看樱花,也看花海中穿和服的女人,是很享受的。

昨日在宜兴扫墓后回上海,沪宁高速堵,转沪常高速,因要送客人到松江,又转苏嘉杭高速,再转沪杭高速。快到松江时,因为堵车,我们下了高速,从国道走。行驶了一段,忽逢一樱花培基地,泱泱几千亩,全是盛开的樱花树。我第一次看到樱花的海洋,因路堵产生的不快全没了。可惜天暗没拍照片,不知明年能否找到,希望不要如陶渊明《桃花源记》所写的那样:"太守即遣人随其往,寻向所志,遂迷,不复得路。"故先写此文。

2014 年 4 月 5 日

---

① 出自周恩来《春日偶成》。

霞

2015 年 8 月,蒋华良先生代表中国科学院上海药物研究所与嵊州市政府签约,成立嵊州铁皮石斛研究所,在嵊州入住天方山庄。偶遇霞景有感写下此文。

天方山庄临丫杈坑水库而建,来过多次,竟不知这里的云霞是如此美丽。

苏迪罗台风今日经过浙江沿海区域,受台风影响,嵊州上空布满了乌云。想象中,这种天气是断然看不到霞的。凌晨四点三刻,我还是被同事叫醒,尝试着去等霞光的出现。

走到楼下临水的廊下,我们坐等霞的显现。天空中满是乌云,云在大风中飞奔,犹如奔腾的万马,相互追赶。水库中的浪不是太大,但浪已经杀灭了云的倒影。

五时许,奔腾的云间微微露出一星霞色,是暗淡的红色。我们觉得霞光有可能出现,便向大坝走去,那里正面东方,是看霞的佳处。

云继续在天空狂奔乱舞,刚才出现的霞光也不见了,看霞的希望也越来越小了,我们商量着准备回房再睡一会。

正当我们想离开时,一阵狂风吹散了空中的乌云,刹那间,万丈霞光如油漆般喷在了空中。这时,除了惊喜,还有震撼——被这大自然的创意所震撼!

整个天空如一幅亮丽的油画,云卷云舒间,霞变幻着色彩与姿态。本来暗淡的湖面也在霞光下泛出粼粼的波光,似乎也为霞的出现而欣喜。

又一阵狂风后,天空中无云区间更大了些,霞的面积扩大了。后面的云在猛追前面的云,霞又缩小了一些。云霞的变化,就像一只火凤凰在空中飞舞。这等图像任何画家也画不出来。五点一刻左右,狂风又起,天空又布乌云,那只美丽的火凤凰消失在远方……

在回房的廊桥上,我突然想起刘白羽《日出》中一句:"我却看到了一次最雄伟、最瑰丽的日出景象。"今晨,我也看到了最雄伟、最瑰丽的景象——台风中如火凤凰一般飞翔的霞。

2015 年 8 月 9 日凌晨于浙江嵊州

北京晚霞

这几日在北京开化学年会，天气绝好。开完会，用完晚餐，天色近晚，我不经意地又向未名湖①走去，想去看看夜色中的柳姿，听听柳树上传出的蝉鸣。

走进北大东门，天空一碧如洗，白云如烟，又如晾在空中的白绸缎。这样的天气，未名湖的景色一定是好的。未走多远，夜色突浓，西边空中的云已成霞色，是一幅好看的油画。向东望去，几棵劲松肃立，几片青云镶嵌，是一幅绝美的中国水墨画。我不去未名了，站在这里看云。想起唐代诗人钱起的《访李卿不遇》：

> 画戟朱楼映晚霞，高梧寒柳度飞鸦。
>
> 门前不见归轩至，城上愁看落日斜。

我未见夜色中的未名，却遇到了北京多年不见的晚霞。

写于北京大学校园内

---

① 未名湖，北京大学最大的人工湖，位于校园中北部，也是北京大学的标志景观之一。

三十年后重游栖霞古寺

在南京读过书的人,必游栖霞山及山中的栖霞寺。1984 年深秋,班里组织过一次郊游,到栖霞山看红叶,游栖霞寺。

今日上午偷闲半日,在南京中医药大学陆茵教授陪同下,与胡刚校长一起游了栖霞寺。净善大师①给我们讲解,学了很多,感悟也很多。这是一次与"缘"的聚会,正如净善所言:"有缘相聚,水到渠成。"

栖霞秋色最美,星云大师②在千佛岩③后题有"栖霞秋色",周边全是高大的枫树,想必秋天一定很美。今秋一定再来。

2014 年秋

---

① 指南京栖霞古寺监院净善法师。
② 释星云(1927—2023),中国台湾地区佛光山开山宗长,法号悟彻,出生于江苏江都,12 岁在南京栖霞寺出家。
③ 千佛岩,位于栖霞山纱帽峰到紫盆峰西的岩壁上。

寻梦剑桥

剑桥(Cavendish Laboratory)是现代科学的圣地,麦克斯韦[1]、汤姆逊[2]、卢瑟福[3]、布拉格[4]等做过该实验室的主任。19 世纪末至 20 世纪 80 年代,物理学一半发现源于此,出了 29 位诺贝尔奖获得者。克里克[5]和沃森[6]在此发现了 DNA 双螺旋结构,开启了现代分子生物学研究领域。这里也是结构生物学的发源地,佩鲁茨[7]和肯德

---

[1] 詹姆斯·克拉克·麦克斯韦(James Clerk Maxwell),英国物理学家、数学家。经典电动力学的创始人,统计物理学的奠基人之一。著有《论电和磁》。

[2] 约瑟夫·约翰·汤姆逊(Joseph John Thomson),英国物理学家,电子的发现者,以对电子和同位素的实验著称。

[3] 欧内斯特·卢瑟福(Ernest Rutherford),英国著名物理学家,原子核物理学之父,成功证实在原子的中心有个原子核,创建了卢瑟福模型(行星模型)。他首先提出了放射性半衰期的概念,获得 1908 年诺贝尔化学奖。

[4] 威廉·劳伦斯·布拉格(William Lawrence Bragg),出生于澳大利亚,物理学家,1915 年诺贝尔物理学奖获得者,创立了 X 射线晶体结构分析,提出晶体衍射理论,建立了布拉格公式。

[5] 弗朗西斯·哈利·康普顿·克里克(Francis Harry Compton Crick),英国生物学家,物理学家,神经科学家。1953 年在剑桥大学卡文迪许实验室与詹姆斯·沃森共同发现了脱氧核糖核酸(DNA)的双螺旋结构。二人也因此与莫里斯·威尔金斯共同获得了 1962 年的诺贝尔生理学或医学奖。

[6] 詹姆斯·杜威·沃森(James Dewey Watson),出生于美国,著名生物科学家、遗传学家,被誉为"DNA 之父"。

[7] 佩鲁茨,M. F.,英国晶体学家和分子生物学家。

鲁①测定了血红素和球蛋白的结构,克卢格②测定了病毒结构。

2012 年夏天,我和王明伟教授、杨颖女士特地去看了 Cavendish 实验室,实际上是膜拜 Cavendish 实验室。从此,药物所的结构生物学蓬勃发展,欣欣向荣。三年来,测定了 4 类 6 个 GPCR 的结构,连续在 *Nature* ③ 和 *Science* ④ 发表论文 8 篇,促进新药研发进程,3 个靶向 GPCR 的药物进入开发阶段,会在明后年连续进入临床研究。

受我委托,王明伟博士每年去剑桥时,总会去剑桥膜拜 Cavendish 实验室,希望给药物所带来好运。去年王明伟博士访问剑桥时,我模仿徐志摩的《再别康桥》胡编了《再来康桥》。昨日,王博士又访问剑桥,又去膜拜了 Cavendish 实验室,发来很多剑桥的照片,我根据这些照片即兴胡乱写了《又来康桥》,王博士说很好地表达了他当时的心境。

悄悄的,

我又来了,

令人梦萦的康桥。

我独自一人,

走在石板街上,

周边的街景依然如故,

没有丝毫变化,

仅仅留下远古的回忆。

足迹,以前的和现在的,

① 约翰·肯德鲁(Sir John Kendrew),英国生物学家,1962 年诺贝尔化学奖获得者。
② 又译为亚伦·克卢格(Aaron Klug),英国生物学家、化学家。1982 年诺贝尔化学奖获得者。
③ 《自然》(*Nature*)是科学界普遍关注的国际性、跨学科的周刊类科学杂志,2023 年的影响因子为 64.8。
④ 《科学》(*Science*)是美国科学促进会(AAAS)出版的一份学术期刊,为世界权威的学术期刊之一,2023 年的影响因子为 56.9。

再次交融。

一抹夕阳,

洒在教堂的檐上。

夕阳下的康河蜿蜒流长,

岸边的金柳是心中的梦想。

我来,是为了寻梦,

寻觅我遗忘的梦想。

轻轻的,

我徘徊在康桥的每一个角落,

感受着康桥的神圣。

匆匆的,

我又要走了。

短暂的留恋足以我寻梦,

我要把梦想带回。

2015 年 4 月 3 日

忆江南

——再看丽娃河

岁月如梭,离开华东师范大学整 20 年了。由于"这样和那样的"原因,我 20 年没有回华师大,只是偶尔会去拜访我的导师。六年前,导师过世,我便再没踏进华师大的校门。

昨天,我终于正式回到了华师大,与书记、校长及他们班子主要成员见了面。令我感动的是,他们把我刚进华师大时学籍卡上的照片找了出来。那一年我才 23 岁,当时许多人说我英俊,我自己并没有在意。现在看来,我当时还确有几分英俊,一头浓密的乌发还有点自来卷,眼光有神且带着自信。

晚饭后,蒙蒙细雨中,我独自一人漫步丽娃河①畔,思绪万千。20 年前离开时,丽娃河的水是有点臭的,我想什么时候丽娃河水清澈了,我就回来。如今,经过整治,丽娃河真的很清很清了,我也就真的回来了。

站在丽娃河夏雨岛上,写下了《忆江南》。

忆江南——再看丽娃河

丽娃美

---

① 华东师范大学的校河。

美在两岸景

东岸水杉香樟碧

西岸夹竹杨柳依

二桥卧清波

丽娃好

好在丽娃情

水面风荷田田连

岛上情侣窃窃语

触景即生情

丽娃雅

雅在丽娃名

似河似湖又似雾

才子佳人常梦萦

能不忆丽娃

2012 年 5 月 20 日

吃喝的境界

美食家需具备五大要素：会吃、会想、会说、会写、还要会做。这也仅仅是一种境界，更高的境界是在吃喝之间创造一种如诗如画的意境；在穷困潦倒时，还能用简单的食材做出美妙的食物，面对青山绿水，喝酒啖食，吟诗作赋。

——引自《吃喝的境界》

吃喝的境界

前段日子，夫人将自家院子重新设计，请人修缮了一番，种植了些花草，铺了新地砖，放置了藤椅桌子，景观比以前雅致了很多。五一长假，难得空闲，午后时分，夫人煮了茶，拿了些点心，两人在院子里喝茶吃点心，朵朵围着我们转悠，真是久违的悠闲自得。感觉今天的茶和点心的味道比以往好了许多。茶还是原来的茶，点心还是原来的点心，本味是不会有多少差别的。原因在哪里？我突然想起陆文夫先生写的文章《吃喝之外》，其中谈及吃喝与"环境、气氛、心情、处境"等的关系，看来今天茶与点心好的味道主要来自于好的环境、好的氛围、好的心情和好的处境。另一方面，前不久，经著名厨师沈林安老师介绍，我成为了上海食文化研究会会员，故特写此文。

我将"环境、气氛、心情、处境"等组合称为"境界"。仔细想来，吃喝的确与境界有关，同一种食品，在不同的环境中能吃出不同的味道，我们记忆深处最美的味道，多半是小时候外婆、奶奶或妈妈烧的菜，这种菜的味道饱含着母爱和童年的温馨。关于喝（主要指喝酒）的境界，陆文夫先生在《壶中日月长》中已经描写得出神入化，现摘录一段：

今日天气大好,久雨放晴,草塘水满,彩蝶纷纷,如此良辰美景,岂能无酒;今日阴云四合,风急雨冷,夜来独伴孤灯,无酒难到天明;有朋自远方来,喜出望外,痛饮;无毛人登门,孑然一身,该饮;今日家中菜好,无酒枉对佳肴。

想喝酒,总有理由,然不同的境界,喝出的是不同的味道。正所谓酒逢知己千杯少,话不投机半盏醉。我们均有在特殊环境下吃到过一辈子永远难忘的"佳肴"的经历,而且这些所谓的佳肴均是普通食材做的,仅仅是当时的环境、心情和处境不一样,才吃到了今后永远吃不到的美味。小时候,爷爷经常给我讲故事(爷爷是村上的故事大王),他给我讲过一个乾隆饿极后去农家吃饭的故事(现在网上也可以查到,只是故事发生地有所不同),故事梗概如下:

话说乾隆下江南来到常州,一天没有带侍卫,独自一人到滆湖边微服私访,一路走,一路看周边的美景,忘了时辰。中午时分,乾隆感到饥肠辘辘,想赶回常州府吃饭,越走越饿,最后饿得实在走不动了,就走进一农户家,想讨点饭吃。农户家仅一老婆婆在家,正好在吃中饭,吃的是油煎豆腐和炒菠菜下米饭。乾隆走了进去,对老婆婆说:"老妈妈,我是来常州做生意的商人,一人出来游玩,现在饿得不行,想问您要些饭吃,明天叫伙计给你送来饭钱,可好?"老婆婆说:"看您说的,农家虽穷,上门便是客,您要是不嫌弃,就与我一起吃吧,钱就不要了,我去给您盛碗饭来。"乾隆皇帝真是饿慌了,连吃三大碗米饭,把豆腐和菠菜全部吃光,最后连汤都没有放过。乾隆感到今天的中饭太好吃了,特别是那两道菜是他从未吃过的美味,便问老婆婆是什么菜,以便回京后请御厨做给他吃。这一问便露了马脚,老婆婆想,这么普通的菜都不知道,肯定不是商人,近期坊间传说乾隆在常州,难道此人是乾隆皇帝?想到此,老婆婆就取了比较文雅一点的菜名,对乾隆说:"这两碗菜,一碗叫金镶白玉块,一碗叫红嘴绿鹦鹉。"乾隆想着刚才吃的油煎豆腐,外面金黄,里面白嫩,确像黄金包裹着白玉,炒菠菜根红叶绿,极似红嘴的鹦鹉,当即拍案叫好:"老妈妈,这两道菜,味道好,菜名更好!"说完心里还想,常州不愧是文化名城,底蕴深厚,连不识字的老太太也能起如此文雅的菜名。谢过老婆婆,乾隆便回常州城里去了。回京城后,突然有一天想起在常州老太家吃的两道菜,便请御厨做给他吃。御厨不敢问乾隆这两道菜是用什么原料做的,再说问也白问,乾隆当时走得急,根本没问老婆婆菜用什么原料做的。御厨们凭想象杀猪宰羊瞎做,乾隆非常气愤,批评他们水平不如常州的老太太。御厨根据这一线索,去常州打听金镶白玉块和红嘴绿鹦鹉到底是用什么做的,一问才知是油煎豆腐和清炒菠菜两道普通又平常的菜,当即做给了乾隆品尝,但乾隆却怎么也没有吃出在常州老婆婆家吃出的美味。

显而易见,御厨做菜的水平肯定比常州老太太高,因心境和处境不一样,乾隆吃的味道就不一样。乾隆身处皇宫,山珍海味吃厌了,并且从来没有挨过饿,他不明白人饿的时候吃什么都香。上世纪六七十年代,我们都吃不饱,难得吃一顿肉,哪怕是白水煮肉,吃得也非常香。我老家当时流行一句话,"一个男人能顶住一个美女的诱惑,却挺不过一碗饭的诱惑",这充分反映了吃的境界,在极其饥饿的处境中,吃对人来说是最重要的事情。如果上述故事是传说,陆文夫在《吃喝之外》一文中讲述他自己的经历则一定是真实的。

1950年代,陆文夫在江南一个小镇采访,时过中午饭点,所有饭店统统打烊了。他忽然看到临河有一个小饭店,便进去问老板是否还有吃的,老板说所有饭菜全部卖光,仅剩一条两斤左右的活鳜鱼。陆文夫请他烧了这条鳜鱼,就两斤黄酒吃,吃得心满意足,味道终身难忘。陆文夫是文人兼美食家,写过很多美食文章,所写中篇小说《美食家》1985年由上海电影制片厂拍成电影,徐昌霖执导,夏天、王诗槐等主演。他吃过的美食比普通人多得多,有"行万里路,尝百口鲜"的称号。陆文夫吃过很多烧法的鳜鱼,有苏州名菜松鼠鳜鱼、清蒸鳜鱼、鳜鱼雪菜汤等,但均吃不出那次江南小镇小饭店里鳜鱼的味道。陆文夫道出了原因:

"买下鱼后,店主便领我从一架吱嘎作响的木扶梯上了楼。楼上空无一人,窗外湖光山色,窗下水清见底,河底水草摇曳;风帆过处,群群野鸭惊飞,极目远眺,有青山隐现。'青山隐隐水迢迢,秋尽江南草未凋',鱼还没吃呢,那情调和味道已经来了。"

像陆文夫这样的文人墨客,吃喝,首先讲究的是意境,其次才是味道。松鹤楼的松鼠鳜鱼味道虽好,可那青山、碧水、白帆、闲情、诗意又在哪里……

旧时的达贵名流、商贾富人和艺术家均有自己的家厨,例如清代扬州盐商富集,好厨师、好菜、好酒、好茶大都出自这些富贵的盐商家中。盐商之间还有借厨子的习俗,一旦某位盐商宴请宾客,会向好几个朋友借用厨子,每位厨子做几个拿手菜,客人吃得满意,主人很有面子。这是另一种吃的境界了,这种境界发扬光大了淮扬菜。

讲到淮扬菜,不得不介绍著名京剧表演艺术家梅兰芳先生与淮扬菜的渊源以及他吃淮扬菜的境界。1933—1951年,梅先生定居上海马斯南路121号(今思南路87号),抗战期间,梅先生蓄须明志,谢绝舞台,不为日本人演出。梅先生虽出生于北京,但祖籍是泰州,自然喜好淮扬菜。此外,对于戏剧艺术家来说,保护嗓子如保护生命,不能吃味重油腻的食物。淮扬菜的特点是以清淡为主,烹饪以"和、精、清、新"为理念,有利于嗓音的维护,这可能是梅先生终身饮食以淮扬菜为主的主要原因。梅先生定居上海后,广交朋友,中国银行董事长冯耿光(人称冯六爷)是梅先生的好友,梅冯两家时常来往,少不了一起吃喝。冯六爷也喜好淮扬菜,他家有个厨师叫王寿山(小名小丁,师从名厨姜浩本),小丁做的一流淮扬菜,梅先生非常喜欢吃,在家里请客,经常"借"小丁去掌勺。冯六爷见梅先生如此喜欢小丁烧的淮扬菜,就把小丁送给了梅先生,从此小丁就成了梅先生的家厨,在梅家工作了好多年,梅先生外出演出也带上小丁。小丁做的淮扬菜与众不同,既继承了传统,又发扬光大,在当时的上海滩很有名气,上海"火柴大王"李祖夔都请过小丁到家里做菜,以宴宾客。

梅先生最小的儿子梅葆玖先生除了继承了他父亲的艺术天赋,也将梅府家宴私房菜发扬光大,与小丁徒弟沈林安老师合作,在京沪两地开设"梅府家宴"菜馆,我有幸吃过几次,也拜读了沈林安、张葆洁和吴迎三位先生编著的《梅府的家宴》一书(学林出版社出版),对梅先生的饮食习惯和宴请朋友的方式略知一二。小丁做的清炖狮子头、煮干丝是一绝,而根据梅先生演出需要自创的鸳鸯鸡粥和花生米牛肉汤更是绝中之绝。除花生米牛肉汤外,其余的菜我均品尝过,并由沈林安老师亲自烹饪,味道绝佳。几乎梅府的每一道私房菜均有内涵、有故事。我此文仅介绍鸳鸯鸡粥,其余的菜及梅先生艺术与吃喝的传承详见沈林安老师等三人编著的《梅府的家宴》。

关于饮食，戏剧界有句名言——"饱吹饿唱"，梅先生深谙此言的含义。他说："演员在演出之前决不能饱食，不然，唱起来中气不足，动作乏力，还可能引发胃炎。"因此，每逢有演出的晚上，梅先生吃得很简单。然而，简单也不能随意地吃，演出时消耗能量很大，那么演出前的这顿晚餐，既不能吃得太饱，又要有充足的营养。小丁想到了一道经典淮扬名菜——鸡粥。相传明末年间，扬州盐商为巴结盐务官员开发了这道菜，清乾嘉年间，袁枚《随园食单》中有制作鸡粥的记载，其他烹饪书籍如《调鼎集》中也有鸡粥做法的记载。小丁的鸡粥极具创新，根据《梅府的家宴》的描述以及沈老师等的口述，我猜测做法大致如下：

取猪皮一张盖于砧板上，取当年老母鸡身上最嫩的里脊肉，用刀剔除筋膜，在盖于砧板的猪皮上将鸡里脊切成小块。慢慢轻敲里脊块，敲成茸状，至少敲打一个半小时。加入调料，按一个方向搅拌成薄薄的鸡茸，这一过程叫"打鸡茸"，也得花一个小时以上。最后是"打鸡粥"，熬制上好的鸡汤，加热至一定的温度（不能太高），再慢慢将打好的鸡茸加入汤中，并不断搅拌，再应用烹饪中特有的"推、打"手艺，将鸡茸在鸡汤中熬成薄薄的鸡粥，鸡粥的厚度可用芡粉调制。将青菜剁碎，熬成青色的菜茸，浇在盛在小碗中的鸡粥上，即可食用。

我吃过几次，味道确实鲜美，一般的鸡粥（如小绍兴的鸡粥）无法与之媲美。据说，如按小丁师傅的做法，整个制作过程要花48个小时。从这道菜的制作过程来看，就像艺术家在制作一件艺术作品，这种境界已经到了较高的水平。然而，梅先生吃的鸡粥中含有"鸳鸯"两字，境界一下提升到了最高点。梅先生演出前吃鸡粥，鸡粥太烫，边吃边吹。有一次演出前，为赶时间，梅先生用扇子扇凉鸡粥时，不经意间扇柄拨动了浇在鸡粥上的菜茸，画出了阴阳八卦太极图形。梅先生想，这一青一白的太极图案，不正与《穆桂英挂帅》中的"水袖""圆场""欲右先左走'S'"的动作很像吗？不正如自己所追求的"圆融"意境吗？当即来了灵感，请来小丁师傅，与其商量，将这道菜取名为"鸳鸯鸡粥"。此后，小丁师傅及其徒弟做鸡粥时，刻意将菜茸浇成太极图形。梅先生是大师级人物,在饮食方面也是大师级的,达到了美食与艺术圆融的境界。顺便说一下,淮扬菜无论是做狮子头还是打鸡茸,均不直接在砧板上处理,必须在砧板上盖一块猪皮,然后再制作。这是另一种境界,如直接在砧板处理,长时间的切割、敲打或宰剁,砧板的木屑会混入猪肉或鸡肉中,产生异味。淮扬厨师发明这种制作方法,也是天下独有的。

自古文人好美食,也发明了很多美食,如苏东坡发明了东坡肉等一系列美食。现代文人,除上面提到的陆文夫,还有夏丏尊、刘半农、林语堂、汪曾祺、俞平伯、周作人、周汝昌、郁达夫、叶圣陶、梁实秋、吴祖光、钱钟书等,均是美食家,写过很多关于吃喝的文章,尤其是陆文夫和汪曾祺,他们写吃喝写到家了,境界之高,无人能比,读后学到不少有关吃喝的学问。能吃能喝,仅仅是为了生命的延续,吃喝要达到一定的境界,也是需要学习和实践的。美食家需具备五大要素:会吃、会想、会说、会写、还要会做。这也仅仅是一种境界,更高的境界是在吃喝之间创造一种如诗如画的意境;在穷困潦倒时,还能用简单的食材做出美妙的食物,面对青山绿水,喝酒啖食,吟诗作赋。

2019 年 5 月 1 日于上海

寻美食

今日下午,上海天好,蓝天白云,春光灿烂,与夫人出门觅美食。听闻天津路菜菜小吃汤包馆小笼一流。夫人开车在天津路福建路口找半天未果,询问附近服装店营业员,才知在浙江路附近。到后发现门口排着长队,店内桌子全满,夫人排队,我等位子,先写到此。要知味道如何?且看下去。

食色,性也。民以食为天。上世纪七八十年代,吃为了饱,而如今,吃是为了享受。但如何享受,就各显神通了。

我享受美食,用当今时尚的话说,我是一个"标准吃货",哪里有美食,我就去哪里。

夫人排队买小笼时,我坐在堂内与出店抽烟的老板聊天,问他小笼能招来这么多吃客的秘诀。他很实诚,说:"没有秘密,就是原料新鲜。其他店蟹粉是买来的现成蟹粉,有些还是用死蟹做的,40元一斤,我是用定点供应的活蟹蒸后手工剥出来的,不算人工,130多元一斤。你肯定吃过其他店的蟹粉小笼,包括南翔小笼,很腥气,过会你吃我的小笼,一比即知差别。"

夫人还在排队,看我实在是饿,实在是馋。老板说:"小笼我不能给你开后门,要不你先来一碗蟹粉馄饨垫垫饥?"我点了一碗,几分钟就上来了,一吃果不其然,咬一口,满嘴是蟹香和青菜香混在一起的味道,鲜美无比。连吃五只,留下三只请我夫人来尝尝,我帮她排会儿队。

夫人尝了馄饨后也赞不绝口，一起满怀期待地等小笼。终于等到我们开票买小笼包了，点了两客小笼，两份鸭血粉丝油豆腐汤。不一会小笼上来了，满笼的香味扑鼻而来。夹一只，蘸醋，从底部咬一小孔，吸汤汁，蟹鲜肉鲜涌入嘴里，流入胸中肚中，脑中浮出两字——"美食"。馅中只放了盐，其余调味什么都没放，是一种原汁原鲜的鲜美。就如乡村野姑的美，是未加任何修饰的美。这才是真正的美食。

在回家的路上，我还在回味刚吃的美食，想到了苏润对于美食的理解，一时深感共鸣。苏润的理解基本正确。美食通常与美女有关，如西施豆腐、昭君皮子、貂蝉疤饼、贵妃鸡。四大美女均是美食家，创造了以自己名字命名的美食。民间的许多美食均是美女或美女的家中创造的，如西湖醋鱼和宋嫂鱼羹由宋嫂创造，常州萝卜干是陈圆圆爷爷发明的，麻婆豆腐是麻婆发明的，麻婆青年时可是一等美女。

美食家品美食一定要有美女相伴，比如我今天去吃苏润认为最简单的小笼，也要带上夫人，即可吃出口腹之欲外的味道。再比如与情人约会时，哪怕只喝一杯清茶，吃一碗阳春面，举眉投目间，品尝的味道一定与平时不同。

美食家需具备五大要素：会吃、会想、会说、会写、还要会做。古代诗人文人中不乏美食家。苏东坡是大文豪，亦是美食家，所创东坡肉妇孺皆知。他有一首诗，大家看后只想到冬去春来，很少有人想到这首诗与美食有关。《惠崇春江晚景二首》中一首为：

竹外桃花三两枝，

春江水暖鸭先知。

蒌蒿满地芦芽短，

正是河豚欲上时。

哪一句没有美食？第一句暗含应吃春笋，如油焖笋、腌笃鲜，第二句暗喻野鸭味道鲜美，可以做酱鸭，最后两句嫩芦苇炖河豚，这不是时下江阴扬中一带的名菜吗？

另外，美食家要有一定的经济实力，从古至今，吃是要花钱的。陆文夫写《美食家》就是写的自己，他祖上积攒的银两，全给他吃光，走到哪吃到哪，哪有新的美食，他必火速前往，他是"行万里路，尝百口鲜"，后任苏州文联副主席。重开的百年老店得月楼、松鹤楼，歇业多年已经没人会做菜了，后在陆文夫指导下，这两楼名菜才得以恢复。

李渔喜食大闸蟹，清朝大闸蟹也很贵，李笠翁每年上半年积攒半年收入，是为了用于秋天食蟹。这么看没点经济实力，做美食家可不行。

但真正的美食家用普通食材也能做出精品美食。苏轼能做东坡肉，更发明了多种东坡羹。

新春阶下笋芽生，

厨里霜齑倒旧罂。

时绕麦田求野荠，

强为僧舍煮山羹。

又如他与儿子苏过一起发明了一种用山芋做的羹，他写道：

香似龙涎仍酽白，

味如牛乳更全清。

莫将南海金齑脍，

轻比东坡玉糁羹。

朋友吃后觉味道好，评价为"天上酥陀则不可知，人间决无此味也"。问怎么做的，苏东坡至死不说。上海食品一厂20世纪80年代根据此记载，用山芋和牛奶做原料创制了著名的麦乳精，红极一时。

我从苏轼写食品的诗中推测,他为什么"宁可食无肉,不可居无竹",可能是缘于他好食笋。由此,以研究美食为切入点,可研究文化、历史,以及历史人物的喜好。学问大着呢。

2014 年 3 月 23 日

舌尖上的七八十年代

改革开放前,80％的中国人是为温饱奋斗,吃是每家每户的大事。我从小生活在农村,1980年代前,一年之内,除了过年,没有几天能放开肚皮吃饱饭,更不用说能吃到鱼肉荤腥了。因此,我对那时吃的印象深刻。故写了五篇关于那时吃的短文,整理成此文。

心想事成

1974年秋天的一个下午,我正在上语文课(当时读三年级),课文的题目已经忘了,是介绍人民公社生产形势好,其中有一段是某生产队梨园的介绍:"……很远就闻到了梨园飘来的果香,走进梨园,只见黄澄澄的梨挂满了树枝……"老师在讲,我的口水在流,心想要是能吃上那挂满树枝的黄澄澄的梨该多好啊。放学的路上还想着那黄澄澄的梨,忽然看到外婆迎面走来。外婆生育六女一子,孙子辈有20多人,我是她最小的外孙,从小由她带大,是外婆的掌上明珠。外婆每次来看我们肯定会带好吃的,这次是否带来黄澄澄的梨呢?叫着"外婆,外婆!"我飞奔着迎了上去,直接打开了外婆的装吃食的包。里面竟然真的是黄澄澄的梨!毫不犹豫拿出一个在衣服上擦了擦就吃了起来,吃了一半,才发现三个和我一起回家的同学直愣愣地盯着我,直流口水,我立即拿出了三个黄澄澄的梨,一人一个,他们竟然没有顾得上擦一擦,直接啃了起来……

这是我第一次心想事成。心想事成不会总是有的。吃过黄澄澄的梨不久,大队放电影《铁道游击队》,其中有一个镜头是游击队在火车上为了迷惑日本鬼子,送了一只烧鸡给一个日本兵,那日本兵撕下一个鸡大腿就啃。那时穷,吃不饱,哪能受得了这种大口吃肉的画面,口水唰地就流下来了。我还有点不好意思,偷偷地瞄了一眼左右的伙伴,看他们是否发现我馋了。哪知不看不知道,一看吓一跳,他们流的口水比我还多。看完电影,回到家里,肚子是出奇地饿,揭开锅子,打开碗橱①,不要说鸡大腿,一点吃的东西也没有。只能饥肠辘辘上床睡觉,翻来覆去睡不着,心里想明天外婆最好能来,带着烧鸡,想着想着终于睡着。第二天以及以后很长一段时间,外婆都没有来,用电影里那样撕下鸡腿就啃的方式吃烧鸡的愿望一直没有实现。直到我十四岁那年,才有机会吃一只完整的烧鸡。

吃整鸡

14岁,我才开始发育了(那时苦,小孩发育普遍晚)。按老家乡下的习惯,男孩发育要吃一只整鸡。鸡要选用还没有打过鸣的公鸡(童子鸡即没有发育的公鸡),烹饪时不能把鸡切开红烧,要整只清蒸。进入发育期后,我就开始等待吃整鸡的那一天,心中盘算了多种吃法,有《铁道游击队》电影中的粗放吃法,也有比较斯文的吃法。这天终于来了。上午,母亲非常心疼地抓了一只没有打鸣的公鸡,我亲手杀鸡处理。洗净后放入砂锅中,放入姜葱黄酒盐,再将砂锅放入大的蒸锅中,上灶蒸两小时。这两小时实在难熬,我不停在灶边转悠,蒸锅中不时冒出诱人的香气。那香味一辈子也忘不掉,现在任何饭店都烧不出这样难忘的香味。苦苦熬了两小时,母亲说可以吃了!打开蒸

---

① 那个年代冰箱并不普及,食物大多都存放在碗橱里。

锅,取出砂锅,再打开砂锅。哇! 一只已经蒸得酥烂的公鸡躺在砂锅中,周边是黄酒和公鸡蒸出的汤汁,汤汁还在冒着泡。先用手指头蘸了一点汤尝尝,太鲜美了。拿抹布包起砂锅,将砂锅端到后门的小树林里,等不及鸡肉晾凉一点,就开吃起来。

先跟电影《铁道游击队》中的日本兵吃鸡一样,撕了一只大腿,五秒没到就啃完了,再撕了一个翅膀,飞快吃完,然后是胸脯肉、再鸡腿、再翅膀,吃得我是大汗淋漓,十分爽快。最后还剩下汤汁,可不能浪费,加了一碗米饭,一气呵成,全部吃光。因味道实在太好,我连手指上残留的汤汁都没有放过,舔得一干二净。

15岁那年,我去县重点中学读书,远离家乡到几十里外的常州郊区湖塘镇。一天三顿都在学校里解决,七块钱吃一个月。那时每个礼拜最盼望的是星期三和星期六,星期三有小荤吃——土豆炒肉丝之类,星期六有大荤吃——红烧大肉。平时除了青菜萝卜,基本没有其他东西吃,整天饿得不行。母亲看着我苦,让我带点自家过年时腌制的咸肉,有时我会割一块放在饭里一起蒸(那时米饭自己蒸,菜学校统一分配)。蒸完开饭,打开饭盒,里面的咸肉闪闪发亮,蒸出的猪油已经与饭融合,饭香与肉香混合,产生一种我至今都怀念的香味。那味道"好吃"是不能形容的。后来有同学发现了我饭盒的秘密,会提前去取我的饭盒,分割一半咸肉。

父亲那时在马鞍山钢铁厂上班,已经到了退休的年龄,但还不退休,是想等我毕业,若是考不上大学,可以去顶替他,把我的户口从农村转到城里,那时工厂上班的收入也比农村多。每次父亲回家探亲再回马鞍山时,会到学校来看我,把母亲准备的一些吃的东西带来。一次,父亲带来了两只烧好的鸡,是自家养的土鸡。为了能让我多吃几顿,母亲烧鸡时加了一些雪里蕻,味道十分鲜美。不过这道菜我至今未能靠记忆模仿来(母亲的大部分菜我通过回忆模仿了出来,例如酱油饼、黄鳝烧茄子、清炒南瓜藤、辣椒茄丝、干炒红薯藤)。父亲到学校已是吃晚饭的时间了,同寝室同学都在宿舍,父亲看同学们都在,也不好意思叫我一个人吃鸡,邀请同学们一起吃。所有在场同学和我一共五人的眼睛都盯着鸡,没有人吃,口水往肚里咽。父亲注意到可能是他在大家不好意思吃,就借故说上厕所。父亲一离开,五双筷子立刻同时伸进装鸡的盒子,争先恐后地夹肉往嘴里送,不到五分钟,两只鸡全部消灭光。父亲回来后感叹:"孩子们,你们太苦了!"

因为饿,就想搞吃的东西,想搞到吃的东西,得有钱。终于机会来了,高年级同学高考完后,把所有的书都扔了。我与几个同学,把遗弃的书全部收集起来,卖给废品收购站。这也是我第一次卖废品,居然有38元的收入。在80年代初,38元是一个中等收入家庭一个月的工资,是农村一个强壮劳动力三个月的收入。能卖这么多钱,我们都没有想到。有了钱,想干的第一件事是上馆子,吃!邀请了五个同学,一起走进了湖塘镇最好的饭店,点了一桌菜,有荤有素,有肉有鱼,有鸡有鸭,有汤有水,还点了饮料(那时喝饮料是一件奢侈的事情)。大家吃了个够,吃了个饱,吃了个心满意足。好多同学说,从来没有吃得这么好过。

因为吃,我学会了做菜,这样便能想吃啥就吃啥。

老家的猪头肉

从刚才的几个故事中,大家已经注意到,小时候没有东西吃,便会想着法子找东西吃,这使我成了一位美食家。我吃东西从来不讲究多奢华,但很讲究味道,我的讲究追寻"小晨光格咪道(上海话,小时候的味道)"。因此,我冥思苦想,回忆外婆和母亲烧的菜,凭记忆复制菜单,好几个成功了,还有许多怎么也复制不出来。主要原因是原料变了,就如我发育时吃的童子鸡,现在很难获取。幸亏老家还保留了猪头肉、老汤牛肉、麻糕之类的食品,不然很难找回"小晨光格咪道"。下面讲一讲我是怎样学会烧猪头肉的。

每年夏天,是老家农村最忙的季节,那时要"双抢"——抢种、抢收。当时一般种双季稻,6月麦子收好,种第一季水稻,8月收起种第二季水稻,为抓紧时间,每天干活跟打仗似的,不然就赶不上时间种两季水稻。第二季水稻收割后,农忙告一段落,生产队会杀猪犒劳大家。我们生产队共有36户人家,150多口人。每年农忙后,队里会杀三只猪,猪肉、内脏烧了给大伙吃。我们村有一吴老头,很会烧菜,每年的农忙后总是他烧菜。

农忙结束后的一天早上挑三只肥猪杀了,都是生产队自己的猪,吴老头是大队负责养猪的。几位能干的妇女会来清洗猪肉和内脏(我会洗内脏,是跟她们学的),上午10点左右,吴老头开始烧肉和内脏,我帮他打下手,添柴烧火。因此我总是最先吃到肉。吴老头烧的肉很好吃,我跟着学了不少,什么红烧肉、酒焖肉、白切肉、爆炒里脊肉,等等。我跟他学的绝技是红烧大肠和猪头肉。这两样东西要一起烧,味道才好。将大肠和猪头洗干净后,整体(大肠不切断,猪头不切开)放入一个特大的锅中,加开水煮开10分钟后,将开水倒掉,让肉和大肠慢慢凉下来,这样猪头和大肠中的异味会随热气散掉了。猪头和大肠凉透后,加入酱油、红糖、冰糖、生姜、茴香、桂皮、黄酒、盐,焖烧1小时,将大肠取出,切成段,浇上锅中的汤料即可食用,味道鲜美。猪头在锅中继续煮1.5小时,拿出来晾凉,等不烫手时,将肉从猪头骨上拆下来,切块装盘,蘸上汤料即可食用。我在拆肉时就吃,会挑我最喜欢的部位,脸上的肥肉和贴在骨头上的瘦肉,吃起来味道那个好。

机帆船上的咸肉冬瓜汤

我生长在江南水乡,儿时的主要运输工具是船,运物运人都是船。最开始是人工摇船。"一根橹两个人,咿咿呀呀摇啊摇,摇到外婆桥",描写的就是我儿时的情景。现在想来,此情此景很美,像是一幅江南山水画。当时没有觉得此情此景的美,因为肚里饿,根本没有欣赏这种美的心情。现在,想要欣赏,想要体验,已找不到这样的船,这样的橹了。不要说现在,在我十几岁时,人工摇的船变成了机帆船①了,速度较快。那时这种船主要是用来运输粮食货物,两人驾驶一条船,将生产队的麦子、水稻等运到公社

① 用柴油机驱动的船。

的粮库去,也会去县城采购农药和化肥。因有时要去县城等路途较远的地方,船上有睡觉的床铺和烧饭的锅台。这种船往往停在运河的码头,是我儿时和伙伴的天堂,可以在船上玩各种游戏。但我主要把船当作了厨房,利用上面的锅灶烧东西吃。

少时夏天的一个下午,我与好朋友上船玩,一个小伙伴小方说很饿,眼巴巴看着我,示意我得想办法烧东西给他们吃。我说小方,你家门口好像晒着咸肉①,你回去割一块来,小中(我另一个伙伴)你到生产队的冬瓜地里摘一个冬瓜来。我今天烧咸肉冬瓜汤给你们吃。一会,小方割了一大块咸肉,小中摘了一个特大的冬瓜,我利用机帆船上的锅灶,烧了一锅咸肉冬瓜汤,我们三人吃了个大饱,才发现那两个小子居然是第一次吃咸肉冬瓜汤。不过后来小方的妈发现她晒的咸肉被人割了一大块,在门口大骂,她做梦也没想到肉是她儿子割的,更没想到孩子们用她家的咸肉在船上烧咸肉冬瓜汤。

学做米花糖

上世纪七八十年代,过年是一件很重要的事情,比现在热闹多了。只有过年,才能放开肚皮吃肉,才有新衣穿,新帽戴。老家过年,家家都要准备几样点心:馒头、包子、年糕和糯米团子等,有一样十分重要的点心或是小吃是米花糖(也叫炒米糖)。馒头、包子、年糕和糯米团子几乎家家有人会做,每家的特色还不尽相同,我隔壁的钱家做糯米团子喜欢用青菜鲜肉馅,村东的小方家喜欢放酱油的纯肉馅。然而,制作炒米糖是一门技术活,不是家家会做的,从严格意义上来说,我们整个村上只有我一人会做新式炒米糖,我的这一技术曾经让全村人羡慕。

13岁那年的春节前,我在表姐家玩,表姐从娘家请来糕饼师傅,专门来制作炒米和炒米糖。糕饼师傅的大名忘记了,我还记得他的小名,叫小丫头(但是个男的,那时

---

① 那个年代春节腌的咸肉,舍不得吃完,到夏天要晒一晒,防止变质。

男人叫女人的名字或叫动物的名字是为了小时候好养，也能健康长寿），我就跟小丫头学炒米和制作炒米糖。

炒米糖的制作过程十分复杂。

第一步是制作炒米。将糯米在水中浸三天三夜，使米中吸足水分。捞出糯米，沥干水，放入蒸笼蒸两小时左右，这时糯米变成了十分干的糯米饭。将蒸好的糯米饭放入太阳下晒干，这时糯米饭看上去又像糯米了。接着是将晒干的糯米饭炒成炒米，这绝对是一门技术。炒的方法类似于炒糖炒栗子的方法，用沙炒。将细沙倒入铁锅中烧得很烫，再将一碗晒干的糯米饭倒入沙中，用木头锤子快速搅拌，时间不能超过 5 秒钟，铲起倒入筛子中，将沙筛掉，留下炒好的炒米。将沙再倒入铁锅中，烧烫，准备炒第二锅。

第二步是熬糖。做炒米糖的糖选用麦芽糖。先将大块的麦芽糖敲成细块，放入铁锅中融化。为防止糖熬焦，要加少量的水和猪油，与麦芽糖一起熬，火先大后小。因麦芽糖的甜度有限，熬糖时加一些白糖一起熬。也可加一些桂花和橙皮，增加香味。掌握火候和熬到什么程度是关键，熬糖不到火候，黏度不够，炒米粘不起来，熬过头了，糖熬焦，炒米糖吃口就不好。这里有一个判断的技巧，拿起搅拌的锅铲，如果糖汁一片一片往下落，就熬好了。

第三步做炒米糖。停止加热，将适量的炒米加入熬好的糖汁中，快速拌匀，铲出来放在大一点的刀砧板上，压成方块。等糖块凉后，先切成条，再把条切成片。炒米糖做成了，香甜嘣脆，味道十分好。

在我学会这门技术前，我们村上不是这样做炒米糖，先将麦芽糖放在钢精锅里融化，舀出一些融化后的麦芽糖放在扁中，粘上一些炒米，凉透后就算是炒米糖了。这样做的炒米糖，糖多米少，也不能加猪油、白糖和桂花等，十分难吃。我学会后，先在自己家做，再到我姑妈家做，效果很好。然后帮村里几户人家做，名气出去后，几乎每家人家都叫我去做。1983 年春节，我从大学回家已经是腊月二十五了，村上没有一家人家做好了炒米糖，都等着我回去做。那一年，我做了三天三夜炒米糖，每天从早上 8 点做到晚上 10 点。

上大学时，每年寒假结束，我总要带上许多炒米糖到学校，同学们争着吃，抢着吃，很受欢迎。我与我夫人谈恋爱时，每年春节我会从乡下把炒米和麦芽糖带到城里，在我夫人的哥哥家做炒米糖，在我夫人哥哥的岳母家还做过一次。

后来，生活好了，炒米糖也不算什么稀奇的食品了。不知从何年开始，老家没有一家做炒米糖了，我也几乎"失业"。2001 年，我在上海工作的大学同学李元突然想起了我大学时代做的炒米糖，跟他夫人和儿子介绍说如何好吃。我便专门到老家去取炒米糖，发现找到原料比到西天取经还难。终于在我阿姨家的村上找到了我上面描述的炒米，依然是小丫头炒的（除了他没有别人会炒了）。我到超市买了麦芽糖，在我同学的家里做了炒米糖。这是我最后一次做炒米糖。

从学做炒米糖到为自家、为人家做炒米糖，我得到了无穷的乐趣。

我们还会找回这样的乐趣吗？

2012 年 9 月 2 日于上海

红烧肉中的著名化学反应

——美拉德反应

前一段时间,央视十台播出广告——我们恨化学,引起了广泛关注和热议。这件事引起了我的深刻反思:作为一名化学研究工作者,没有尽力去正面宣传化学,向老百姓科普化学。从今天起,我将抽空写些关于化学的科普小品文,让更多的人了解化学,公正地看待化学。

我们每天的衣食住行离不开化学。例如,我们每天要吃油、盐、酱、醋、糖,这些常用佐料的制造均离不开化学。有人会认为糖是从甘蔗和甜菜等植物中榨取的,以为用不上化学。其实,白糖的制造过程用到的过滤、蒸发、结晶等技术均是常用的化学技术,食盐的制造同样要用到这些技术,酱油和醋的生产主要靠发酵,其中发生了很多生物化学反应,也要用到过滤和精制等传统化学技术。

有一门化学分支,叫食品化学,与我们的饮食关系极大。食品化学是系统研究食品的化学组成、结构、性质以及食品加工和贮藏过程中发生的化学变化的科学。食品在加工过程中会发生很多化学反应,有些化学反应非常有趣。红烧肉是我国老百姓喜爱的家常菜,几乎没有人不喜欢吃红烧肉。做红烧肉时通常要加白糖和料酒(黄酒),一般认为氨基酸与乙醇发生酯化反应,生成氨基酸乙酯,这一反应显示了料酒去腥的作用,红烧肉的香味主要也是氨基酸乙酯的功劳。其实,红烧肉的香味主要是白糖的功劳。今天介绍做红烧肉的过程中发生的一个化学反应,这一化学反应是红烧肉色泽、香味和好味道的主要影响因素。

1912 年法国化学家 L. C. Maillard 发现氨基酸或蛋白质与葡萄糖混合加热时形成褐色的物质。后来人们发现氨基酸或蛋白质能与很多糖发生反应，这类反应不仅影响食品的颜色，而且对食品的香味也有重要作用，人们将此反应称为美拉德（Maillard）反应或非酶褐变（nonenzymatic browning）反应。只要温度不高，如做红烧肉，这种反应产生的褐色物质无毒，且菜品香气扑鼻，色泽诱人，是红烧肉、红烧鱼等成为美食的功臣。

不同的氨基酸与不同的糖反应，能产生不同的香味。例如，亮氨酸与葡萄糖在高温下反应，能够产生令人愉悦的面包香。红烧肉的香味比较复杂，还不知道是什么氨基酸与糖反应，可能是多种氨基酸与多种糖反应的产物。美拉德反应还促进了香料化学的发展，该反应在香精领域中的应用打破了传统的香精调配和生产工艺的范畴，产生了一种全新的香料生产技术，尤其在调味品行业应用广泛。该反应所形成的香精能产生天然肉类香味的逼真效果。美拉德反应的机制还不十分清楚，1953 年 Hodge 对美拉德反应的机理提出了系统的解释，美拉德反应可分为三个阶段：初期、中期和末期。初期是氨基酸的氨基与糖的羰基发生亲核加成反应生成席夫碱，席夫碱环化形成氮代糖基胺，经阿姆德瑞分子重排反应，生成烯醇式和酮式糖胺。中期是烯醇式和酮式糖胺在酸性条件下经 1,2-烯醇化反应，生成羰基呋喃醛，在碱性条件下经 2,3-烯醇化反应，产生还原酮类和脱氢还原酮类化合物。这些多羰基不饱和化合物通过斯特勒克（Strecker）降解反应，生产醛类、吡嗪类化合物和一些容易挥发的化合物，这些化合物能产生特殊的香味。末期的机制非常复杂，多羰基不饱和化合物进行缩合、聚合反应，产生褐黑色的类黑精物质。类黑精物质是红烧肉色泽的物质基础，控制糖的量和温度，缩合、聚合反应的程度不同，产生不同的类黑精物质，红烧肉的色泽也不同。有人烧红烧肉时喜欢加冰糖（砂糖重结晶产物），烧出的红烧肉色泽光亮，道理说不清楚，这有可能与药物的不同晶型产生不同的药效有点类似。

建议平时烧红肉不要用市场上的肉香香精，而是用我们老祖宗积累的经验做红烧肉,加糖、黄酒、桂皮、生姜、八角等天然调味佐料。这些佐料中的化学物质与肉中成分产生复杂的化学反应,除酯化反应、美拉德反应、糖焦化反应,其他反应目前不清楚,可能有全新的化学反应,值得研究。美拉德反应是食品化学研究的重要领域,每年有很多论文发表,目前还应用于疾病预防,例如有人研究出有利于糖尿病和慢性肾病患者食用的烤牛排的烹饪条件。我国科学家还用色谱和质谱技术研究北京烤鸭香味的指纹图谱,指纹图谱中的化合物多数是美拉德反应的产物。今后,如果把我国的高级厨师、民间烧菜高手做的红烧肉进行化学分析,做成指纹图谱数据库,并与他们烧制的配方和工艺过程相关联,进行大数据分析,产生出系列红烧肉烹饪工艺,那么家家户户都可以烧出适合自己口味的红烧肉。

借此机会,我介绍一种不用酱油上色而是用糖饴(焦糖)上色的红烧肉做法:油中热后,加入白糖,小火加热,搅拌,糖融化微焦并冒小泡时,加入处理好的五花肉翻炒两分钟左右,加入黄酒和上述佐料,倒入砂锅,再加黄酒(量至将肉刚好浸泡),小火烧15分钟,加盐,再烧10—15分钟左右。

糖饴或焦糖的制作是一个更复杂的化学反应过程,主要涉及两类反应,一种是上述介绍的美拉德反应,另一类是糖加热的焦糖化反应,即在相当高的高温下(大约200℃)使碳水化合物产生醛类,然后缩合成有色成分。糖饴上色红烧肉的第一步,即糖在植物油中高温加热融化的过程是糖焦化反应,加入肉和其他佐料开始烧红烧肉时主要是美拉德反应,最后大火收汁时,焦化反应和美拉德反应同时发生。实际上,我们平时吃的酱油、醋、啤酒、可口可乐等佐料和饮料的颜色全靠焦糖着色。如果学会了用纯糖着色法烧红烧肉,就不用酱油了。

要制作好的焦糖十分困难,因此,焦糖也可称为高科技产品,每个公司的生产工艺均严格保密。可口可乐最关键的成分是一种耐酸焦糖,这是可口可乐之所以能风行全世界、在国际市场独占鳌头的主要原因,至今没人能破解这种耐酸焦糖的制作工艺。

在这里,我也介绍一种制作焦糖的方法,用这种方法制作的焦糖特别适合于做红烧肉。我13岁时,曾跟一位老家的糕饼师傅学做炒米糖(米花糖),做炒米糖的关键一步是熬糖，即制作糖饴。将大块的麦芽糖敲成细块，放入铁锅中融化。为防止糖熬焦，要加少量的水和猪油，与麦芽糖一起熬，火先大后小。因麦芽糖的甜度有限，熬糖时可以加一些白糖一起熬。掌握火候和熬到什么程度是关键，熬糖不到火候，黏度不够，炒米粘不起来；熬过头了，糖熬焦，炒米糖口感就不好。这里有一个判断的技巧——拿起搅拌的锅铲，如果糖汁一片一片往下落，就好了。这时，加入炒米搅拌，铲出后放在大一点的刀砧板上，压成方块。等糖块凉后，先切成条，再把条切成片，炒米糖就做好了。还有很多糖饴粘在铁锅上，千万不要洗掉，而是加入少量的水，继续加热熬，熬到略微黏稠时，倒在容器中备用。这是上等糖饴，有了糖饴，下次做红烧肉时，就可以不用上面介绍的方法现做焦糖上色，而是直接加适量的这种糖饴，然后加其他需要的佐料，烧出的红烧肉味道一流。这种做糖饴的方法也发生了糖焦化反应和美拉德反应，熬麦芽糖时，肯定会发生糖焦化反应，加入的猪油中含有少量的蛋白质或多肽，会与麦芽糖发生美拉德反应。

有很多高手烧的红烧肉味道很好，除其他佐料外，关键是他们加糖适量，火候处理得当，产生的美拉德反应和糖焦化反应的产物就好，这使他们无意中成了美拉德反应和糖焦化反应的高手。当然，做红烧鱼、红烧鸡、焙烤饼干面包、烤红薯，甚至炮制中药，只要是氨基酸和糖加热的过程，都会发生美拉德反应，也会发生糖焦化反应。美拉德反应和糖焦化反应也就成为食品化学和香料化学中的著名反应。本文介绍这些反应，希望今后大家烧红烧肉、红烧鱼时能有的放矢地利用这些反应。

2015 年 11 月 29 日于杭州火车站

11 月 30 日修改于上海药物研究所

媳妇岭端午节随笔

每到节假日,总想去溧阳度假,去提前体验自由自在的"退休"生活。这次端午节放假三天,与夫人带上朵朵又去媳妇岭了。6月9日5:30即从上海出发,8:20即到了媳妇岭,隔日吃完中饭后回上海。围绕着在媳妇岭的四顿饭,我写了四段日记,修改后记录如下。大家一致认为我这次做的蒜香小龙虾味道不错,并命名为"蒜泥很"(与"算你狠"谐音)小龙虾,与我的"随便啃"小龙虾有一拼,吃过的人建议我将菜谱写下来。我在本文的最后写"蒜泥很"小龙虾的来龙去脉和两种龙虾的烹饪程序,以便朋友们自己烧了吃。

(一)

端午节还是来了媳妇岭,来体验退休生活。前段时间太忙,几乎没怎么休息,来媳妇岭就是放松和享受美味。今天(6月9日)5:30即从上海出发,8:20就到媳妇岭。老黄夫妻已经准备了早餐,泡饭、乌米粽子、煮鸡蛋,雪里蕻咸菜很鲜。最高兴的是朵朵,在山地里自由奔跑。上午我就下厨了,烧了蒋氏经典"随便啃"小龙虾。我妻兄(女儿的二舅)也是烧菜高手,烧了蒜香小龙虾。池塘里钓了两条野生鲫鱼,我做了慢炖鱼。

我还做了红烧大肠,味道不俗。我本是烧大肠的高手,大家一致认为我这次的大肠味道最佳,可能归功于老黄妻子的姐姐(以下简称姐姐)的前处理得当。从地里摘了南瓜藤、四季豆,原味清炒,除了盐,什么都不用放,吃的是清鲜的味道。乡下土灶煮米饭,火候得当,会烧出漂亮的锅巴。姐姐是做锅巴的老手,今天的锅巴做得特别好看,像一只斗笠,香脆得很。最后,吃一碗鱼汤或小龙虾汤拌饭,有一种满足的感觉。中饭后没事,在码头上摸点螺蛳,摸出了很多肥硕的螺蛳,这样新鲜饱满的螺蛳平时是买不到的,是下酒佳肴。

(二)

我从不睡午觉。摸完螺蛳后,也许酒精起作用了,也许前几天没睡足,加上乡下安静,不知不觉睡着了。一觉醒来,已是下午五点。女士们已将菜准备好,一只土鸡,中午摸的螺蛳的尾已剪掉并清洗干净,野生黄鳝也准备好。我去开工烧菜了。大家点菜:辣子鸡;黄鳝烧茄子(溧阳宜兴和常州南部地区一带名菜);螺蛳要两种做法——鸡汁螺蛳和酱爆螺蛳;黄鳝的头尾与鸡血一起烧汤。老黄夫人和姐姐炒了鸡蛋韭菜、苋菜和南瓜藤。用烧柴的土灶炒菜,控制火候是关键。姐姐烧火控火的功夫一流,火要旺即旺,要小即小。三只锅子同时开烧,不到一小时,菜全烧好。先上了辣子鸡和黄鳝烧茄子,五分钟内吃掉一半,都说茄子比黄鳝好吃。再上两盘螺蛳,大家交口称赞。最后上了一盘乌米饭,也纷纷点赞。吃完饭,在湖边喝茶聊天。凉风习习,满天星星,好不惬意!

(三)

一觉睡到自然醒,听到了外面的鸡鸣与狗吠,偶尔还有鸟叫声传来。我想体验小时候的生活。小时候自然环境好,河里湖里的水可直接饮用,早上起来洗脸刷牙是在河边的码头。媳妇岭前水塘的水达一级饮用标准。我今早也在码头上洗漱,满脑子是小时候的情景……老黄夫妇和姐姐已经将早餐做好,丰盛得很:锅巴泡饭,乌米粽子,煮鸡蛋,面条。先吃了一碗面条,加上昨天烧的大肠和今早炒的雪菜毛豆子,算是双浇头面。最后,再吃一碗泡饭,雪菜毛豆子过泡饭是绝配。早饭在塘边的野外吃,前面是碧水清塘,小鱼成群,偶尔看到几只甲鱼探头张望。早饭后,邀夫人划船游池塘,带上了我家朵朵,一边划船,一边唱一段滩簧(家乡的山歌)。岸上朋友说,阿呆(我的别名)在厨房是厨师,在船上像船工。这情景倒也很别致的。上岸后,夫人随阿庆嫂等去地里摘菜,中午又可吃南瓜藤、苋菜等时鲜菜了。我与阿庆清洗小龙虾。昨天小龙虾好吃,阿庆女儿吃得不过瘾,今天还想吃。老黄夫人一早去小龙虾养殖专业户家买了10斤。清洗龙虾是功夫活,我与阿庆洗了两小时,老黄中间还帮忙洗了一段时间。大家又在期盼着中午的饭菜,特别是蒋氏独门私房菜——"随便啃"小龙虾。

(四)

洗完小龙虾,喝了一会茶,聊了一会天,看了一会风景,开始烧饭了。还是姐姐烧火,我上灶烧菜。应大家一致要求,今天中午少烧几个菜,小龙虾为纲,南瓜藤等蔬菜为目。我夫人做了一道创新菜——铁皮石斛花炒鸡蛋。石斛花是我嵊州种植铁皮石斛的朋友送的,绝对的有机中药材。因二舅回去了,今天两种小龙虾都由我来烧。三分之二龙虾烧香辣味,三分之一烧蒜香味。今天的蒜香味比昨天好,都说烧得太少了,汤汁都没放过,拌饭吃掉。喝完酒,盛了一碗饭,浇上龙虾汤,坐在码头上吃。夫人在喂鱼,一群一群地来抢食。我把腿脚放在水里,小鱼来咬我脚,好舒服!吃罢中饭,阿庆与我游湖,兴致很高,唱了一段革命现代锡剧《沙家浜》选段——朝霞映在阳澄湖上,又唱了我多年前自编的锡剧——端阳节前裹粽忙:"粽叶青青香又香,端阳节前裹粽忙。几张粽叶卷成筒,糯米把把放在中。再加几块五花肉,筷子捅拥米肉紧。粽叶封口鞋绳捆,只只粽子俏模样。柴爿灶火开水滚,煮出粽香满屋堂。"

2016 年 6 月 13 晨于上海寓所

【附】

"随便啃"小龙虾

我第一次吃小龙虾是 1987 年,大学毕业前,南京同学请我们几位同学到家吃饭,为我们送行。餐中有小龙虾,我第一次尝,即爱上此食。

大学毕业,分到常州化工研究所工作,住在单身职工宿舍,经常买小龙虾吃。那时小龙虾不火爆,也没有十三香小龙虾,但小龙虾给我们带来无穷乐趣,也造就了我成为烧小龙虾的高手。

"随便啃"小龙虾的做法如下:

1. 清洗

(1)将小龙虾在水中浸泡一天,让其吐净体内杂物。

(2)将龙虾的头剪开,取出内脏,上半身两边壳剪开,同时将脚剪掉。

(3)用刷子将龙虾刷干净,但要保住头上的黄。

(4)将洗干净的小龙虾在淡盐水中浸半小时。

2. 烹烧

(1)将小龙虾从盐水中捞起沥干。起小油锅,油五成热时,两手各拎一小龙虾尾,将头放在油中炸 10 秒钟,这样就将黄固定在头里,烹烧时不会流出。

(2)起大油锅,油要多一点。加到十成热,将龙虾倒入爆炒 30 秒,放入糖,再炒 30 秒,再加入葱姜蒜头辣椒和黄酒,炒 2 分钟,加酱油和水,再加一种十八鲜调料。

(3)大火烧 15 分钟,起锅,加葱末、香菜即可吃了。

"蒜泥很"小龙虾

女儿的二舅(夫人的二哥)也是烧菜的高手,哪怕是简单的葱油拌面都能调制出一流的美味,女儿非常喜欢。我平常只烧香辣小龙虾,二舅擅长烧蒜香小龙虾。二舅和二舅妈6月9日吃完晚饭就回常州了,第二天的蒜香味小龙虾只能我来烧了。因味道非常好,阿庆叫我把菜谱写下来,以便他日烧给他女儿吃。做法如下:

1. 清洗:步骤同"随便啃"小龙虾。

2. 蒜香小龙虾的关键在蒜,配料均以3斤小龙虾为例。要准备半斤蒜头,切成很细的末。

3. 蒜香小龙虾的另一关键点是油要多。放半斤素油,加热至冒烟,先放3两蒜末和1两姜末煸香(3秒左右),立即倒入处理好的小龙虾,翻炒,同时加入白糖半两左右(可根据自己口味加,但不要太甜)、黄酒1两和盐(根据自己的口味加,但要比平时的菜稍咸一些)。

4. 加水半升,旺火煮10分钟后,开始收汁,同时加入余下的2两蒜末,以及白胡椒粉,翻炒一会,即可出锅。

5. 如果是单独吃蒜香小龙虾,可以根据自己的口味,加些辣椒。如果与香辣小龙虾同时食用,建议不加辣椒,一辣一鲜,口味相得益彰。

阿庆将此小龙虾命名为"算你狠",我发微信时因酒喝多了,打错了字,写出"蒜泥很",夫人指出了错误。我们讨论了一番,都觉得用"蒜泥很"更好一些,一来烧此小龙虾用了很多蒜末(蒜泥),二来也确实很好吃,与香辣的比,更显小龙虾的原汁原味。这便是"蒜泥很"小龙虾的来龙去脉及其烧法,朋友们可以一试。

苏州的面

移居上海近三十年,发现了海派文化的主要特征:西方人带来了科技和建筑,广东人带来了金融和商业,扬州人带来了三把刀(淮扬菜厨师的菜刀、理发师的剃头刀和浴室服务员的拜脚刀),宁波人带来了裁缝和 30% 左右的语言,绍兴人(主要是嵊州人)带来了越剧,常州人带来了现代工业和高等教育,山东人带来了管理(解放后留在上海工作的南下干部大部分是山东人);苏州人带到上海的元素较多,衣食住行一应俱全,其中最重要的是另外 30% 左右的语言(余下 40% 的语言是本地方言)、评弹和面条。上海方言快要消失,新上海人基本不说上海话了,中年人及其后代几乎不听评弹,唯有苏州面条(俗称"苏式汤面")在上海依然生命力旺盛,男女老少都喜欢吃。据不完全统计,80% 以上的上海面馆主营苏式汤面,甚至有许多面馆的名称也与苏州百年老字号同名。

要品尝正宗的苏式面条,当然要去苏州当地的面馆。我第一次到苏州吃面是1987 年,大学毕业,一位老同学分配到苏州化工厂工作。工作几个月后,我从常州赶往苏州看望这位老同学,他陪我观赏苏州的风景,中午在拙政园附近的一家小面馆吃面。经营这家面馆的是一位年近七旬的老太太,只卖一种面——焖肉面。我第一次吃焖肉面,感觉味道不一般,面条筋道滑爽,面汤清鲜,特别是那块焖肉,色泽透明,皮红肉白,入口即化,肥而不腻,透出淡淡的酒香。我这等好吃之人,是绝不会放过学习机会。苏州的老百姓思想淳朴,面馆的老板娘把做焖肉面的全套流程毫无保留地教给了我。

焖肉面的精华都集中在那块焖肉上,焖肉要隔夜提前制作。根据小面馆老板娘的方法,我在家做过多次,有些体会。上好五花肉汆水冷却后清洗干净,砂锅中垫好生姜片和葱段,整条五花肉盘在砂锅中,加冰糖、盐(要多一些)和少量酱油,最后加大量黄酒和少量水(水不加也可以)至将肉刚好浸没其中。大火烧开后,文火慢焖三小时。为防止烧干和香气溢出,老板娘用面糊将砂锅边沿封住,火开得很小,仅有一丝热气从砂锅盖上的小孔中飘出。烧好后的焖肉放入冰箱冷藏,第二天备用。清汤下面,汤要多,火要旺,下好的面条(不能太烂)放入大碗中,加入吊好的汤料,加入葱和蒜叶,最后切一块冷藏的焖肉放在面条上即可食用(注意:冷藏的焖肉食用前千万不要再次加热)。

现在面馆焖肉的制作方法简化了,直接将五花肉切块,加料后煮烂,味道比按我上述方法制作的焖肉要差很多。《舌尖上的中国Ⅱ》介绍的枫桥大肉面实际上是焖肉面的改进版,味道比不上原汁原味的苏州焖肉面。

面条起源于中国,已有四千多年食用历史。淮河以南古时以稻米为主食,没有面条。靖康之乱后,宋朝迁都临安,开封的达官贵族将面条带到了江南,苏杭本地人也开始种植小麦,食用面条,并改进了面条的制作工艺和食用方式,将宽面改成细面,更加注重面汤和浇头(北方将两者结合称为卤)。苏州人吃面尤其讲究面汤和浇头制作,每个百年老字号面馆的汤料制作方法是绝密的看家本领。多年来,我吃了很多面馆的苏式汤面,汤料大同小异,基本没有按老法制作,鸡汤或骨头汤中加了些鸡精,只有几家爱面如命的老板开的面馆还沿用老底子方法制作汤料。苏州人称汤料制作过程为"吊汤",制作工艺与原先饭店制作高汤的步骤类似。

将老母鸡、鸭架(鸭肉可做浇头)、猪腔骨、鳝鱼骨头(鳝鱼肉可做浇头)、老笋根等放入汤锅内,加入生姜、香葱、黄酒和清水,大火煮开,慢火煮 24 小时以上。边煮边将油沫撇干净。煮好后将所有固体材料全部滤掉,汤料清澈见底,味道鲜美无比。吊汤时千万不要加盐、酱油和味精。

苏式汤面的浇头种类繁多,除上面介绍的焖肉外,鳝丝、猪肝、大肠、虾仁、蟹黄、熏鱼、大排、雪菜肉丝等多可作为浇头。焖肉、大肠、大排等需提前烧好,大多数浇头是吃客点好面后现炒的,味道很新鲜。苏式面的吃法种类也很多,可将浇头直接盖在面上,也可以放在小碟子中,边吃面,边吃浇头,后一种吃法叫"过桥"——摘录一段旧时苏州老面馆跑堂的吆喝声,来描述一下苏式面的吃法。

"哦哟,老面孔(老吃客),鳝丝焖肉双浇面一碗,宽汤(汤要多一点,紧汤是汤少一些)、重青(多放些蒜叶,免青是不放蒜叶)、重浇(浇头多一些)、过桥(浇头放在盘子里)、重油(猪油多放些)、硬点(面不能煮得太烂)!"

苏州老吃客很多,陆文夫《美食家》中的男主角朱自冶是典型老吃客,吃是他们一天中最重要的事情。早上鸡叫了便起床,去心仪的面馆吃头汤面(水开后下的第一碗面),头汤面清爽滑溜,口感好,没有面汤味。从老面馆跑堂的吆喝声中,我们看出苏式面的吃法种类繁多,可以让人眼花缭乱。这还不算什么,重要的是苏式面的浇头还可根据时令季节而变化,有些面仅能在特定时节吃到。现在正是吃三虾面的季节,三虾面仅能在端午节前后一个月内吃到,原因是河虾只在这个季节产籽(江南人称这一季节的河虾为籽虾)。

三虾面是苏州比较有特色的面条,之所以叫三虾面,是因为用虾籽、虾脑和虾仁制作浇头,食材可谓奢侈。苏州裕兴记的三虾面最有名,如今,裕兴记在苏州、上海等地开了许多分店。本月初我去苏州开会,特地一早从上海赶到苏州吃三虾面。早上六点从浦东出发,七点半便赶到苏州工业园区斜塘老街入口处的裕兴记分店,1987年请我吃焖肉面的老同学已经在门口等我,我们点了三虾面,味道的确不俗。因要赶去开会,吃完面便匆匆离开。开会间歇,我给几个参会者吹嘘了一番三虾面的来历和味道,引起了他们的兴趣,晚上他们几人即出去寻找吃三虾面的面馆。他们哪里知道,苏州面馆仅早上供应三虾面,而且是限量供应。失望之余,参会的小高给我发来微信:"东吴面馆门口广告说有三虾面供应,但已经关门。"我当即回复,要吃三虾面,明天早上六点半跟我一起走。小高喜欢睡懒觉,下了很大的决心起大早去吃三虾面。第二天一早,我夫人开车带我和小高前往斜塘老街裕兴记，三人兴冲冲到店堂点三虾面，开票的阿姨说三虾面要七点半左右才供应。问明原因，才知道我们去得太早，河虾刚买回来，几个老阿姨正在取虾籽和虾脑，剥虾仁。

时间还早，我们三人不妨去游玩斜塘老街。斜塘老街是近年新建的"古镇"，房屋街道都是仿明清建筑，与其他新建古镇不同，斜塘老街街面和房子用的材料（门窗、砖瓦、梁柱、石板等）均是从其他地方的古建筑中拆过来的，整个古镇有"新建如旧"的感觉。我虽去过多次，但这次的感觉与往常不同。因时候还早，整个老街就我们，空旷寂静，没有了往日的人声嘈杂。我在两位淑女的陪伴下，走在青石板铺成的街面上，看着沿街尚未开门的店铺，在石拱桥上观望运河两岸的枕河人家，倒是有点诗情画意了："君到姑苏见，人家尽枕河"，吃三虾面的意境来哉！走石街、过石桥、穿石弄，游完整个老街，天空中突然下起了蒙蒙细雨，又有了点"烟雨江南"的景致了，为今天的三虾面增添了额外的味道。

时间还充裕，进入裕兴记店堂，我用心仔细观察了这家面馆。面馆是典型的江南粉墙黛瓦式两层楼建筑，二楼住人，一楼开店。店面不大，仅放八张八仙桌，我们选了靠近后门临窗的桌子坐下，点了三碗三虾面和一笼汤包。制作三虾面需 15 分钟，我到后门门廊与正在剥虾仁、取虾籽和虾脑的几位老阿姨聊天，发现她们极认真地处理刚从市场上买来的河虾，两位阿姨用手指将虾肚皮下的虾籽刮到清水中，积累到一定的量后用纱布滤出虾籽，沥干备用；一位阿姨剥虾仁，一位阿姨取虾脑。每只虾均活蹦鲜跳，如发现死虾立即扔在垃圾桶内。我又到后厨看了看，卫生搞得很干净，每碗面的浇头都由师傅现炒装盘。这样的食材处理方式令人产生信任感。

我们的面终于做好了，大堂经理亲自将面、浇头和虾籽酱油端到我们桌子上。苏式面以汤面为主，三虾面是拌面，碗底放了猪油，面上加了少许油炸过的葱末，香气扑鼻。我教两位女士如何吃三虾面，先倒入虾籽酱油，迅速拌面，拌到碗里没有一点汤汁；然后倒入一半三虾浇头，再将面搅拌一番，即可开吃。吃面时，先吃面，再吃碗内浇头，并不时吃盘中的另一半浇头。如此吃法，既尝到了带有虾鲜的面条，也可品尝三虾浇头的原汁原味。今天的三虾面味道的确比昨天的好！除了有美女相伴，赏过斜塘老街的风景外，大堂经理过来道出了别的缘由。她说，知道我们特地从外地一早赶过来吃本店的三虾面，她特地请厨师认真炒浇头。我一边吃面，一边与阿姨聊家常，两位女士吃得非常投入，直到吃完才开口讲话，都说今天的面真好吃，特别是小高，激动地对我说：这是我今生吃到的最好吃的面！我不管真假，看着她们吃着高兴，我也高兴。

另一种与时令季节有关的苏式面是秃黄油面，用纯的阳澄湖大闸蟹的蟹黄和蟹膏制作浇头，一碗面的浇头要取三只雄蟹的膏和三只雌蟹的黄，可见食材更加奢侈，价格也不菲。等到菊黄蟹肥、阳澄湖大闸蟹上市时，我去苏州吃过后，再写这碗秃黄油面吧。

2019 年 6 月 8 日于上海

江南小馄饨

近日做了声带囊肿切除手术,不能吃硬食,夫人手巧贤惠,做些稀饭之类的软食给我享用。为改善口味,增进我的食欲,昨晚特地包了小馄饨。这勾起了我许多关于小馄饨的回忆。

小馄饨是江南一带的常见小吃,老少皆宜,贫富不分。小馄饨制作方便,价廉味美,穷人吃得起,富人也吃得香。小馄饨也就成了江南人人喜爱的美食,现大有推广到全国、全世界之态势。

小馄饨可能是我自有记忆起第一个味觉记忆,这是外婆的功劳。小时候在外婆家长大,七八十年代生活困难物质匮乏,但外婆会尽量给我做好吃的,做得最多的是清炖肉绒松(肉糜)和小馄饨。肉绒松中午下饭吃,小馄饨下午当点心。有时一早,外婆便去镇上买一斤猪腿肉和几根股骨,股骨熬汤,腿肉剁成肉糜,加姜、葱、盐、黄酒和少许糖调好味道,一半中午做肉绒松用,一半下午包小馄饨。

江南人家中午爱吃米饭,许多菜是煮米饭时顺道放在饭锅中蒸,一举两得,饭烧好时,菜也蒸熟了。肉绒松便是这样蒸出来的菜。将调好味的肉糜放在一个瓷碗中,加熬好的股骨汤,再加些盐和料酒,放在饭上蒸。中午外婆喂我吃饭,总是吃一口饭,配一小块肉绒松,喝一小口汤,味道真是好极了,一碗饭很快就能下肚。与英国人吃下午茶一样,江南人家下午是要吃点心的。那时都很穷,没有东西吃,就吃中午剩下的饭菜。讲究一些的人家会特地做一些点心，如酒酿圆子、茶叶蛋、阳春面或其他糕点。

中午若吃肉绒松，我下午便有小馄饨作点心了。那时没有加工好的馄饨皮卖，吃完中饭，外婆便自己擀皮子，外婆擀的皮子既薄又有韧性，包出的小馄饨味道自然更好。皮子擀好后，切成长方形小块。我在床上睡午觉时，外婆开始包小馄饨。我总觉得外婆的手很巧，将一张皮子摊在左手心，右手用一特制的竹片刮一点肉馅，抹在皮子中央，左手的几根手指（主要是食指、无名指和拇指）同时卷动皮子的四角，用劲一捏，一只菱形小馄饨就包好了，速度极快。看着一只只小馄饨从外婆手中飞到筛子中，我迷迷糊糊地睡着了。等我午睡醒来，外婆就开始为我下小馄饨了。小馄饨在开水中很快能煮熟，捞起后浇上上午烧好的股骨汤，加盐、葱末、虾米和一点点猪油，一碗味道鲜美的小馄饨就做好了，外婆将馄饨端到院子里的小桌子上，我坐在那里慢慢品尝。

为了让一定量的肉馅多包些小馄饨，江南人发明了一种特制的匀馅工具，是一个用竹片做成的小调羹，这种工具每次匀的馅不多，所以我刚才用了"抹"字，馅好像是擦到皮子上去似的。我个人觉得这种抹馅小馄饨才是正宗的小馄饨，如馅太多，便是大馄饨的小型化了，味道与大馄饨没有两样。抹馅小馄饨吃起来有一种特别的味道——有种被爱的感觉。上小学后，我便离开外婆家回到自己家里，不能经常吃到外婆包的小馄饨了，偶尔跟爷爷去老家镇上赶集，爷爷也会买一碗饭店里的小馄饨给我吃，总也吃不出外婆包的小馄饨的味道，我也就渐渐地放弃了吃小馄饨的念想，直到上世纪70年代末80年代初，去湖塘中学（现武进高级中学）读书，我又恢复了吃小馄饨的念想，并能经常吃到味道正宗的抹皮小馄饨了。

湖塘中学在距常州市不远的湖塘镇，现在是武进区（原武进县）政府所在地，自古就是商埠重镇。我在那里读中学时，湖塘镇中心是一丁字形的老街，街上建筑有些年代了，大多是明清建筑，至少也是民国留下来的房子。可惜，这些建筑大多没有保护好，不然也如当今周庄和乌镇一样，成为旅游古镇了。丁字街的"横"是南北向，约一公里长，"竖钩"是东西向，约500米。那时刚刚改革开放，饭店大多数是公家经营的国营饭店，很少有私人开饭店的。而就有一家人家，在湖塘老街丁字口交界处开了一片小吃店,专卖三种食品——小馄饨、阳春面和猪头肉,均是我今生吃到过的最好美味之三。饭店的老板是位婆婆,年纪在 70 岁左右,工作人员和服务员是这位婆婆的三个儿媳妇。婆婆专门包小馄饨,指法和速度与我外婆很相像;一个儿媳妇下馄饨,一个儿媳妇下面条,还有一个儿媳妇做服务员兼收银,配合得非常好。这家店的灶台是敞开的,客人可以看到整个操作过程。灶台是江南农村的传统灶头,不过她们进行了改进,不烧柴,而是烧煤,并有鼓风机催火。灶台上有三只大铁锅,一锅煮小馄饨,一锅煮面条,中间一只大锅是专门煮猪骨汤的,无论是小馄饨还是阳春面,汤料都取自这锅骨头汤。这家小吃店店面不大,仅三张八仙桌,每桌能坐八人,生意很好,每天三张桌子总是坐满了等吃小馄饨和阳春面的人。

在湖塘中学读书的学生,大多去这家店吃过。我们那时生活费有限,不能天天去吃,一个礼拜去吃一次也是很奢侈的了,差不多一个月去吃一次。要是同学之间打赌,赌注多半是去这家店一饱口福。阳春面八分钱一碗,小馄饨一毛钱一碗,一般是一人一碗小馄饨或阳春面,自己选择,输掉的同学付钱。这店的小吃实在是好吃,我有时会忍不住自己偷偷去吃,有时吃一碗小馄饨,有时点一碗阳春面,偶尔会加 2 毛钱猪头肉,吃得倒也很是自在。在这家店吃小吃另一种享受是可以遇到各式各样的人拼桌,听他们交流,甚至可以听这家主婆婆与她儿媳妇之间的交流。我每次去,总能看到一个六十多岁的老头在那里喝酒,酒是自己带的白酒,点几毛钱猪头肉作下酒菜,2 毛钱猪头肉可以喝半斤酒,边喝边与老板娘和她的儿媳们聊家常。喝完酒,再点一碗小馄饨或阳春面,吃完用手抹抹嘴回家去。我想这位老头一定很享受这样的生活,即使在今天看来,这样的生活也是无比幸福的。

中学毕业后,到南京大学上学。早就听说南京的小馄饨有名且有特色,一到南京总想尝尝南京的小馄饨。南京大学老校区分南苑和北苑,北苑是教学区,南苑是生活区,中间是汉口路。南京大学汉口路门口靠南苑围墙一边有一小吃店,里面也卖三样食品——小馄饨、汤包和面条,面条没有特色,小馄饨和汤包非常受欢迎,每天在北苑晚自习后回南苑经过汉口路,总会忍不住走向这家小吃店,点碗小馄饨吃(汤包相对贵,不经常吃)。这家店的汤料是鸡汤,下好的小馄饨中放入虾米、榨菜末、葱花,服务员给你端上桌时一定会问:"阿要辣油啊?"这是南京话,意思是"是否要加辣油?"用南京话说出来好像"I love you"。因此,在南京读过书的人,均知道这个典故。南京大学门口小吃店的服务员很漂亮,有时晚自习后不是太饿,也会去点碗馄饨吃,除了馄饨可餐、秀色可餐外,听一听南京妹子的一声"阿要辣油啊?"也是极享受的。南京的小馄饨被戏称是辣油爱心小馄饨。

小馄饨不是山珍海味,是普普通通的食品。然而,小馄饨所能表现的爱意是其他高级食品无法比拟的,就如我手术后夫人为我做的小馄饨,也如小时候外婆为我做的小馄饨,又如湖塘老街婆婆做的小馄饨,再如南京小吃店带着服务员"阿要辣油啊"询问声的小馄饨,无不透露出浓浓的爱意……

2016 年 1 月 28 日于上海

咸肉蒸饭

在吃的方面,中国人从来不缺乏创造性,在继承与创新的交织中勇往直前,在不断的尝试中寻求着美味的灵感。阿呆①是做药物研究的,可能是药食同源吧,阿呆的业余爱好是研究、品尝和宣传美食。最近,阿呆与一帮喜爱美食的朋友在微信群里回忆小时候的食品,然后复制,相互切磋。给如今除了重口味不知吃啥的人们增添了有新鲜感的老食谱。

在历史的长河中,对于大多数中国人来说,吃,是为了填饱肚子。世事变迁,原先一些填饱肚子的食物,如今倒成了可口的美食。阿呆上初中那年,四人帮刚刚粉碎,全国恢复了高考,学校也从停课闹革命回归于正常的教学秩序。天生顽皮的阿呆也开始认真学习了。农村学生到镇上的中学上学单程要走好几里路,大多学生早上去上学时,家长便准备中饭让孩子们带到学校。阿呆老家常州一带的中学食堂为学生提供"蒸饭"服务。这种蒸饭颇具特色,不仅可以加热冷的熟食,而且可以将生的食物蒸熟。每天早上,阿呆与其他学生一样,背着书包上学,手里拎一网兜,网兜里有一大一小铝合金制作的饭盒,大饭盒中装着米,小饭盒中是妈妈准备的下饭菜。到学校后,阿呆到食堂门口的水槽边将米淘干净,加适量水,连同小饭盒一起放在食堂专门为学生准备

---

① 蒋华良院士青年时期的绰号。

的大蒸笼中。蒸笼的边框是木头做的,底是竹条做的,竹条很宽,之间的缝隙很大。所有学生将他们的饭盒放进蒸笼后,食堂师傅就会把蒸笼抬到灶台上,蒸笼下面是加满水的大铁锅,每只铁锅上面叠十几只蒸笼。每天上午九点多钟,食堂师傅点火蒸饭,灶膛里加足煤,并用鼓风机催火,火力十足,一会儿,蒸笼的边缘缝隙中便滋滋地冒出蒸汽。约一个多小时后,饭菜就蒸熟了,等稍微冷却后,师傅们再把蒸笼排在食堂的门口。上午最后一节课上完后,学生们飞快地奔向食堂门口,在蒸笼中拼命寻找自己的饭盒。阿呆终于也找到了自己的饭盒,拿在手里还很烫,一边走,一边不停地换手吹气,实在烫得受不了,就用衣角兜着饭盒走。

那是物资匮乏的年代,阿呆的小饭盒里难得有荤菜,多半是昨天家里吃剩下的青菜豇豆之类的素菜。如果前一天晚上没有剩下什么菜,阿呆会从咸菜缸里抓一把咸菜放在小饭盒里,到学校后加些水后放在大蒸笼里蒸。有时阿呆会偷偷掘一块猪油放在咸菜中,中午将蒸好的咸菜汤浇在饭中一拌,是标准的猪油拌饭的味道。

孩子们都盼着过年,过年才能吃一些有油水的食物。阿呆的妈妈每年养几头猪,日子再穷,过年总要杀一只猪,改善一家的生活。除了留一点鲜肉过年外,大部分猪肉腌制成了咸肉。一家老少吃得非常节约,一只猪的咸肉可以吃到收割大麦的季节。

寒假过后的一个月内,阿呆的小饭盒里经常会有荤菜。有时,阿呆只带一只大饭盒上学,饭盒中除了米以外,还有一块硕大的咸肉。阿呆称这咸肉与米一起蒸出的饭为"咸肉蒸饭","咸肉蒸饭"是阿呆春节后经常在学校吃的午餐,也吃出了些心得和经验。咸肉要五花肉腌制的,肥瘦得当,肥肉出油起香味,瘦肉吊鲜起咸味。米淘好后,将咸肉埋在饭盒的底部,随着蒸饭时间的增加,猪油慢慢渗出,包裹在不断膨胀的米饭表面,部分会渗入饭粒中。带咸肉蒸饭那天,阿呆中午奔向食堂的速度会比平时快许多,说不定上午第四节课便想着饭盒中泛着油光的饭米粟了。找到自己的饭盒后立即打开,迫不及待地要"检查"咸肉蒸饭的效果。阿呆的眼光与饭粒的油光激烈地碰撞,一股浓郁的猪油、肉和米饭的混合香味,通过鼻腔直冲脑腔。不顾烫手,捧着饭盒跑到教室的座位上,开始大吃。味道是不言而喻的,腌肉已经蒸得呈半透明状,肥瘦相间,咬一口,肥酥瘦韧。一嘴抿,一吞咽,肉香喷鼻,味道鲜美,从舌头到胃的食道一路,就像久旱的土地遇到甘露,着实爽快。因米饭的吸收作用,肉的咸淡刚好(蒸纯咸肉太咸)。米在蒸的过程中吸足了咸肉的猪油、咸味、鲜味,与本身的米香混合,产生一种特殊的香味令人遐想无限。晶莹剔透的米饭,吃在口中,咸中带鲜,鲜中有肥,肥而不腻。这香味和味道,不断刺激着阿呆的嗅觉和味觉,深深地烙在他的脑海中。

在距离阿呆不远的常州郊区青龙,有一名叫阿庆的人,过着与阿呆同样的生活。每天中饭在学校吃蒸饭,也经常吃咸肉蒸饭。上世纪 70 年代末 80 年代初,阿呆与阿庆都到湖塘中学(现武进高级中学)读书,住在学校。每年寒假过后,他们都会带些咸肉到学校,咸肉蒸饭成了他们以及其他同学共同喜爱的午餐或晚餐。

社会在发展,好多东西已经消失。如今的中学生再也不用自己淘米蒸饭了,多半到食堂买现成的饭菜吃,碗筷都不用带,或者干脆网上叫个外卖。这倒是方便了许多,也节约了时间。但少了很多乐趣,盒饭外卖吃多后,味觉产生疲劳,似乎没有什么美食可言了。

世界上没有一家饭店的饭菜有自己做的好吃。阿呆和阿庆运气不错,都找了能理家、会做饭的老婆。几户人家经常在微信上交流吃经,交流美食的做法和吃法。前几天,阿呆和阿庆回忆读中学时经常吃的咸肉蒸饭,阿庆的夫人桉桉还找到了阿庆当年用的饭盒,用电蒸锅做了咸肉蒸饭,吃得阿庆既胃动又感动。阿呆夫人没有找到阿呆过去用的饭盒,就用电饭煲直接煮"咸肉蒸饭",阿呆竟然也吃出了当年的味道,甚至比当年的咸肉蒸饭味道还好。在朋友圈介绍后,很多人跟着学做,受到广泛的追捧。

春节将至,这里介绍电饭煲咸肉蒸饭的做法,大家在假期可以改改口味。

做法很简单,如平时用电饭煲煮饭一样。煮饭前先将米用温水浸泡 30 分钟,煮饭时水比平时少加一点点;咸肉的量根据咸度决定(半斤米加 2~3 两咸肉);电饭煲选择精煮档(即饭要慢煮 1 小时至 1 小时 20 分钟),饭煮好后再焖 20 分钟左右。

味道是一件非常神奇的事情,说不清,道不明。但是,味道是有记忆的,就如我们总是觉得外婆、奶奶或妈妈烧的菜味道最好,也如咸肉蒸饭已经埋入阿呆和阿庆的记忆深处,即使几十年过去,他们还会想法品尝这过去的味道;味道也是有情感的,是维系亲情、友情和爱情的纽带;味道也是我们为人处世的一种境界。

在阿呆和阿庆心中,过去的依然是美好的,就像那铝合金饭盒中的咸肉蒸饭。

2016 年 2 月 1 日于北京

锦绣江南鱼米香　金秋时节话食蟹

近期,好友张才良老伯正在写有关抓鱼的文章,有好几篇,包括《盆网捉鱼》《包网捉鱼》《小拖网捉鱼》《水老鸦(鱼鹰)捉鱼》《竭泽而鱼》《分鱼》①。看到这些题目,像我们这样年龄,或比我们更年长并在江南农村生活过的人,一定会感慨万千,回忆以前抓鱼摸虾的日子,也是一种幸福。我与张老伯约定,针对他的这些捉鱼的文章,我写对应的系列文章,题目取自样板戏《沙家浜》,《沙家浜》中有一场戏叫"军民鱼水情",开场便是新四军某部指导员郭建光从湖里开过来的船上上岸,在沙奶奶家门口,面对美丽的湖景,唱起了《朝霞映在阳澄湖上》。"全凭着劳动人民一双手,画出了锦绣江南鱼米乡",是把"乡"改成了"香",因为我的文章还是以写吃为主。

金秋十月即将到来,菊黄蟹肥,是吃大闸蟹的季节了。因此,我谈谈吃大闸蟹。我先介绍全国大闸蟹的排名,第一名首推苏州常熟阳澄湖的大闸蟹,外国人习惯称之为"上海大闸蟹";第二名是我老家涌湖和长荡湖②的大闸蟹,以长荡湖大闸蟹为主;第三名是安徽合肥巢湖的大闸蟹;第四名是江苏洪泽湖的大闸蟹。当年 18 个新四军伤病

---

① 文章均发布在公众号"老张的生活趣事"。
② 涌湖为常州武进和无锡宜兴共有,长荡湖为常州金坛和深阳共有。

员躲在沙家浜的芦苇荡内养伤,是靠阳澄湖的鱼虾蟹维持生命,靠沙奶奶等群众的帮助和阿庆嫂的智慧战胜了顽敌,更是靠毛主席的教导渡过了难关。阳澄湖大闸蟹的名气与样板戏《沙家浜》没有关系,是因为国学大师章太炎夫人汤国梨的诗句——"不是阳澄湖蟹好,此生何必在苏州"。阳澄湖大闸蟹又名金爪蟹,蟹身不沾泥,俗称清水大闸蟹,体大膘肥,青壳白肚,金爪黄毛。阳澄湖大闸蟹十肢矫健,置于玻璃板上能迅速爬行。知道这些特征,朋友们去买阳澄湖大闸蟹就不会上当受骗了。每逢金风送爽、菊花盛开之时,正是阳澄湖大闸蟹上市的旺季。农历九月先吃雌蟹,十月吃雄蟹,俗话"九雌十雄""九月团脐十月尖"便是此意。阳澄湖大闸蟹煮熟凝结,肉质膏腻,雌者成金黄色,雄者如白玉状,滋味鲜美,是美食中的精品。

讲到吃大闸蟹,我不得不介绍一人,他就是明末清初文学家、戏剧家、戏剧理论家、美学家李渔。很多人可能不知道李渔。李渔第一专长是戏剧,家里曾经养过两个戏班子,他写戏、排戏、还演戏,他演戏全国有名,演遍江南,演到西北,演到京城,皇亲国戚普通百姓都喜欢;他第二专长是研究生活的方方面面,他写了一本书叫《闲情偶寄》,从词曲、演习、声容、居室、器玩、饮馔、种植、颐养八个部分介绍了生活、起居、饮食、养生等各个方面,林语堂先生非常推崇此书,我也非常喜爱此书,从中学了很多烹调技艺和生活的艺术;李渔的第三个爱好便是吃大闸蟹,号称"蟹仙"。李渔童年、少年、青年时代主要靠他伯父和父亲在江苏如皋开药铺攒下的家产生活,中年后靠两个戏班子为达贵富人唱堂会赚钱生活。因他的戏班子有名气,演的戏受欢迎,每年能赚很多钱。李渔是"蟹仙",更是"蟹痴",自大闸蟹上市到闭市的两个月内(阴历九月十月),他天天吃大闸蟹,而且是全家50多口人一起吃,每天吃好几筐。清朝的大闸蟹也不便宜,李渔一年赚的钱一半用于吃大闸蟹,每年上半年准备银两,下半年吃蟹。就此,他在《闲情偶寄》之第五部《饮馔》中有较为生动而幽默的描写:

予于饮食之美,无一物不能言之,且无一物不穷其想象,竭其幽渺而言之,独于蟹螯一物,心能嗜之,口能甘之,无论终身一日皆不能忘之,至其可嗜、可甘与不可忘之故，则绝口不能形容之。此一事一物也者，在我则为饮食中之痴情，在彼则为天地间之怪物矣。予嗜其一生，每岁于蟹之未出时，即储钱以待，因家人笑予以蟹为命，即自呼其为买命钱二自初出之日始，至告竣之日止，未尝虚负一夕，缺陷一时。同人知予癖蟹，招者饷者，皆于此日。予因呼九月十月为"蟹秋"。

每年中秋之后的九十月份，是李渔最幸福的日子，每天能吃到自己最喜欢的大闸蟹。因此，他把秋天都命名为"蟹秋"了。二李渔吃蟹确实有一套，他在《闲情偶寄》之第五部《饮馔》中"蟹"这一小题里，先介绍大闸蟹不宜烹饪的方法：

蟹之为物之美，而其味坏于食之之人。以之为羹者，鲜则鲜矣，而蟹之美质何在？以之为脍者，腻则腻矣，而蟹之真味不存。更可厌者，断为两截，和以油、盐、豆粉而煎之，使蟹之色、蟹之香与蟹之真味全失。此皆似嫉蟹之多味，忌蟹之美观，而多方蹂躏，使之泄气而变形者也。

紧接着，李渔介绍了大闸蟹最合适的吃法：

（一）世间好物，利在孤行，蟹之鲜而肥，甘而腻，白似玉而黄似金，已造色香味三者之至极，更无一物可以上之。和以他味者，犹以炉火助日，掬水益河。

（二）凡食蟹者，只合全其故体，蒸而熟之。

（三）剖一只，吃一只，断一螯，吃一螯，则气与味纤毫不漏。出于蟹之躯壳者，即入于人之口腹，饮食之三味，再有深入于此者哉？

李渔说得很直白，大闸蟹是人世间最美味的食品，只能单独吃，不能与其他菜一起吃。如与其他菜一起吃，就像点篝火为太阳添光，以手捧水助河流上涨，使得其他菜绝无味道，纯粹是一种浪费，还影响了大闸蟹的味道。这就是为什么文人雅士吃大闸蟹就吃大闸蟹,没有其他菜相伴。

大闸蟹最好的烹烧方法是整个蒸了吃。这是最简单有效的方法,也是最能体现大闸蟹的鲜、肥、腻等原汁原味的做法。蒸蟹的火候非常重要,时间短蒸不熟,时间长蟹肉会老,影响味道。我的经验是先将水烧开,再将捆扎好的大闸蟹放于蒸笼中大火烧水蒸,并开始计时。三两大闸蟹蒸 8 分钟即可,四两的大闸蟹蒸 10 分钟,五两的大闸蟹蒸 12 分钟。大部分饭店,包括阳澄湖附近的饭店,蒸大闸蟹的时间均在 15 分钟以上,有的饭店要蒸 20 分钟。这绝对蒸过头了,蟹肉蒸老,蟹的甜味也遭破坏了。

大闸蟹蒸好后,要立即上桌吃。吃的时候千万不要将整个蟹各个部位剥开,再慢慢吃,而要各个击破,分而食之,即先吃大钳,掰下一个钳子,吃完后再掰第二个钳子,吃完后再将脚一个一个吃完;这时掰开蟹壳,将壳中蟹黄就吃醋吃完,然后吃蟹肉。吃蟹时做到蟹肉出了蟹壳离开蟹身,在最短的时间内进入嘴里。这样才能吃到蟹的原味,"气与味纤毫不漏"。

李渔还介绍了其他烹制蟹的方法,例如糟蟹、醉蟹、冰镇蟹等,但他最推崇的还是蒸蟹。李渔还谈到,吃蟹与嗑瓜子一样,一定不能请人代劳将剥好的肉给你吃,一定要自己亲自边吃边剥,这绝对是一种乐趣。过去大户人家每到秋天,便要经常吃蟹,一只螃蟹就一壶黄酒,可以吃上 1—2 个小时,把螃蟹的边边角角吃得干干净净。水平高的人,吃完螃蟹,壳还能组装成一只完整的蟹。

市场上 9 月初就有大闸蟹卖了,这不是吃大闸蟹的最好时期,太早了点。我也喜欢吃大闸蟹,每年的深秋季节必定要吃多次。我每年 10 月底开始吃雌蟹,这时雌蟹已经壳硬黄满,吃起来有滋有味;11 月中旬开始吃雄蟹,膏丰肉白,吃起来口感肥腻。

梁实秋先生写过一篇散文《蟹》,介绍了他们家住在北平时每年吃蟹的情景,也介绍了一些蟹的人文典故以及蟹的常用吃法,与李渔一样,认为蒸食味最佳。我吃大闸蟹,多半也是蒸食,有时怕麻烦也煮了吃。无论是蒸还是煮,总有蟹黄流入蒸蟹或煮蟹的开水里,我称之为蟹汤。这蟹汤千万别倒掉,可以烧蟹汤菜泡饭,这可能是我吃蟹最大的发明之一。蟹汤菜泡饭味道绝对一流,鲜美无比,做法还简单。吃完大闸蟹,喝完酒,来一碗蟹汤菜泡饭,不但能尝鲜,还能当主食,一举两得。

近年来,大闸蟹越来越便宜,我还经常用大闸蟹做上海的一道家常菜——毛蟹年糕,用大闸蟹代替小毛蟹,味道当然不一般。尽管李渔不喜这种吃法,但在经常吃蒸蟹之后,偶尔来一次大闸蟹炒年糕还是别有风味的。

2016 年 9 月 11 日

【附】

蒸大闸蟹、蟹汤菜包饭和大闸蟹年糕做法

(一)蒸大闸蟹

正如李渔所言,大闸蟹是天生美味,蒸食味最美。蒸大闸蟹时不要放任何佐料,例如生姜黄酒之类,因为大闸蟹既不腥也不膻,还带有一种令人垂涎欲滴的香味。蒸大闸蟹关键是火候,上文已经说明,这里再次强调:水烧开,将捆扎好的大闸蟹放入蒸笼后开始计时,三两大闸蟹蒸 8 分钟即可,四两的大闸蟹蒸 10 分钟,五两的大闸蟹蒸 12 分钟。如果是煮大闸蟹,每种分量的大闸蟹煮的时间比蒸的时间少一分钟。

(二)蟹汤菜泡饭

若计划用蟹汤做菜泡饭,需将大闸蟹一只只仔细清洗以保证蟹汤的清澈。将青菜切碎,在油里煸瘪,倒入刚才蒸蟹或煮蟹时产生的蟹汤,再加入事先煮好的米饭,大火烧开,可以根据蟹汤的量以及所煮泡饭的量加一些清水,调整菜泡饭的稀稠;小火煮 10 分钟左右,加入食盐,少许白糖(千万不要多,糖可以吊鲜),停火后撒一些白胡椒粉,即可上桌食用。如想增加蟹汤泡饭的鲜味,可以用煮的方法做大闸蟹,这样蟹汤味道更浓。

(三)大闸蟹年糕

将买回的年糕切成片备用。三两重大闸蟹 2—3 只,洗净后横切两半;起油锅,待

油 5 分熟时,两手各拎半只大闸蟹,将切口放在油里煎,以封住切合,防止蟹黄在烧的过程中流出了(这一过程略危险易受伤,可以省略);将封口的大闸蟹在油锅里稍微煸炒一会,加少量黄酒,加水(不要太多)、生抽、老抽(少量)、白糖,大火烧开,中火闷烧 5 分钟。倒入年糕片,煮 3 分钟,大火翻炒一会,撒上葱花,即可出锅享用。

螺蛳嘲嘲

前日张才良老伯发布了他近期写的文章《耥螺蛳》，一如他以前写的钓鱼钓虾的文章，妙趣横生，富有几十年前农村生活的情趣和野趣，只是这篇文章多了几许辛酸。张老伯的童年和少年时代的生活非常艰苦，家境贫寒。他抓鱼摸虾、耥螺蛳是为了挣学费，是为了帮助父母渡过家庭的难关。在这样艰苦的条件下，他学习成绩还非常优秀，考取了南京大学。张老伯在写《耥螺蛳》过程中曾与我讨论，我答应他写对应文章，即他写怎样获得食材（如耥螺蛳），我写怎样吃。今日，我写与《耥螺蛳》对应的文章，题目取自苏州一带的顺口溜——"螺蛳嘲嘲，蹄髈笃笃"。

螺蛳是江南一带的常用食材，清明之后，特别是进入夏季，江南农村几乎家家户户吃螺蛳，饭店也出售螺蛳做的菜肴。炒螺蛳更是大排档晚上的当家菜，三五好友相约，炒几盘螺蛳，喝几杯啤酒，是绝美的夜宵。

苏州和杭州是江南城市的典型代表，周边河流多，湖泊星罗密布，螺蛳产量巨大，苏杭人也十分喜爱这价廉味美的螺蛳。螺蛳常见的食用方法有两种，一种是将肉挑出来，与韭菜等一起炒了吃；还有一种是剪掉螺蛳的尖尾，带壳炒或煮了吃。后一种烧法吃的时候将盖去掉，用嘴将螺蛳肉吸出来，螺蛳里的汤汁随肉一起吸入嘴里，吃起来味道鲜美。苏杭人称这种吃法为"嘬螺蛳"，嘬是吮吸的意思，嘬螺蛳很形象描述了吃炒螺蛳的过程，不但能品味，还能听吃声。如论吃炒螺蛳，美食应有四种特征，除"色香味"外，还应加上"声"。品尝好吃的食品必定要吮指咂嘴，是有声响的。

以螺蛳为食材或主要食材，可以做至少十几种菜。最常见的有酱爆螺蛳、鸡汁螺蛳、韭菜炒螺蛳肉。我老家有一种叫烧杂鱼的菜，其中也加了螺蛳，螺蛳烧豆腐也是一道很好吃的菜。苏州一带流传一顺口溜："蹄髈笃笃，螺蛳嘬嘬"，老百姓说来形容安逸的日子和生活。经常能吃到蹄髈，每天炒盘螺蛳下酒，就是一种幸福。蹄髈，是花功夫文火慢炖得酥烂的蹄髈，入口即化，肥而不腻。炖蹄髈时，锅里的汤冒出水泡，发出"笃笃"的响声，苏州人就将象声词"笃"变成了动词，慢慢炖或煨的意思。上海有一种菜叫"腌笃鲜"，就是春天季节，用腌制的咸肉、鲜肉和春笋一起煨出的汤，味道十分鲜美。

如果去苏州周边的周庄、同里等古镇旅游，你会看到许多店里出售烧好的蹄髈，周庄的万三蹄髈最有名。这种红烧蹄髈多半是老太婆在土灶或煤球炉上用小火煨出来的，在一大铁锅中加入酱油、冰糖、生姜、八角大料、黄酒和水，将猪蹄髈整个浸入汤料，大火烧开后小火煨笃，并不断翻动蹄髈，烧制整个上午，再收汤汁而成；浓稠的酱汁包裹着蹄髈，泛着酱红色的光亮，色香诱人。这种蹄髈可趁热吃，也可放在冰箱冷冻后吃，味道均不错；可以与炒螺蛳一起做下酒菜，也可以切成块，下面条时做浇头（类似于苏州的焖肉面）。这"蹄髈笃笃"的日子着实惬意极了，如果再"螺蛳嘬嘬"，就是神仙的日子了。浙江富阳有一句类似的顺口溜："工人叔叔螺蛳嘬嘬，农民伯伯鸡腿剥剥。"不管是工人还是农民，有螺蛳和鸡腿吃就是幸福生活。

嘬螺蛳是一门技术活，北方人刚到南方来，基本上不会嘬螺蛳。高手嘬螺蛳从来不用手，用筷子夹一只炒好或煮好的螺蛳，用舌头将螺蛳盖子舔掉，舌尖贴住螺蛳肉往里面推，舌头堵住整个螺蛳口，舌头突然往后一缩，嘴唇一撅，肚子和肺同时膨胀开来，嘴用力一吸，螺蛳头与汤汁一起吸入嘴里；这时千万别继续将整个螺蛳肉全部吸进嘴里，而是咬下螺蛳的头部，将尾部留在螺蛳壳内；螺蛳肉的尾部含有小的螺蛳、肠胃和其他杂质，吃到肚里不太卫生，味道也不好。当然，可以通过烹饪前"养"的方式让螺蛳将身体内的杂质物吐出来,但最好还是不要吃螺蛳的尾巴。水平更高的高手嘬螺蛳连筷子都不用,用勺子舀一勺螺蛳,可以多达 20—30 个,一口吃进嘴里,然后一个一个嘬;用舌头将一只螺蛳运到嘴边,用嘴唇夹住螺蛳,螺蛳口朝向嘴内,再用刚才介绍的方法嘬出螺蛳肉,将咬下的螺蛳肉再运到舌头侧面(两侧均可以),再将第二个螺蛳运到嘴边,用嘴唇夹住嘬螺蛳肉,这样直到嘴内螺蛳全部嘬完,再将螺蛳肉一起咀嚼后一口吃光。这种几十只螺蛳一起嘬的技术我至今没有学会,我也不想特意学了,因为螺蛳还是一只一只嘬吃起来有味道,几十只一起嘬纯粹是显示技术。

嘬螺蛳是跟我姨夫学的。我从小在外婆家长大,我的二姨夫是招女婿,对我如自己的亲儿子。姨夫好酒,酒瓶挂在身上,干一会活,要喝两口酒,中饭晚饭必喝酒。姨夫喝酒对菜的要求不高,平时干活喝酒不吃菜(干喝),中午晚上喝酒青菜咸菜也可下酒。每年夏天,炒螺蛳是姨夫下酒的家常菜。那时河里螺蛳多得很,到河边的码头淘米洗菜,徒手都可以从码头的底部和边缘捞到够一家人解馋的螺蛳。姨夫捞到螺蛳后先剪掉尾部,放在清水里养,在清水里滴几滴食油,诱导螺蛳将体内脏物尽快吐出。中午或晚上,外婆将养好的螺蛳洗干净,用葱姜蒜辣椒爆炒,是下酒的美味。每当这时,我就会坐在姨夫身边,陪他喝酒,实际上是骗他的下酒菜吃,在这过程中,我学会了嘬螺蛳。

炒螺蛳是家常菜,要炒得好吃不是一件容易的事情。我炒螺蛳是跟我隔壁邻居学的。上世纪 70 年代大家基本上吃不饱饭,鸡鸭鱼肉是过年才能吃到的菜,平时难得有荤菜。螺蛳河蚌等容易获得并且价廉(基本不花钱)的食材就是平时的荤菜,虽然油水不足,但也能解解馋。每到夏天,我家西隔壁邻居家的男主人姓吴,竟然与我父亲同名,女主人叫菊英,螺蛳炒得特别好吃。夏天晚上,他家几乎天天炒螺蛳,我近水楼台,天天吃他家的炒螺蛳。我比较好学,在吃的过程中询问螺蛳的烧法,菊英说不出来,叫我直接跟她学。第二天傍晚,菊英炒螺蛳时,我在边上看着,看了两次,我便会了。以后经常练手,练成了炒螺蛳的高手。1998 年,单位分配了房子,朋友来我新房祝贺,我烧了一顿饭感谢大家,其中炒螺蛳最受欢迎,两位朋友争抢螺蛳还"吵"了起来,我很有成就感。

很多地方都有炒螺蛳这道菜,江浙一带叫炒螺蛳,湖南干脆就叫嗍螺。湖南不同地方嗍螺的做法也不尽相同,长沙的嗍螺与江浙的炒螺蛳类似,只是辣椒加得多一些,白糖放得少一些。浏阳的嗍螺烧制工艺比较复杂,并且不是炒而是蒸出来的。

每到一个地方,到饭店吃饭,如果饭店有炒螺蛳,我必定要点一盘尝尝味道。我吃了几十年的炒螺蛳,除了我家邻居菊英炒的螺蛳外,我觉得最好吃的是原上海华东师范大学后门枣阳路食品一条街上一家台湾餐厅的炒螺蛳。1989—1992 年,我在华师大读硕士,师兄弟们经常在晚上看书、看文献或做研究之后,到台湾餐厅吃夜宵,炒螺蛳和啤酒是标配。台湾餐厅的炒螺蛳味道好,而且食材新鲜,养得干净,价格便宜。我吃多了,就想着怎么复刻烧,好几次到菜场买来螺蛳,在实验室烧,烧了几次也就模仿得差不多了。

2016 年 9 月 8 日

新加坡辣椒蟹和黑胡椒蟹

在品尝过新加坡辣椒蟹和黑胡椒蟹后印象深刻，我依据味觉记忆自己琢磨试烧，现已经成为了我招待客人的拿手好菜，它们陪伴见证了我的许多人生温馨时刻。

1995年，我与导师嵇汝运院士应新加坡理工学院邀请访问新加坡，一天晚上，理工学院副院长姚先生请我们去东海岸吃晚饭。东海岸是新加坡举世闻名吃海鲜的地方，饭店多，味道好，价格合理。东海岸海鲜做得最好最出名的饭店可能是珍宝海鲜楼，该饭店最著名的两道菜是新加坡辣椒蟹和新加坡黑胡椒蟹，原料都是斯里兰卡大螃蟹，个大肉肥，味道鲜美。自从我第一次吃了以后，即爱上此食，每次去新加坡必去东海岸珍宝楼吃这两种蟹。

我在《美食谈》一文中曾提出美食家的五会：会吃、会想、会说、会写、会做。像我这样高水平的美食家品尝过的菜，多半能猜出烹饪工艺。回到上海后，我试烧这两种蟹。买不到斯里兰卡大螃蟹，就买普通的青膏蟹或梭子蟹代替。第一次试烧即获成功，夫人女儿都说好吃，从此也就成了我宴请朋友的私房菜。

澳大利亚螃蟹也个大肉肥，价格便宜。我每次去澳大利亚，总要在朋友家里烹烧这两种蟹，还教会了朋友的儿子。第一次去悉尼朋友家烧蟹，朋友的儿子小叶就跟我做学徒，他觉得辣椒蟹比黑胡椒蟹好吃，尤其是汤汁，既可以蘸馒头吃，也可拌饭吃。吃完晚饭，他把辣椒蟹的汤汁存入冰箱，吃了好几天拌饭。不过第一次小叶没有完全学会,我第二次访问澳大利亚时,又去他家烧蟹,我手把手地教了他一次,他学会了。当天烧了两锅辣椒蟹,一锅是我作示范,一锅是小叶学烧,这样他就完全学会了。第二天,朋友陪同我访问墨尔本,晚上他夫人打电话给他抱怨:他儿子在学校吹牛说,他跟一位中国来的叔叔学会了烧一种螃蟹,味道好到无法形容。他的十几个同学出钱去买了很多螃蟹,到家里烧,把家里搞得一塌糊涂。据说小叶这一手艺深得他女朋友的喜爱,每当她想吃辣椒蟹,总要千百次地哀求,这种感觉小叶一定很满足。

2012年,我访问美国,去洛杉矶看同学。同学带我去海边看风景时遇到了卖螃蟹的,我看到螃蟹就有一种想烧的冲动。我跟同学说我烧的螃蟹不错,她立即买了约10磅螃蟹,也是个大肉肥的螃蟹。回到家里,我清洗螃蟹,左手大拇指还刺了一道很深的口子。那天晚上,我烧了六锅螃蟹,辣椒蟹和黑胡椒蟹各烧了三锅。我同学的父母、先生和孩子均吃得心满意足。

1998—2008年,我们与新加坡理工合作,建立了药物分子设计联合实验室,我的同事和学生在那里工作,我也经常去访问。每次访问新加坡,我的两个学生总要去买螃蟹,由我主勺,每次总要烧好几锅,大家吃得开心。有一次还邀请了新加坡理工的同事来吃饭,他们觉得我烧的螃蟹比东海岸珍宝海鲜楼的味道好。

2016年9月4日

久违的年味

我们"60后"小时候都过过一段苦日子,儿时最盼望的是过年,现每当春节来临,脑子里挥之不去的是那儿时的年味。现在的生活越来越好,平时的饮食水平远好于我们儿时过年吃的食品,长此以往,到了过年,却是越发没有年味了。每年春节总是回老家过年,即便在农村,亲戚朋友请客,也总是去饭店,吃来吃去都是一样的味道。渐渐地,人们也就失去了对过年的向往,年味和过年的仪式感和幸福感已荡然无存。我总想给家人和朋友营造一种年味,一直没有机会。今年响应国家号召,就地过年,省去了走亲访友的时间,难得一家三口在上海过年,有足够的时间去营造我喜欢的年味了——寻找我儿时的年味,也让女儿体会一番。

自古至今,中国人每年最重要的一顿晚饭恐怕非年夜饭莫属,这是要精心准备的,年味的重要组成部分体现在年夜饭的味道上。小时候,长辈们要花几天时间准备年夜饭以及春节期间招待客人的菜肴,鸡鸭鱼肉是主要食材,想尽办法做出花样丰富的年菜来。大多数菜肴是提前做好,客人来访时蒸热或回锅加热后上桌,仅时令蔬菜等简单菜肴现做现吃。我记忆中有两种情境中菜的味道最好,一种是大人在做菜时,我在边上打下手,一道菜刚做好,我偷偷地用手捻①一块肉或鱼吃,味道非常好;另一种场

---

① 常州方言中表达拿的动作。

景是，肉丸、红烧肉等经常要重新蒸热或回锅加热的菜，味道非常好，而且是回一次锅味道比前一次更好。我今年就用普通的鱼和猪肉，烧了一顿年夜饭，让我女儿打下手，试一试她是否能体会到我儿时的年味。

小年夜我便开始准备食材和一些需要花工夫做并可吃几天的菜肴，所用食材是一条十多斤的青鱼、黑毛土猪肉、蹄髈（肘子）和一些冬笋等时令蔬菜。青鱼做了三道菜，鱼头做溧阳天目湖鱼头汤，鱼的中段做爆鱼，鱼尾做红烧划水。猪肉做了红烧肉、肉丸和红煨蹄髈，猪骨做了糖醋排骨。变着花样，能用猪肉做出七八道菜来。

小年夜，先做费时费力并可长期保存的功夫菜——爆鱼和肉丸。青鱼中段切成块，放入盆中，加淀粉、蛋清、盐、白糖和姜末腌制两小时，其间将蘸料准备好。起油锅，将油加热后，将腌制好的鱼块放入油中炸制。我烧菜时，喜欢一边烧，一边听苏州评弹等南方戏曲，有两个作用，一是掌握时间，例如评弹的每个开篇都有固定的时间，听完几曲一道菜就烧好了，二是解乏，烧菜是很累的活，一边烧，一边听，有时跟着唱几句，就不觉得累了。我今年做爆鱼时，女儿打下手，将炸好的爆鱼放在蘸料里浸一会儿再捞出来。打开手机，先听一曲评弹名家徐丽仙先生的名曲《情探》："梨花落，杏花开，桃花谢，春已归。"悠扬的丽调①在厨房中回荡，江南的年味来哉。再来一曲蒋调创始人蒋月泉先生的《梅竹》："栽梅种竹近深闺，淡淡相交竹与梅爆竹一声催腊去，忽闻梅报早春回……"有一种"冰雪消融，春回大地"的感觉，真的要过年了！鱼块在油锅中吱吱作响，爆鱼的香味与评弹的韵味一起飘扬。几曲评弹听下来，爆鱼炸好了，女儿也将爆鱼在蘸料中浸渍后装入保鲜盒。女儿用手捻了一块尝尝味道，高度点赞，后一发不可收，连续吃了五块才罢。果然，大人烧菜，小孩在边上用手捻菜吃的"年味"是可以传承下去的。因味道好，女儿建议将余下准备做鱼丸的中段也做成爆鱼，我大年夜上午又做了一次。

---

① 丽调指评弹名家徐丽仙先生所创评弹流派。

第二个做起来费时费力的功夫菜是肉丸,我采纳了扬州狮子头和常州源阳肉圆的做法。将五花肉(肥瘦比例最好 4 比 6)切成块后剁成肉糜,但不能剁太细(最好不要用绞肉机),肉糜要细而见粒。我用两把菜刀将三斤五花肉剁成肉糜,放在盆中,加盐、黄酒、姜末、白糖和少量清水,用手搅拌均匀后,再向一个方向(顺时针或逆时针方向)搅拌约半小时,加入的盐使蛋白质变性,搅出肉的黏性和韧劲。抓一把肉糜在手中压挤片刻,再两手揉搓成球形放入盘内,同时将水烧开,水中可加些生姜、小白葱和黄酒,将肉丸放入水中烧三五分钟左右,使肉丸定型;将定型的肉丸放入大碗中,加少量刚才用于定型的原汁汤料、少许生抽、盐、白糖和黄酒,放入蒸笼隔水蒸半小时。与爆鱼一样,肉丸可多做些,平时自己吃或请客时取一些再蒸热即可食用。因长期在汤汁中浸泡,味道慢慢渗入肉丸深处,蒸热一次好吃一些,并且不会因多次蒸煮而致肉质变柴。女儿也是第一次吃这种做法的肉丸,味道肯定比饭店加了大量淀粉的肉丸好许多。我做的肉丸较大(大小约扬州狮子头的一半),女儿竟然连吃了三个,看来传统的味道对现在的年轻人还是有吸引力的。肉糜没有全部做成肉丸,留下一些做面筋塞肉,一些与白菜一起调制成饺子馅。

年三十,我们一家协同作战,准备年夜饭。几个灶眼同时开火,一只锅内烧红烧肉,一只锅内煨蹄髈,夫人和女儿清洗蔬菜。红烧肉烧了一大锅,烧好后不收汤,放在容器内储存在冰箱,自己想吃或请客时,取出一些加些原汤回锅加热并收汁,这是我小时候长辈们的做法,味道非常好。今年煨蹄髈没有用砂锅,而是用铁锅煨烧。整只蹄髈出水除去异味后,直接放入铁锅中,加水和佐料,大火烧开,再文火煨烧两小时,在烧制过程中要不时翻动蹄髈(上下翻转),以便汤料的味道均匀地渗入肉中,这种烧法是江南水乡名菜周庄正宗的万山蹄髈的做法。原先周庄蹄髈都是老婆婆在土灶上用铁锅烧,为了控制火候,老婆婆向灶膛内添柴非常小心,柴火是一根一根地加进去的。也有用煤球炉烧的,蹄髈放入铁锅中加水加佐料烧开后,为控制火候,将炉眼用泥封起来,再在上面戳几个小孔通风,煤球保持焚而不灭的文火状态,这种做法一直坚持到上世纪 80 年代末 90 年代初。那时周庄没有几户人家卖红煨蹄髈,一位老婆婆一天最多烧两只蹄髈出售,上午和下午各烧一只,而且是客人先预定,老婆婆烧好后等客人来取,后商业化进程加快,周庄以及周边类似的古镇满大街都是红烧蹄髈,成为大规模加工的产物,味道自然不如以前了。我今年烧蹄髈的方法就是沿用上世纪八九十年代周庄老婆婆的烧法,这是我1991年去周庄游玩时,花了几个小时,看完一位老婆婆用煤球炉烧制一只蹄髈的整个过程,学会了这种烧法。烧出的蹄髈味道自然非常好,皮糯软,肉酥而不柴,酱汁浓香,肥而不腻,咸、甜、鲜三味俱全。

傍晚六点半,开始吃年夜饭,共八道菜,除了上面四道——爆鱼、肉丸、蹄髈、红烧肉外,外加油焖春笋、蘑菇烧豆腐、清炒菜心和排骨藕汤。一家三口吃了一顿心满意足的年夜饭。但其中的红烧蹄髈仅是做了摆设,没有吃。女儿看着色泽诱人的蹄髈,非常想吃,我说蹄髈是明天请客的,今天不能动,不然今晚我们三人吃不完,明天也拿不出手了。其实我是特意用这种方式让我女儿体会一下我儿时的年味,小时候,没有多少人家富得可以随便吃荤菜,鸡鸭鱼肉做的菜,大多作为摆设,自己不吃,专门用于招待客人,前来拜年的客人也很知趣,只是吃些素果,不动荤菜,大多数情况是吃饱米饭就足矣。所以当年老家流传一句:"一碗肉,一条鱼,请客吃饭过正月。"

正月初一,几个没有回家过年的同事来拜年,我请他吃中饭。其实我是早有准备,我们想让他们一起回顾一下我儿时的年味。我与夫人今天一早起床,准备中饭,夫人准备她拿手的葱烤海参和面筋塞肉,再准备增加两个冷菜,一个是糖醋小排,一个是凉拌水芹。凉拌水芹用的是我老家特有的做法,将水芹洗干净,在开水中氽一下,马上用纯净水冲凉,将芹菜码齐,两手用绞毛巾的方法将水挤干,保持水芹螺旋状形态,放在刀砧板切段装盘,加上酱油、麻油、镇江香醋、白糖和白胡椒粉,腌制一会,吃时搅匀。芹菜脆嫩,味道鲜美,我夫人还专门为这道菜起了个名——绞毛巾芹菜。还烧了一道红烧划水,用的是小年夜做完爆鱼剩下的青鱼尾巴,炸完爆鱼趁油温还高,将青鱼尾巴直接在油锅里炸了片刻,今天加佐料直接烧。同事到后,我们立即进入实战状态,红烧肉收汁、肉丸上蒸笼加热、蹄髈回锅加热,女儿在摆冷盘,夫人在洗蔬菜,客人在喝茶聊天,久违了的儿时的年味顿时又回来了!

年初一午饭,四个冷菜,六个热菜,外加一个八宝饭甜点,一共十一道菜。今天特地回味过去过年没有酒喝的"穷日子",不喝酒,只吃菜和饭。为了表示对女儿昨晚不能吃蹄髈的歉意,我特地夹了一大块蹄髈上的肉皮和一块瘦肉给她,她直呼好吃,说她想了一个晚上,今天终于吃到这个蹄髈了。看来美味有时需要等待,就如我小时候每天等待过年,因为过年才能吃到鸡鸭鱼肉。同事们也觉得今天的菜味美可口,吃着饭菜,聊着自己的研究进展和其他海阔天空的事情,他们也暂且忘记了思乡之愁。吃完饭,夫人上了一道水果,是我们自己种的红囊香柚,特别甜,水分也足。吃完中饭,又喝茶并聊了会天,同事告别离开,夫人特地打包了爆鱼和牛肉,每人带了一份回去,晚上夫人又给小区的邻居送去了一些爆鱼。

从小年夜到年初一,我们一家三口,自己营造了年味,也让没有回家过年的同事以及小区的邻居分享了我们的年味。烧饭做菜,虽然有些累,但收获的是满满的获得感和幸福感。现在普遍认为,年味越来越淡,其背后的原因是当今社会的人情味越来越淡了。其实,年味就是爱的味道,只要心中充满爱,中国传统的年味是不会变的;年味也是一种分享,最好的年菜,如果仅仅自己家人吃,不与亲戚、朋友、邻居分享,也就少了成就感。

【附】

年菜菜谱

在这篇文章的最后,与朋友们分享我今年烧的三道年菜的菜谱。

一、江南爆鱼

1. 选取 10 斤以上的上好青鱼,破肚去除内脏洗净(千万别将鱼胆弄破,如不小心弄破鱼胆,可用黄酒冲洗后,再用清水冲洗,直接用水冲洗,永远除不尽胆汁的苦味),切下头尾(头可以烧天目湖鱼汤,尾巴可以烧划水),中段一劈为二,切成鱼块(厚度

1—1.5公分)。

2. 将鱼块放入盆内,加少许淀粉、盐、白糖、黄酒和姜末,打入5个蛋清,搅拌均匀,腌制2小时。

3. 这段时间可以制作蘸料。锅内加少量油,油至5成熟时,加入葱姜蒜末煸香(不喜欢大蒜的人可以不加蒜末),加500毫升水,烧开后加入黄酒、酱油(如没有黄豆酿制的红烧酱油,可以2:1的比例加入生抽和老抽)和白糖,酱油和白糖的量可以根据自己的口味调整,我建议可以偏咸一点(炸过的鱼块仅在蘸料浸泡20—30秒,如蘸料太淡,做出的爆鱼味道不浓),江南人喜欢甜食,可多放些白糖。

4. 起油锅,油开始冒烟时,将腌制好的鱼块放入油中炸至表面金黄色,捞出放入蘸料中浸渍20—30秒,让刚炸好的热鱼块在短时间内充分吸收蘸料中的味道。浸渍时间太短,爆鱼味道不足,浸渍时间太长,鱼块会软化,影响口感。因现在家用铁锅比较小,煤气灶的火也不旺,可以分批炸制鱼块,一般10斤的青鱼分4—5次炸完,但每次炸完后需立即完成蘸料浸渍处理。

5. 在蘸料中浸渍好的爆鱼,装入保鲜盒,放冰箱保存,自己想吃或招待访客时,取些装盘即可。

二、常州肉丸

1. 选取上等五花肉,切块后在水中浸泡1小时(去除肉的异味和血沫)。

2. 将肉块从水中捞出沥干,放在刀砧板上用锋利的菜刀剁碎。要做出口感好的肉丸,千万不要用绞肉机(绞肉机绞出的肉糜太细),一定要用手工剁。如做扬州狮子头,不能剁肉,而要切肉,将肉切成石榴粒大小,非常考验刀工。一般人没有这么好的刀工,可以剁,但刀要锋利,剁几个回合即成,这样的肉糜细而成粒。如刀不锋利,肉内有些筋剁不断,也影响口感。

3. 将剁好的肉糜放入盆内,加黄酒、盐、白糖、少量凉水、姜末(如要求高一些,加入生姜榨的汁,这样吃时姜末不会干扰口感),用手抓挤均匀后,再用手向一个方向(顺时针或逆时针方向)搅拌约半小时。由于盐使蛋白变性,这时的肉糜很有黏性和韧劲。

4. 用手抓一把搅拌好的肉糜(量可以自己控制,最好多一些),在手中挤压一会儿,再揉搓成球形,放在盘中备用。

5. 锅中加水,加入少量黄酒、生姜和小白葱,烧开后,将生肉丸放入开水中烧3—5分钟,这样肉丸就已成型不会散开了。

6. 将成型的肉丸放在大碗中,倒入一些刚才用于肉丸成型的汤料,再加黄酒、盐、少许白糖、生姜和葱段,放在蒸笼里隔水蒸30分钟即可起锅。今年我蒸肉丸时,放了少量生抽。常州做法一般不放酱油或生抽,这样的肉丸除了可以单独做菜外,还可以做配菜,如用肉丸、肉皮(油炸后发过的肉皮)和鱼丸做三鲜汤(汤中可以加些笋片和木耳,汤上桌前撒一把青蒜丝,味道更鲜美)。

三、古镇蹄髈

1. 买一只两斤左右的肘子洗净,在水中氽5分钟,自然凉后,再清洗干净备用。这是最好的去除猪肉异味的方法,我曾在多篇文章中讲过。

2. 将上述处理后的肘子直接放入铁锅中,加入清水、黄酒、黄豆酱油(2:1的生抽和老抽也可以)、生姜、小白葱、冰糖,大火烧开后,文火煨2—2.5小时。其间每10—15分钟翻身一次,以防蹄髈粘锅烧焦,同时汤汁中的味道均匀地渗入肉中。红煨蹄髈一定要用冰糖,这样烧出的蹄髈色泽才鲜亮。也可用砂锅烧蹄髈,但砂锅底一定放上竹垫,也是防止肉被烧焦。

3. 处理蹄髈时要保持肉皮的完整性,千万不要为了容易烧烂,将皮切开,不然烧出的蹄髈形状不好看。我今年买蹄髈时,卖肉的师傅好心,在皮上划了几刀,烧出的蹄髈味道虽然很好,但形状不美观。

2021年2月12日于上海

6

告别与纪念

自 1992 年至 2010 年,我在嵇汝运先生身边学习工作 18 个年头,亲历了嵇先生做人、做事、做学问之道,学到了许多宝贵的知识和经验;他身上有许多高尚的品德和精神,我至今没有学到,我将用一生的时间去学习和体会……

——引自《一些与嵇先生相处的零星回忆》

一些与嵇先生相处的零星回忆

嵇汝运院士,中国著名药物化学家,在抗血吸虫病、抗疟疾及治疗心血管系统疾病的多种临床药物研制方面成果卓著。1992 至 1995 年,蒋华良院士在中国科学院上海药物研究所师从嵇汝运院士攻读药物化学博士学位。蒋先生称,嵇先生做人、做事、做学问之道,让自己学到了许多宝贵的知识和经验,其高尚的品德和精神,值得用一生的时间去学习和体会。为纪念嵇先生诞辰一百周年,蒋先生著此文怀念与嵇先生相处的点滴。

自 1992 年至 2010 年,我在嵇先生身边学习工作 18 个年头,亲历了嵇先生做人、做事、做学问之道,学到了许多宝贵的知识和经验;他身上有许多高尚的品德和精神,我至今没有学到,我将用一生的时间去学习和体会。谨以这篇《一些与嵇先生相处的零星回忆》纪念嵇先生诞辰一百周年。

我第一次见到嵇先生是 1986 年夏天,当时我还在南京大学化学系读书,嵇先生参加游效曾院士博士生的答辩并任答辩委员会主席。记得当时博士生的论文是关于有机化合物核磁共振谱的量子化学计算。在我的印象中,嵇先生是有机化学家和药物化学家,他怎么也懂量子化学?后来了解到,嵇先生不但精通量子化学,还用量子化学方法研究药物结构与活性的关系以及药物与受体的相互作用。再后来,从陈凯先院士那里了解到,嵇先生是在 60 岁高龄时开始学习量子化学的,他曾看到嵇先生学习量子化学的笔记,工工整整地记满了复杂的数理方程。我在大学学的是有机化学专业,因对理论化学比较感兴趣,自学了量子化学等课程。在认识嵇先生前,报考吉林大学唐敖庆先生的研究生一直是我大学时的志向。自从见到嵇先生后,对嵇先生的为人以及他从事的研究方向有了进一步了解,我产生了新的想法——哪一天跟嵇先生读研究生就好了,有机化学和量子化学都能用上。我也一直为这一天准备着。

阴差阳错,我没有能跟嵇先生攻读硕士学位,而是到华东师范大学跟潘道皑教授和周伟良教授学习量子化学。1990 年 10 月,全国第三届量子化学会议在济南召开,我在会上见到嵇先生和陈凯先院士,第一次与两位老师面对面交流。在会议的空隙,我的硕士导师周伟良教授引荐我认识了嵇先生,表达了我想跟随嵇先生攻读博士学位的意愿。令我高兴的是嵇先生一口答应:"欢迎你到药物所攻读博士学位,具体的事宜与陈凯先同志谈,他刚从法国留学回来,在药物的量子化学计算和构效关系研究方面很有造诣,你可以跟他做论文。"会上,陈凯先院士作了大会邀请报告,报告非常精彩,得到了与会者的好评,这一报告也是我进入药物设计领域的入门课。会议结束那天,又在周伟良教授的引荐下,我与陈凯先老师见面交流,再次表达了到药物所攻读博士学位的意愿,陈老师说:"嵇先生已经与我商量过此事了,欢迎到药物所深造。"我当时非常感动,想不到嵇先生这样一位大家,办事竟如此认真负责。这次与嵇先生的见面交流,是我走上药物研究的起点。

1992 年秋天,我顺利考入中国科学院上海药物研究所,跟随两位老师攻读博士学位。与我一起考取嵇先生和陈凯先老师博士生的还有来自复旦大学的石根斌。开学伊始,嵇先生将我们叫到他的办公室,布置了博士论文题目。给石根斌的题目是"生物大分子溶液构象的多维核磁共振测定及其在药物研究中的应用",给我的题目是"计算机辅助药物设计的方法与策略及其在药物研究中的应用",这两个课题均是 90 年代药物化学和分子生物学研究的前沿学科。1993 年 10 月,完成课程学习后,我去北京进行青蒿素类似物构效关系和凝血酶与抑制剂相互作用理论计算,经过数月的努力,我完成了计算任务,回所向嵇先生汇报工作。他对我的计算结果非常满意,给予了极大的鼓励,并嘱咐我将计算结果整理成文发表。我当时没有写英语论文的经验,于是请教嵇先生。他指导我说,先多看人家的文章,分析文章的结构、语法、句型和惯用法,然后再落笔自己写。在嵇先生和陈老师的指导下,我完成了3篇论文,分别发表在《中国药理学报》《中国化学(英文版)》和 *Journal of Medicinal Chemistry*(JMC)。当时还少有中国学者能在JMC杂志上发表论文。嵇先生的引导作用,对我产生了较大的影响,我现在阅读文献时还有分析文章结构和高声朗读的习惯,这一方法也在我的学生中流行。

1995年秋天,我获得博士学位后留所工作。1996年春节刚过,我陪同嵇先生出访新加坡,有幸与嵇先生共同生活了10天。我们是受新加坡理工学院邀请,参加一个药物研发的国际会议,同时在该学院进行短期讲学。嵇先生作了关于"基于传统中药的药物发现"的报告,反响很好,新加坡的几家报纸还刊登了嵇先生访问和作学术报告的报道。我们两人住在新加坡理工学院的一套三室一厅的公寓里,我有机会近距离观察嵇先生的生活和工作习惯,也有充裕的时间与他讨论科学问题。嵇先生生活很有规律,他早上5:30起床,晚上9:30前休息。每天早上起床后,他煮好了咖啡或红茶,烤好了面包,煎好了鸡蛋,然后叫我起床吃早饭。在新加坡,我享受了10天嵇先生做的英国式早饭,也第一次知道面包可以烤了吃。白天我们在学校给学生讲课,或与老师个别交流,中午我们在学校的餐厅吃便饭,晚上有朋友请客,许多在新加坡的华侨从报纸上看了关于嵇先生访问的报道,都来邀请嵇先生去做客。这次访问还遇到了嵇先生的生前好友、著名有机化学家黄文魁先生的夫人陈淑英教授。无论多忙,嵇先生每天要抽一定时间散步,以此锻炼身体。到了新加坡,我才知道,这次不是嵇先生第一次访问新加坡。1953年,嵇先生从英国回国时,游轮经过新加坡,他利用游轮停靠的时间上岸游玩了一些地方,包括新加坡植物园。这次到新加坡,他重游了植物园,回忆了一些往事,非常开心。我也陪他去寻找当年游轮停靠的码头,新加坡港口变化巨大,没有找到,留下了一丝遗憾。

晚上嵇先生休息前,我们讨论一些学术问题,也问他中外科学史上的一些往事。这次我收获较大的是从他那里学到了一些中药知识。我问他,为什么有些从中药中提取的化合物,越纯活性越差。他告诉我,从中药中提取活性化合物只是药物发现的途径之一,有些中药必须保持它们原有的性状;中药组分就像西药的制剂,其他成分会帮助活性成分发挥作用,例如增加溶解性,提高膜通透性等;他也告诉我一些实验现象,一些天然产物纯度越高(甚至已经结晶),水溶性反而更差,这些因素均会影响药效,甚至影响它们的药代和毒理性质。这次访问,嵇先生又一次给我布置了今后学习和工作的任务。他嘱咐我说:"小蒋,你的数理基础较好,今后应注重数理知识在药物研究中的应用。"回国后,我系统地学习了国外药理学教材和相关文献,并将学习的内容和体会及时总结,最后形成了《物理化学在药理学中的应用》的书稿,编入了由丁健院士主编的《高等药理学》研究生教材。我也曾用电磁学和统计力学方法研究配体-离子通道相互作用机制,理论计算结果得到药理学教授高召兵等的实验验证,在 *Cell Research* 和 *Frontier in Pharmacology* 等杂志上发表了数篇论文。

这次访问成果丰硕,药物所与新加坡理工学院签订了合作协议,并建立了分子模拟和药物设计联合实验室,嵇先生的博士生朱维良教授毕业后曾在该实验室工作6年,先后有3位中国科学院上海药物研究所毕业的博士生在该实验室工作。2003年,我陪嵇先生再次访问新加坡理工学院,看到了我们合作建立的联合实验室兴旺发达,出了许多成果,新加坡政府也非常重视,他感到很高兴。这次访问,嵇先生的夫人李晓玉教授也一起前往,夫妇二人抽出时间参观了市中心的商场,还专门为他们刚出生不久的小外甥买了礼物。

自1979年起至2005年,嵇先生在药物所为研究生上了26年《药物化学》课程,在攻读博士学位期间,我选修了嵇先生的《药物化学》。嵇先生上课形式非常简单:幻灯片、薄膜和黑板。讲课内容丰富生动,注重化学与生物学的融合,注重化合物构效关系和药物作用机制的总结,并及时将药物化学和生物学发展的新进展融入到课程中。许多关于受体、神经药理学的知识,我是从嵇先生上的《药物化学》这门课上学到的。嵇先生的《药物化学》曾经是一门有名的经典课程,中国科学院上海有机化学研究所、华东理工大学等单位都邀请过嵇先生为研究生上这门课。2004 年,86 岁高龄的嵇先生还到中国科技大学生命科学院为基地班的本科生上《药物化学》课。

2003 年,药物所整体搬迁至张江高科技园区,彼时嵇先生的办公室还在浦西,他每周三总要来浦东,一是到图书馆看药学方面的文献(浦西科学院文献情报中心药学文献没有药物所齐全),二是看看在浦东工作的学生和同事。每次看到嵇先生身体健康,我们做学生的就感到非常欣慰。2007 年一次意外的脑出血,嵇先生住进华东医院,就此在病床上与疾病斗争了三年多,直至 2010 年 5 月 15 日上午永远地离开了我们。

嵇先生离开我们八年了,留给我们无限的思念! 一些零星的回忆,表达不了我对嵇先生的深切怀念。嵇先生走了,他的精神永在,他开创的事业后继有人。

2018 年 4 月 12 日

跟金国章先生学习神经药理学

金国章院士是中国著名神经药理学家,是中国从事脑内多巴胺药理学研究的先驱和这一领域最有成就的学者之一。他在神经递质和多巴胺(DA)受体作用研究方面取得多项原创性研究成果,被誉为"研究中国传统医药的典范"。自 1994 年起,蒋华良院士在中国科学院上海药物研究所攻读博士学位时,与金国章院士合作,协助他的课题组开展多巴胺受体各种亚型功能研究。2007 年,金国章院士八十华诞,蒋先生著此文以表示对金国章院士多年来对自己研究工作指导的谢意。

金国章院士是我敬佩的神经药理学家,先生为人谦逊、治学严谨,给我留下深刻的印象。金先生关于多巴胺受体药理功能及基于多巴胺受体抗神经分裂症药物研究工作,在国内外影响较大。

自 1994 年起,当我还在药物所攻读博士学位时,即与金先生合作,协助他的课题组开展多巴胺受体各种亚型功能研究。当时,我的导师嵇汝运院士和陈凯先院士参与金先生负责的一项国家自然科学基金重点项目研究,他们指派唐赟和我模建多巴胺受体的三维结构,并用理论计算方法研究四氢小檗碱与多巴胺受体的相互作用。这部分工作主要由唐赟完成,对金先生课题的研究有一定的参考价值,我们的合作论文发表在《中国药理学报》。

随着计算机科学和计算方法的发展,理论计算方法能模拟更加复杂的生物大分子体系。自 1997 年起,我们中心率先在国内开展基于超级计算机和高性能计算的分子动力学并进行算法和应用研究,研究条件大为改善。这时金先生对天然产物(一)-Stepholidine 的作用机制和药理学研究取得了较大的突破,发现其是多巴胺 D1 受体的激动剂和 D2 受体的拮抗剂,这样双功效的分子具有较好的治疗精神分裂症前景,也是国际制药企业和研究机构一直在寻找的化合物。我们以金先生的这一发现为基础,以(一)-Stepholidine 为分子探针,继续进行多巴胺受体结构与功能关系研究。我的博士后付伟模建了多巴胺 D1 和 D2 受体的三维结构,将它们放入磷脂和水溶液环境中(模拟受体所在细胞膜的环境),进行了几十纳秒分子动力学模拟,并将(一)-Stepholidine 对接到多巴胺 D1 和 D2 受体构象变化动力学轨迹的不同构象中,最终获得了这两种受体与(一)-Stepholidine 结合的活性构象(图 1),提出了(一)-Stepholidine 激活 D1、拮抗 D2 功能的分子机制,为设计新结构类型的双效分子奠定了基础,实际上,我们与金先生课题组合作时已经发现了一些苗头化合物。我们的这一合作结果即

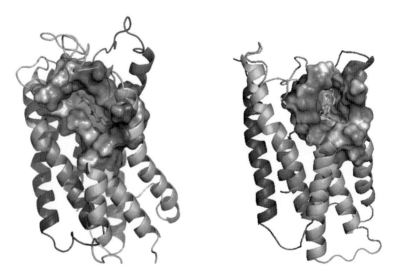

图 1　(－)-Stepholidine 与多巴胺 D1 受体(A)和 D2 受体(B)的结合模型

将发表在 *Biophysical Journal* 上，算是给金先生八十大寿的生日礼物！

在与金先生合作的这十余年中，我跟他学到了不少神经药理学知识。记得 1994 年夏天，金先生专门请我与唐赟到他在岳阳路老所的办公室中，给我们整整讲了一个下午，专门介绍多巴胺与神经系统疾病关系方面的知识以及他得到的四氢小檗碱研究结果，得益匪浅，大大促进了我们对多巴胺受体三维结构的模建工作。以多巴胺的研究为起点，我们以后又将研究工作扩展到其他 G 蛋白偶联受体，如阿片受体（我们组与池志强院士在该方面有较好的合作）、5 - HT 受体、趋化因子受体（与裴钢院士在该方面有较好的合作）、G120 受体（与黄贺瑶教授在该方面的合作也取得较好的结果）。最近，我们又将研究工作进一步扩展到其他膜蛋白质结构与功能的研究，并在钾离子通道分子动力学模拟、药物设计（与岳建民院士和胡国渊研究员在该方面有较好的合作）方面取得了有影响的工作成果。在庆祝金先生八十华诞之际，我写此文表示对他多年来指导我们研究工作的谢意！

钟灵毓秀,积德裕后
——深切悼念谢毓元院士

谢毓元,中国著名的药物化学与有机化学家,曾任中国科学院上海药物研究所所长、学术委员会主任、新药研究国家重点实验室主任等职务。他一生多次因国家需要转变科研方向,在天然产物全合成、放射性核素促排药物研究、医用螯合剂的民用开发等多个科研领域皆取得重大成绩。1991 年当选为中国科学院(化学部)学部委员(院士)。1992 年 5 月,蒋华良院士参加中国科学院上海药物研究所博士研究生复试时,谢毓元院士是主考老师之一。蒋先生称,自己工作中遇到困难总会去找谢先生聊聊,他总是给予悉心的指导及鼓励,谢先生"做人要有担当和奉献精神"的教诲一直激励着自己勇往直前。2021 年 3 月,谢毓元院士在上海逝世,蒋先生著此文深切悼念谢毓元院士。

昨日一天沉浸在悲痛之中,我们敬爱的老所长谢毓元先生与世长辞,永远地离开了我们。我因在北京学习,未能去送他老人家一程,实感遗憾!今日特写此文,回忆一些往事以及我了解的谢先生,以示哀悼!

第一次见到谢先生是 1992 年 5 月,我参加上海药物研究所博士研究生复试,谢先生是主考老师之一。我本科学的是有机化学,硕士学的是量子化学,有机化学的问题还勉强能够回答,药物化学问题一个也回答不出,我非常紧张,额头已经冒汗。这时,谢先生说:"你报考的是嵇先生的研究生,今后研究需要用到量子化学,你可以简要介绍一下你硕士论文的内容。"谢先生帮我解了围,使我顺利地进入了药物所攻读博士学位。

进入药物所攻读博士学位后,我跟随陈凯先院士做毕业论文,计算机机房在研究生教室隔壁,是一幢老式平房,也是通往合成室的必经之路。那时研究生少,但都很勤奋,每天7:00左右便到实验室,完成打开水、打扫卫生等活后,开始科研工作。我经常会在早上碰到步行来所上班的谢先生,最多打个招呼,无甚更多的交流,只是感觉谢先生有种仙风道骨的风范。博士二年级开始,因与谢先生的研究生有合作,与谢先生的交往也就频繁起来。首先发现,谢先生的英语非常好,无论是写作还是口语都是一流的。他在修改我与他学生合作的论文时,特别强调冠词和副词的用法,这方面我从他那里学到很多。在陪他接待外宾的过程中,发现谢先生的口语流利、发音标准。这可能与谢先生学习经历有关,由于家学渊源,他从小就读英语小说,无论是在中学、东吴大学还是清华大学学习时,许多课程都是英语授课。其次,谢先生为人随和,当年药物所还没有东迁张江,每次去他合成楼的办公室讨论问题时,他总是拿烟给我抽,自学生时代起,与他相处就没有压力。1995年毕业留所工作至今,我工作中遇到困难总会去找谢先生聊聊,他总是给予悉心的指导。2004年,科学院和所里推荐我担任药物所副所长,我怕影响我的科研工作,不想担任这一职务,谢先生专门请我到他办公室长谈了一次,没有给我讲大道理,只是用他自己如何当所长的经历说服了我。从此,无论我做什么事情,谢先生"做人要有担当和奉献精神"的教诲一直激励着我勇往直前。

药物所迁至张江后,谢先生还在浦西办公,我们见面的机会就少了,每次去浦西看他,他总是对药物所的工作给予肯定和鼓励,这种对所发展的关心和支持一直坚持到他生前住院的三年,每次去医院看望他,他依然为药物所良好的发展感到由衷的高兴。自2003年至2015年,每年教师节,我与段文虎和沈旭都会去浦西看望谢先生,中午在苏浙汇和谢先生吃一顿便饭,我们总会点他喜欢的玫瑰腐乳肉、蜜汁火方和樟茶鸭,他说这些都是他喜欢吃的菜。看他吃得开心,我们做学生的也感到非常幸福。学生与老师的关系其实非常简单,老师希望学生成长得好,学生希望老师健康快乐。这坚持十多年的教师节午餐,吃到的不仅是菜的味道,也包含师生之间的一种特殊情感的爱的味道,以至于变成了一种习惯和每年的期盼。

我任所长期间,曾对药物所的历史进行了梳理,他的科研成果已经有详细报道(《药海求索,本然化成》),我这篇文章就不赘述了,我简要介绍一下谢先生作为所长和前辈为药物所发展所作的贡献。1951年,谢先生从清华大学调入上海药物所工作,跟随创始所长赵承嘏先生做科研,是药物所少数几个直接受到赵老先生指教的科研人员,深得赵老先生"寻找治疗疾病的新药,为人民解除病痛"精神的真传。因此,新药创制一直是他心中崇高的目标,针对这一目标,他发现了包括二巯基丁二酸在内的一系列新药。在新药研究方面,谢先生等一辈科研人员承继了赵老先生等药物所初创时期科研人员艰苦奋斗的好传统。

谢先生曾任药物所第三任所长,当时正是拨乱反正全面改革开放的年代,也是科学的春天。谢先生带领药物所人艰苦创业,尽快推进科研,提出并实施了"自由报名和学术带头人选择相结合"与"自由结合和组织安排相结合"的课题组组建方案,创立了科学研究新范式;利用药物所丰硕的科研成果和研发实力,积极推进与国际大制药公司的合作,解决了科研经费不足的问题,曾经创造了年度国际合作经费是几倍于国家划拨经费的纪录,利用这些经费购置了先进的仪器设备;推进"新药研究开发中心"筹建工作,基于该中心,他精心谋划,抓住机遇,获得世界银行贷款计划的支持,建立了"新药研究国家重点实验室"。这些计划的成功实施在药物所发展史上是具有划时代意义的,为药物所今后30余年的发展奠定了扎实的基础,也为今天药物所的改革发展提供了可借鉴的实践经验。因此,谢先生对药物所发展的另一贡献是起到了启发后辈药物所人的作用,促使当今药物所以"出新药"为核心目标,"研制老百姓用得上、吃得起的好药"。

谢先生永远地离开了我们,但他的音容笑貌永远活在我们心里,他的精神风范永远激励药物所人继续奋斗!

2021 年 3 月 28 日

矢志不渝,自强不息

——沉痛悼念池志强院士

2020 年 1 月 7 日,注定是一个悲痛的日子,我们敬爱的池志强先生在华东医院仙逝。中国科学院上海药物研究所讣告池先生遗体告别仪式于 2020 年 1 月 12 日在上海龙华殡仪馆举行,我们因参加中国化学会常务理事会议,不能前往参加告别仪式,成永久遗憾。特此撰文,以悼先生亡灵!

池先生 1924 年 11 月 16 出生于浙江省湖州的一个知识分子家庭,其祖籍为浙江黄岩。从祖父辈上溯四代有六位清朝武将,官至一品提督。家学渊源,培养了池先生一生儒雅的品行,待人接物,谦让在先,行事作风,为人称道。然而,在求学、求真、求索方面,他毫不含糊,永远家国在先,自利在后。他高尚的品德,影响了药物所几代人,也必将作为药物所的精神财富,绳先启后。

求学

池先生的求学经历,可谓矢志不渝。

他初、高中及大学一、二年级均因日寇侵犯,学校避难,在山林寺院上课。其间为照顾弟妹和家境困难,二次辍学,四次从教。1946 年 8 月,他从浙江大学龙泉分校化学系转入药学系学习。

由于记性好，有悟性，池先生读书并不感到是负担，课外兴趣广泛。他喜欢读古典小说，如《三国演义》《西游记》《水浒》等，对林冲、武松等个性鲜明、是非分明的人物很是崇拜。这也培养了池先生"儒雅其表，侠义在内"的性格。

1936年秋季，池先生入学初中，全班在灵石书院上课。餐厅大门上贴着一副对联："咬得菜根香，尚思天下有饥者；尝将胆味苦，才是世间无敌人。"这对池先生影响很大，也为他"矢志不渝"的求学经历打下了根基。

从此以后，无论是在浙江大学学习药理学，还是到药物所跟随著名药理学家张昌绍先生和丁光生先生两位前辈进行药理学研究，再到苏联留学获得副博士学位，均有所反映。《神乎其经——池志强传》①有详细记载，不再赘述。

求真

池先生的求真经历，可谓使命担当。

自读中学起，池先生在思想上追求进步，在行动上为国奔波。抗战胜利后，池先生就读的浙江大学龙泉分校迁回杭州。池先生龙泉分校的好友、地下党负责人之一谷超豪院士此时已是浙大学生自治会代表会秘书，在浙大领导学生运动。池先生从不满国民党统治现状、景仰共产党的朴素感情出发，也加入学生运动的洪流中，先后参加了三次重要的学生罢课、游行示威活动。

池先生的二姐池志立女士是他革命的第一个引路人，池先生曾在自传中写道："二姐早年参加革命，使我对党有很大的敬仰。"池志立女士是著名音乐家，很早就加入中国共产党。1945年，日本投降后，她在党组织安排下决定奔赴延安。临行前，她到杭州与池先生告别，也动员池先生与她一起去延安。因庶母病故，要照顾弟妹，池先生留

---

① 中国科学技术出版社和上海交通大学出版社出版，2017年。

在杭州继续完成学业。1949年1月,经谷超豪先生介绍,池先生加入地下党。1949年,杭州解放前夕,池先生参加浙大校长竺可桢倡议的护校行动,他连续几天坚守岗位,不敢睡觉,直到杭州解放。

这些经历,培养了池先生优秀的领导能力,无论是在留苏期间任中国留学生党总支书记,还是担任中国科学院上海药物所副所长、上海分院副院长,均有出色的工作业绩。

求索

池先生的求索经历,可谓自强不息。

1953年7月,池先生调入中国科学院上海药物研究所后,立即投入到血吸虫防治药物研究工作。他"工作抢先,荣誉让后",成为科研团队学习的表率。在苏联留学期间，获得"优等生"称号。三年后，他的副博士论文证明由上海药物所梁猷毅先生、丁光生先生和谢毓元先生等研制的二巯基丁二酸钠，较苏联合成的二巯基丙基磺酸钠，对血吸虫病治疗锑剂吐酒石的治疗指数高一倍，这让导师"刮目相看"。

1957 年，池志强(右)在列宁格拉与导师卡拉西克(中)、秦伯益(左)合影

自苏联学成归国后，他长期担任上海药物所第五研究室室主任。从上世纪 60 年代起，他是防护辐射损伤特种药物研究和 6003 国防科研大协作组的首席科学家。他努力克服"文化大革命"的干扰，组织协调参事的七个单位、近百人研究队伍，团结奋进，出色完成了任务。先后获得上海市重大科技成果奖、全国科学大会奖和国防科工委重大成果二等奖，他本人获得献身国防科技事业荣誉证书。

从上世纪 70 年代起，他注重军民结合，开创了强效镇痛剂和神经受体研究新方向，是国内最早开展阿片受体及其亚型高选择性配体研究，并取得突出成就的科学家。他发现羟甲芬太尼为阿片受体选择性配体，他独创设计并系统研究了 3-甲基芬太尼衍生物，从中找到一个作用极强的强效镇痛剂羟甲芬太尼(ohmefentanyl, OMF)，镇痛强度为吗啡的 6 300 倍，是一个高选择性、高亲和力的 μ 受体激动剂，该研究成果得到国际同行承认，获中国科学院科技进步二等奖和国家自然科学二等奖。

他领导团队定向合成了 8 个羟甲芬太尼的异构体,系统比较了 8 个异构体的药理特性,其中以 F-9204 的作用最强,是吗啡的 6182 倍;发现 F-9204 及 F-9202 二个异构体是目前国际上选择性最高的 μ 受体激动剂,它们对 μ 受体结合亲和力和 δ 受体结合亲和力之比可达 2 万多倍。此结果曾受到美国国立健康研究院药物滥用研究所同行的质疑,但在事实面前,国外科学家心悦诚服地向池先生翘起了大拇指。

在上述研究基础上,池先生实验室又对 8 个羟甲芬太尼立体异构体进行结构修饰,合成了一批衍生物。发现对氟羟甲芬太尼(FKMF)是一类具有临床潜能的长效镇痛剂;发现对氟羟甲芬太尼(FOMF)镇痛效能比吗啡强 8786 倍,是继羟甲芬太尼之后又一个超级镇痛剂。

在羟甲芬太尼与 μ 阿片受体结合位点的研究方面,我们与池先生开展了深入了合作,先后合带了三名博士研究生,合作发表五篇论文。池先生一直想测定阿片受体等 G 蛋白偶联受体(GPCR)的晶体结构,悉心指导研究生纯化 μ 阿片受体获得成功。

然而,由于当年蛋白表达和纯化技术的限制,在膜蛋白晶体结构测定方面更没有经验积累(当时中国没有测定过一个膜蛋白的三维结构),GPCR 晶体结构测定工作暂告停止。

为了阐明 μ 阿片受体三维结构,在未获得足够蛋白的情况下,池先生与陈凯先院士实验室合作,采用计算机模拟构建了 μ 阿片受体三维结构,在国际上首先发表了有关文章,同时还预测了羟甲芬太尼与 μ 阿片受体可能结合位点,经美国同行验证,证明羟甲芬太尼与 μ 阿片受体结合位点中三个氨基酸残基具有重要作用。

为了制备足够数量的 μ 受体蛋白,池先生研究建立 μ 阿片受体的高表达系统,采用 Sf9 昆虫细胞为表达系统取得进展。在此过程中,首次发现人 μ 阿片受体存在二聚体结构,并深入研究了同源二聚体的内吞及循环机制,成为引领二聚体研究之先驱。有关研究成果应邀在 32 届国际麻醉品学术会议上作大会报告。是年,他已经 80 岁高龄。这也充分体现了在科研求索方面,池先生自强不息的精神。

2002 年夏，池先生在岳阳路老药物所 5 号楼的办公室里，与蒋华良有过一次约两小时的长谈，主要交流药物所神经药理学后继无人，需要加强。同时，又一次谈及他测定 GPCR 三维结构的设想，希望今后能有年轻人来完成，他说了一句话，深深地打动了蒋华良："我死之前，一定要看到药物所自己测定的 GPCR 三维结构。"

可以告慰池先生的是，他的这一目标确实在他有生之年实现了，药物所通过建平台、引人才，在 GPCR 三维结构测定、功能研究和靶向 GPCR 的药物研发方面，取得了令人瞩目的成果。

先生已逝，音容笑貌犹在。我们后辈，定不忘先生嘱托，为药物所的发展，为中国药学事业的发展，贡献自己的绵薄之力。明天，不能为先生送行，写一副挽联，以表哀思：

矢志不渝药海求索报国家，

自强不息神乎其经育后人。

蒋华良、陈凯先

2020 年 1 月 11 日晚于上海

迟到的哀思

——深切悼念杨怀东同志

杨怀东，一位普通的中国民主同盟盟员，生前是中国科学院上海药物研究所的普通职工，主要在宣传部门从事美工和平面设计工作。蒋华良先生1992年读博士时初识杨怀东，此后，二人在药物所共同工作时，杨怀东在平凡岗位上尽心敬业、努力工作的精神给蒋先生留下深刻印象。2019年6月11日，杨怀东因病辞世，6月17日，蒋先生得知噩耗，在上海为杨怀东老师写了一篇追思文章《迟到的哀思》并发布在自己的朋友圈以示纪念，蒋先生称，杨怀东用一生的时光，把工作做到了极致，为上海药物所的发展，特别是为上海药物所的文化传承、精神文明建设和思想宣传工作作出了重要的贡献。中国民主同盟中央主席丁仲礼院士看到甚为感动，专门批示民盟中央宣传部给予宣传报道。本文为蒋先生原始稿件。

今天再忙，也要写完这篇文章，以此深切缅怀我的老同事、老朋友杨怀东同志。

杨怀东6月9日早上突发脑溢血，医治无效，于6月11日18时永远地离开了我们。而我今天早上才知道他去世的消息，悲痛万分！询问所办有关同志后才知道，怀东患有严重心脏病，曾做过心脏瓣膜手术。怀东生前曾有遗愿：身后事一切从简，不要麻烦所里领导、同事和朋友。

怀东是药物所一位普通职工,主要在宣传部门从事美工和平面设计工作,这一个看似平凡的岗位,却是一项十分重要的工作,关系到所的党建、所风建设、所的各项宣传和良好形象的树立,甚至关系到所影响力的提升。怀东用一生的时光,把他的这项工作做到了尽善尽美般的极致,为药物所的发展,特别是为药物所的文化传承、精神文明建设和思想宣传工作作出了重要的贡献。因此,在我眼里,也许在很多药物所人的眼里,他是一位不平凡的药物所人,在美工和平面设计方面,怀东有出色的才能,凭这一技能,在当今多媒体和自媒体时代,他完全有能力去赚更多的钱。然而,他甘愿默默地在药物所工作,几十年如一日,尽心敬业,做好本职工作,怀东退休后,因所里一时找不到接替他的人,他又接受所里的返聘,继续留所工作。虽然是退休职工,他依然正常工作,为了赶制展板,不顾身患重病,经常加班加点。端午节前,还紧张工作了三天,完成了所时代楷模档案展厅布置,留给了我们他生前的最后一幅作品,端午节后两天即离开了我们。

我初识怀东于 1992 年,那时我还在药物所攻读博士学位,1990 年代,打印和印刷技术还十分落后,发表论文所用彩图是用照相机对着计算机屏幕拍照,冲洗后寄到出版社制版印刷,我在药物所写的第一篇论文《关于青蒿素类似物三维定量关系研究》发表在 *Acta Phamacologica Sinica*(1994(15),481 – 487)上,其中的彩图是怀东帮我拍摄并精心印刷的,以后很长一段时间内,我发表论文的彩图均由他负责拍摄和印刷,我们也成了好朋友。后来,我任药物所民盟支部主委,又介绍他加入民盟,我们经常一起活动,他总是背着照相机,走前跟后地为我们拍照留念。他生活积极乐观,每次见到他,他脸上总是带着愉悦的笑容,用上海话问候我:"华良,侬最近好伐?""老蒋,侬最近瘦忒较关,要注意身体!"简单的问候,带着深厚的关怀。

随着平面设计技术的进步,他不断学习更新知识和技能,掌握了多种设计技术,研究所的各类展板、墙报、软装饰的水平也不断提高。所里举办各类活动,大到所 80 周年庆典,小到课题组实验室墙上的成果展示,他均认真策划、设计并制作,给全体科研人员留下深刻的印象。2003 年,药物所东迁张江,他参与策划设计布置了所展示馆,后又多次更新；2012 年，药物所建所 80 周年，他参与策划编辑了《沧桑正道——中国科学院上海药物研究所八十周年文集》；2015 年，为纪念药物所创始所长赵承嘏老先生诞辰 130 周年纪念活动，他与所办相关人员一起赴赵老先生老家江阴市实地拍摄照片和视频，到江阴市档案馆查阅材料，编制了纪念文集；2018 年，他又与所办相关人员一起，收集有关照片、资料和档案，编制了《嵇汝运院士诞辰 100 周年纪念文集》；2018 年，他参与了时代楷模王逸平事迹宣传的所有活动。但凡所内重要活动，他总是策划者之一、展板的设计和制作者。从 1996 年至 2016 年，新药研究国家重点实验室经历了 4 次评估，每次不下百余张所和课题组的展板均由他一人完成，经常奋战几天几夜不休息。他的工作态度和敬业精神，也深深打动并鼓舞科研一线的科技工作者。

据怀东夫人俞蕾平老师讲，怀东热爱所里的工作，没有别的爱好，平时逛街看到时尚的设计理念，他都会拍下来留着备用。他的信念是做任何事情一定要做到最好！药物所的发展，离不开赵承嘏、嵇汝运先生等老一辈科学家的艰苦创业精神，离不开王逸平这样的时代楷模精神，离不开全体科研人员和管理工作者的努力奋斗精神，也离不开杨怀东这样在基层工作的普通职工的爱岗敬业精神。如果每个药物所人都有杨怀东那样"做任何事情一定要做到最好"的信念，药物所一定会发展得更好，如果所有的人都有杨怀东的这种朴实而又高尚的信念，我们的国家一定会发展得更加美好！

杨怀东生前参加过许多已故药物所人的追悼会或追思会，他参加的任务是拍摄照片和视频，以备存档。如今，他自己也走了，他夫人按照他的遗愿，没有通知所里任何人，把他的后事办好后，才告诉所离退休处的同志。他走得是如此孤单而飘逸，一如他生前"潇洒做人，行事如风"的风格，我有一种诗词般美丽的悲伤，让我想起了徐志摩《再别康桥》中的诗句：

轻轻的我走了，

正如我轻轻的来；

我轻轻的招手，

作别西天的云彩。

　悄悄的我走了，
正如我悄悄的来；
　我挥一挥衣袖，
不带走一片云彩。

2019 年 6 月 17 日

生死之间

——与父亲最后的心灵交流

爹爹,为您送行的亲朋好友都已经走了,您的孙女惜惜和她妈妈也先回上海了,我一人在老家的房间,终于能静下心来,表达我对您的哀思了。

爹爹,虽然对您的离去,我早有心理准备,也与姐姐一起早早地准备您的后事,我今年春节还写了一篇文章——《我的父亲》——回忆了您的一生以及您与我的点点滴滴。但您的离去对我还是一种伤痛,一种用语言无法表述的伤痛! 9 月 2 日晚,我在新西兰皇后镇接到姐姐电话,说您病危了,我是多么急切地想回到您的身边,与您告别——这可是生死之间的告别。9 月 3 日上午 11 时 40 分,我飞机刚刚降落奥克兰机场,又接到姐姐的电话,告知您已经走了! 我无法掩饰我的悲痛,匆匆赶到没人的角落,泪水夺眶而出。

爹爹,8 月 17 日,我回老家看您,与您道别。我看您的身体状况可能不久于人世,抓着您的手对您说:"我要出国多日,在这期间您若走了,这次就是我们最后一次见面了。"您当时已经不会说话了,只是抓住我的手,不停地点头,平时不太流泪的您,流下了眼泪。未曾想到,那一次真就成了我们的生死之别。

爹爹,您活着的时候,我们之间的语言交流其实不多,更多的是心灵的交流。今天,您已去了另一个世界,已无法用语言与您交流了,就让我最后一次,用心灵与您交流吧! 爹爹,您一直说您是一位唯物主义者,我也是,但愿我今天与您的心灵交流,您能在天堂感知!

爹爹,您是一个平凡的人,是一个普普通通的工人和农民。在儿子的心中,您是一个伟大的人,一个高尚的人。远的不说,就是您去世后,亲朋好友、乡里乡亲来参加您丧事的情景,即可看到,您在大家心中的威望之高。乡亲们说,您是一个好人!在乡下,好人称谓是不容易获得的,也是不容易做的。您的一生,帮助过很多人,无论是从物质上,还是精神上,都有很多可点可圈的事例,乡亲们有口皆碑。您的一生,也未曾害过一个人,无论何时您始终保持您的人格,一个真正共产党员的品质。您的所作所为也深刻地影响了我的为人处世——严于律己,宽厚待人。

爹爹,您自己文化水平不高,自我懂事起,您即教导我要多读书,读好书,有多高文化,才能做多大事情。您用一种朴素的启发式方式,教育我一定要好好读书。同时,您也教育我要尊重劳动人民,要劳动锻炼。等到我长大成人后,您又教导我什么事情该做,什么事情不该做,什么事情该什么时候做。这些教育,对我的人生是一种宝贵的财富,我也因此感到成为您的儿子是很幸运的!

爹爹,这世上待您最好的是姐姐和姐夫。您有一个徒有虚名的儿子,却有一个孝顺的女儿。您有重儿轻女的观念,这恐怕是您唯有的缺点了。您是一个要强的人,85岁前一直坚持自己生活。可那是名义上的自己过,姐姐哪一天不回来帮您做饭洗刷?2011年,村子拆迁,您终于答应与姐姐姐夫住在一起了,我也放心了许多。自2012年,您身体每况愈下,姐姐、姐夫对您的照料有目共睹。特别是最后这一年,您卧床不起,姐姐、姐夫是怎样照顾您的? 前天,我们原来隔壁的邻居告诉我:姐姐不容易。他们去看您,看到您身上没有褥疮,房间里没有尿味,您一有小便排污,姐姐第一时间换洗。我无以报答姐姐和姐夫,但我一定会照顾他们的后半生。爹爹,您走之前,是否在心底已彻底改变了"重男轻女"的老观念?

爹爹,昨天清晨,我们送您去天国前,天下大雨,我在您的灵前上最后一炷香,磕最后三个头,与您交流了一次,我觉得您知道我在跟您交流。我心里默默对您说:爹爹,一会就要送您上路了,老天保佑您,雨会停的。等我们送您上路时,雨果然停了。我一路扶着您的灵柩，送您回我们的老家——宜兴。每当经过主要的桥和集镇，我总要与您说经过地方的名字，您听到了吧？

爹爹，您最后安葬在宜兴金鸡山公墓。您生前来过多次，现在与爷爷奶奶、外公外婆、阿姨姨夫、您的叔叔婶婶，还有妈妈相会了。您曾经称赞过我，我令您最满意的事情是为我们的先辈买了这些墓地，使你们能在另一个世界相聚。

爹爹，我知道，您为未能见我最后一面感到遗憾，儿子也是。表姐跟我说，您走之前曾抬头睁眼盼望，表姐问您是否在等我？您点头，但当您知道，我正在从国外回来的路上，您便安然走了。您不想麻烦别人，选择了举国庆祝的伟大的"抗日战争暨反法西斯战争胜利70周年"离开，刚好放小长假，大家不用请假即可来参加您的丧事。我原来在常州化工研究所的同事说：老爷子真会选日子，头七到五七全是周末，他真正地把儿子交给了国家。您对我说得最多的话是：忠孝不能两全，你是国家的人，应全心全意为国家做事。我相信，您这不是因为儿子不能经常回来看您而说的无奈之言。我一定遵循您的教诲，全心全意为国家做事！

爹爹，您好好地在天国，我会永远怀念您！您喜欢《三国演义》，我模仿诸葛亮《出师表》中的最后一段来结束我们这次心灵的交流：

父已远离，今表涕零，不知所言。若有来生，还为父子！

2015年9月6日于老家湟里镇

附　录

写给爸爸的一封信
——与父亲最后的心灵交流

亲爱的爸爸,你在 2022 年 12 月 23 日 15 时 54 分,永远地离开了我们,在你最割舍不下的工作台前告别了这个世界,告别了我和妈妈,告别了你热爱的国家、事业、亲人、朋友和同事,离开了奋斗一生的药物科研事业。

从小我对你的印象是陌生又熟悉的,你总是不在家,不是在实验室就是在出差。偶尔会送我上学,有时,我坐在你自行车后座一觉醒来发现你竟停在岳阳路的实验室门口,心里念着工作,却忘记了要送我上学。初中时我贪玩,没有认真读书,在你发现后的那个暑假,每天都会带着我一起去上班,让我坐在你办公室附近的空房间监督我读书。真正开始理解你的工作,是上高中后在课余时间在你的实验室接触并尝试简单基础的科学实验,你从最简单的水分子结构的理论模型开始,教我感知科学理论,实践科学研究。听从你的建议,进入大学后我选择了药学专业,但如你所说,做科研需要热爱,需要耐得住寂寞,需要持之以恒的决心,而我没有坚持下去,对不起爸爸。

你给我的爱总是很沉默,记得小时候在外地半夜生病,你徒步走了好几公里帮我去买粥,然后揣在怀里一路跑回来给我。记得妈妈生病,你教我坚强,告诉我不要难过,还有爸爸。在我受委屈的时候也是你默默地在身后帮我解决,并给我做好吃的,安慰我。记得每次你出差回来,总是会从口袋里掏出零食或者给我带的礼物,从小到大一次都没有忘记过。你喜欢读书,小时候总能听到你的英文晨读,长大后你也总是和我交流最近读了些什么书,读到痛快之处还会兴冲冲跑来和我分享,记得我们一起读的最后一本书是《穆斯林的葬礼》,你给我的最后一本书是《他改变了中国》,我给你的最后一本书是《一句抵一万句》。

你对所有人的要求总是尽自己最大的能力帮助满足,做别人不愿意做的事情,有时候常常被辜负和误解,我总生气,但你总是笑笑和我说做人不能计较。你也总是宽容的,从不记仇,教我要宽以待人。你总是以德报怨,刀子嘴豆腐心,不求任何回报,觉得自己吃点亏没什么。你一直和我说,这辈子最大的成就不是名利地位,而是培养了一大批学生。每一个学生都是你的孩子,你时时记挂着他们。你在外总是乐观、积极、坚强坚韧的,健谈、风趣、知识渊博,把所有的爱和温暖给了你的亲人、朋友、学生和同事。但是我知道你把纠结、矛盾和痛苦深深埋在了自己的心里。夜晚,我总是能发现你在我的窗台下一支接一支地抽烟,眼神总是藏一丝孤独,背影总是消瘦单薄的。我也知道,这世间你最放心不下的是妈妈和我。

在你的心中,没有一刻不记挂着国家,总和我说是共和国培养了你,给了你机会可以做现在这些事,是国家和知识改变了你的命运,要感谢党和国家,我和你一起看的最后一部电视剧是讲述周总理一生的《海棠依旧》,我有偷看到你眼里的泪花。你也记挂着家乡,和我说是家乡养育了你,自责没有常回老家看看,再为家乡做点什么。记得2020年初,你义无反顾,没有和任何人商量回家收拾了行李,要逆行武汉,收拾完匆匆拥抱了我和妈妈便出发,之后我才知道你在走之前悄悄写好了遗书,因为深深热爱着这个国家,所以你甘愿为国家奉献出自己的所有。在卸任所长后,你又听从时代的召唤,肩负重任,从零起步,踏上新的征程,建设临港实验室。最近两年,你与同事战友,殚精竭虑,致力于抗新冠药物的研发,虽然你没有等到药物上市,但我想告诉你,今年年初你参与研发的两款抗新冠药物获批上市,药物送到了需要它们的患者手中。我想,你一定会感到欣慰,正如当年你去武汉前写下的"希望我能治好一些人,再轻轻地走,挥一挥衣袖,不带走一片云彩"。你做到了!在最后的日子里,你总是争分夺秒,不舍昼夜地工作,直到突然倒在自己伏案一生的写字台旁。爸爸,我希望在天堂你能睡个好觉,快乐地做你喜欢的事情。

我亲爱的爸爸,你给予了我太多,我会继承你的遗志"清清白白做人、认认真真做事、踏踏实实做学问",做对社会有用的人,永远宽容,永远温暖,永远善良。我会照顾好妈妈,我知道你只是换一种方式陪伴在我和妈妈身边。你独自面对孤寂艰辛的科研道路时曾说:"天天泡在实验室,陪我的唯有一盏盏白炽灯,'灯照催人老'。但我不后悔,为人类健康而奋斗,再苦再累都值得。"在未来的我独自前行的道路中你将是陪伴我度过漫漫长夜的白炽灯,有了你的陪伴,再难再累我都能坚持下去。

女儿　蒋雨惜

2023 年 3 月

蒋华良院士年表

1965 年

　　1 月 10 日,出生于江苏省常州市武进区东安西墅村。

1972.02—1977.06

　　就读于武进区东安西墅小学。

1977.09—1979.07

　　就读于武进区东安初级中学。

1979.09—1983.07

　　就读于武进区湖塘桥中学(现武进区高级中学)(其间因肺炎休学一年)。

1983.09—1987.07

　　就读于南京大学化学系化学专业,获学士学位。

1987.07—1989.08

进入常州化工研究所工作,任职助理研究员。

1989.09—1992.07

就读于华东师范大学物理化学专业,师从潘道皑教授和周伟良教授,获理学硕士学位。

1992.09—1995.07

就读于中国科学院上海药物研究所有机化学专业,师从嵇汝运院士和陈凯先院士,获理学博士学位。

1995.07—1997.11

博士毕业后留所工作,担任中国科学院上海药物研究所副研究员。

1997 年

2 月—7 月,香港科技大学化学系访问学者;

11 月,任中国科学院上海药物研究所研究员、课题组长、博士生导师;

获国家杰出青年科学基金资助;

获中国科学院自然科学奖二等奖(获奖项目:基于蛋白质和核酸三维结构知识的药物设计,第三完成人)。

1998 年

获第六届中国青年科技奖;

12 月,加入中国民主同盟;

1999 年

7—12 月,以色列 Weizmann 研究所访问学者。

获中国科学院青年科学家奖(二等奖);

享受国务院政府特殊津贴(科学技术);

获上海市科学技术进步奖三等奖(获奖项目:配体与受体相互作用的理论研究和药物设计,第三完成人);

获上海市新长征突击手称号。

2001.08—2002.02

香港科技大学生物化学系访问学者。

2002 年

获第五届中国青年科学家奖(生命科学);

国家 863 计划生物和现代农业技术领域生物信息技术主题专家组成员。

2003 年

获全国防治非典型肺炎优秀科技工作者称号;

获上海市科学技术进步奖一等奖(获奖项目:基于超级计算机的生物大分子模拟、高通量虚拟筛选及相应化学和生物学研究,第一完成人);

获第八届上海市科技精英称号。

2004 年

9 月,创办华东理工大学药学院,兼首任院长。

12 月,任中国科学院上海药物研究所副所长;

上海市 2001—2003 年度劳模集体,集体负责人;

《自然科学进展》(中、英文版)第五届编委会委员。

2005 年

STM-Journals 国际顾问团成员。

2006 年

"蛋白质研究"国家重大科学研究计划专家组成员；

获全国优秀博士学位论文优秀导师奖；

入选首批上海市领军人才；

民盟中国科学院上海分院第五届委员会主委；

ChemMedChem 国际顾问团成员；

《分子科学学报》第四届编委会委员；

《中国药物化学杂志》第五届编委会委员。

2007 年

获国家自然科学奖二等奖(获奖项目：重要药理作用的靶标动力学行为与功能关系研究及其药物设计,第一完成人)；

获何梁何利基金科学与技术进步奖；

获中国科学院优秀研究生导师奖；

民盟第十届中央委员会委员；

Journal of Medicinal Chemistry 国际顾问团成员；

《中国药学》(英文版)第三届编委会编委；

The Open Biochemistry Journal 国际顾问团成员；

The Open Applied Informatics Journal 国际顾问团成员。

2008 年

中国人民政治协商会议第十一届全国委员会委员；

重大科学研究计划(973 计划)"基于蛋白质结构与相互作用的计算生物学研究"，项目首席科学家；

获中国科学院优秀研究生指导教师奖；

获中国科学院"朱李月华优秀教师"奖；

《中国科学：生命科学》编委会委员；

《中国药理学报》编委。

2009 年

国家自然科学基金委重大研究计划"基于化学小分子探针的信号转导过程研究"，指导专家组成员；

获全国优秀博士学位论文指导教师奖；

获上海市第七届自然科学牡丹奖；

Journal of Medicinal Chemistry 亚洲区域编辑(Asian Editor)；

Journal of Molecular Graphics and Modelling 国际顾问团成员。

2010 年

国家重点基础研究发展计划(973 计划)"仿生分子识别技术在生物医学应用的基础研究"项目专家组成员；

获上海市青联 2008、2009 年度倾力支持奖；

获中国科学院优秀研究生指导教师奖；

获药明康德生命化学研究奖一等奖；

2011 年

获中国民主同盟先进个人称号；

"蛋白质研究"国家重大科学研究计划第二届专家组成员。

2012 年

任中科院上海药物研究所新药研究国家重点实验室主任；

国家 863 计划生物和医药技术领域"药靶发现与药物分子设计技术"项目首席
专家；

民盟中国科学院上海分院第六届委员会主委；

民盟上海市委会第十四届副主任委员；

Journal of Medicinal Chemistry 编委；

The Journal of Biological Chemistry 编委。

2013 年

任中国科学院上海药物研究所所长；

任中国科学院大学药学院副院长；

中国人民政治协商会议第十二届全国委员会委员；

Journal of Medicinal Chemistry 副主编（Associate Editor）；

《生物信息学》编委会委员。

2014 年

《中国药物化学杂志》第七届编委会编委。

2015 年

创建中科苏州创新研究院；

中国医药创新促进会轮值会长。

2017年

当选中国科学院院士；

民盟第十二届中央常务委员会委员；

获国家技术发明奖二等奖(获奖项目：国家1.1类新药盐酸安妥沙星，第三完成人)；

《药学学报》第十四届编委会委员。

2018年

民盟上海市委会第十五届副主任委员；

任上海市徐汇区中心医院临床工程中心主任；

国家自然科学基金委重大研究计划"生物大分子动态修饰与化学干预指导专家组项目"专家组组长；

《中国药物化学杂志》第八届编委会副主编。

2019年

成立上海科技大学免疫化学研究所免疫化学生物学课题组；

《高等学校化学学报》和 Chemical Research in Chinese Universities 第五届编委会编委。

2020年

获全国抗击新冠肺炎疫情先进个人称号；

获中国民主同盟抗击新冠肺炎疫情先进个人称号；

任国科大杭州高等研究院药学院院长、首席教授；

民盟第十三届中央常务委员会委员；

《药学进展》第六届编委会名誉主编。

2021 年

基于大数据和人工智能的药物设计前沿技术入选 2020 年"科创中国"榜单,先导技术(生物医药领域);

获高等学校科学研究优秀成果奖一等奖(第二完成人)。

2021.06—2022.12

任临港实验室首任主任。

2022 年

任上海科技大学科道书院院长;

中国药学会第二十五届理事会副理事长。

后　记

　　今年的夏季天气反复极端切换,时而倾盆大雨电闪雷鸣,时而酷暑难耐烈日当空,整个夏天随着整理父亲的文稿已经进入尾声。父亲离开已经八个月了,从追悼会到落葬后的第一个清明节到如今,各界人士,领导学者、长辈亲友、同僚学生,纷纷赶来告别父亲,用各自的方式纪念父亲,希望将父亲的学术和精神遗产传承下去。在父亲挚友钱旭红院士的支持建议下,父亲的母校华东师范大学及华东师范大学出版社帮助我和妈妈将父亲的部分文章整理成册出版,将父亲朴实又非凡的人生展现给所有愿意翻开这本书的读者。

　　父亲离开的半年中,我迫使自己接受并面对一切,机械甚至有些麻木地处理琐事,直到开始翻阅整理父亲的文章,我才真正静下心和父亲告别。和今夏起伏的天气一样,梳理文章时心情也是起伏不定,整理的初期比较艰难,无法再像鸵鸟一样逃避父亲永远离去的事实,担心每翻阅一篇父亲便会离开我更远一点,但随着整理的深入,父亲的文字传递出的力量和精神、乐观积极的表述方式,以及许多文字情节带出的和父亲相处的记忆闪回,让整个过程并不是一场本以为的告别,而是父亲和我再一次的交流,他用另一种方式永久地陪伴着我。透过父亲的文字,我再次全面认识了父亲的工作和责任,读懂了父亲的理想和追求,理解了我成长过程中父亲的一切,补全了父亲完整的人生轨迹。整理的过程中,我时而被父亲的文字及幽默逗笑,时而对父亲的勤奋及毅力心生敬佩,时而为父亲的坚持及大爱而感动,也会在读到共情及触动之处潸然泪下。或许读者们也能在阅读中产生多样的感受,我希望读者能透过文字感受到父亲生命的力量和光芒。

父亲性格真诚直爽,乐于分享记录自己的所见所思所想,总是在写完文章诗句后第一时间分享给我和母亲,他总是期待我们的读后反馈。少时不懂事,有些文章匆匆读完没有细看,有时疏于回复。父亲便会在茶余饭后突击考我他文章的内容和细节,见我愣住窘迫时会得意大笑,我对答如流时则佯装失策,追问我的看法意见。现在回想起来这是父亲与我之间特别又诙谐的交流方式,如今这本书的架构及梳理过程是我给父亲交出的部分迟到的答卷。这些有趣、精美、深刻又严谨的文章已经在书中呈现分享给读者们。他以科学家的眼光和视角、战略家的格局和思维、生活家的观察和触感感受着这个世界。我希望读者们也能透过父亲的视角体会他的人生,收获一些启示。

在本书的编辑出版过程中,感谢钱旭红院士、陈凯先院士、陈国强院士为本书作序并指导;感谢李洪林教授、米丽娟老师的倾力付出及支持;感谢华东师范大学各位老师,感谢华东师范大学出版社社长王焰、责任编辑朱妙津等人的帮助;感谢上海药物所黄智静书记带领下各位老师对于文稿资料的收集整理;感谢穆维静、曹伊湄在校正梳理过程中的工作支持。本书是我第一次参与书籍出版工作,许多疏漏及问题请海涵并指正。书籍一直是我和父亲交流沟通的媒介,我们会分享书单,交流读后感。小时候父亲再忙,也会抽空带我去逛书店,引导我穿梭于文字和知识的海洋,对于书籍他总是慷慨。长大后父亲总是关心我的书单,翻阅我的书架,书本连接着我和他的精神世界,这本《朵朵花开淡墨香》是我给父亲的礼物,希望他喜欢,在翻阅时能读出我对他的情感与思念。

蒋雨惜

2023 年 8 月 22 日